PRESCRIPTIONS
DIVINES

PRESCRIPTIONS DIVINES

Utiliser votre sixième sens —
des solutions spirituelles pour vous
et vos êtres chers

Doreen Virtue, Ph.D.

Traduit de l'anglais par
Marie-Hélène Therrien

Copyright © 2000 Doreen Virtue, Ph.D.

Titre original anglais : Divine Prescriptions

Copyright © 2010 Éditions AdA Inc. pour la traduction française

Cette publication est publiée en accord avec St. Martin's Griffin, New York, publié à l'origine par Renaissance Books aux États-Unis.

Éditeur : François Doucet

Traduction : Marie-Hélène Therrien

Révision linguistique : L. Lespinay

Correction d'épreuves : Nancy Coulombe, Suzanne Turcotte

Montage de la couverture : Matthieu Fortin

Photo de la couverture : © istockphoto

Mise en pages : Sébastien Michaud

ISBN 978-2-89667-069-7

Première impression : 2010

Dépôt légal : 2010

Bibliothèque et Archives nationales du Québec

Bibliothèque Nationale du Canada

Éditions AdA Inc.

1385, boul. Lionel-Boulet

Varennes, Québec, Canada, J3X 1P7

Téléphone : 450-929-0296

Télécopieur : 450-929-0220

www.ada-inc.com

info@ada-inc.com

Diffusion

Canada :	Éditions AdA Inc.
France :	D.G. Diffusion
	Z.I. des Bogues
	31750 Escalquens — France
	Téléphone : 05.61.00.09.99
Suisse :	Transat — 23.42.77.40
Belgique :	D.G. Diffusion — 05.61.00.09.99

Imprimé au Canada

Participation de la SODEC. SODEC

Nous reconnaissons l'aide financière du gouvernement du Canada par l'entremise du Programme d'aide au développement de l'industrie de l'édition (PADIÉ) pour nos activités d'édition.

Gouvernement du Québec — Programme de crédit d'impôt pour l'édition de livres — Gestion SODEC.

Catalogage avant publication de Bibliothèque et Archives nationales du Québec et Bibliothèque et Archives Canada

Virtue, Doreen, 1958-

Prescriptions divines : utiliser votre sixième sens : des solutions spirituelles pour vous et vos êtres chers

Traduction de: Divine prescriptions.

ISBN 978-2-89667-069-7

1. Anges - Miscellanées. I. Titre.

BL477.V5714 2010   202'.15   C2010-940397-5

À Dieu, à l'Esprit Saint, à Jésus et aux Anges
qui sont mes plus précieux amis
et qui ont fait de moi une personne heureuse,
aimée, en sécurité et paisible.
Merci de nous aimer inconditionnellement !

Table des matières

REMERCIEMENTS

Au cours des dernières années, on a généreusement répondu à mes prières pour recevoir de l'aide, de l'assistance et du soutien. Je ne peux malheureusement pas nommer ici toutes les personnes qui ont contribué à m'ouvrir des portes et à ouvrir mon cœur. Cependant, je tiens vraiment à remercier publiquement Frederique, Winston, Michael, Pearl Reynolds, Emmet Fox, Michael Dietch, Steve Allen, Steve Prutting, Richard F. X. O'Connor, Jean Marie Stine, Bill Hartley, Mike Dougherty, Arthur Morey, Lisa Lenthall, Abigail Park, Kathryn Mills, Jill Whitesides, William Clark, Charles Schenk, Grant Schenk, Neale Donald Walsch, Justin Hilton, Gregory Roberts, Deb Evans, Bronwynn « Bronny » Daniels, William et Joan Hannan, Reid Tracy, Ariel Wolfe, Liz Dawn, Nick Bunick, Georgia Malki, Cathy Franklin, Wayne Dyer, Louise L. Hay, James et Salle Redfield, Gregg Braden, Jimmy Twyman, Marianne Williamson, John Edward, Rita Curtis, John Austin, Dannion Brinkley, Keilisi Gyan Freeman, Tiffany Lach, Lee Carroll, Jordan Weiss, Joe et Shanti Moriarty et tous les CSC.

NOTE DE L'AUTEURE

Il s'agit d'un livre d'entraide spirituel, mais qui est non-confessionnel. Il est destiné aux personnes de toutes les religions, convictions et systèmes de croyance, aussi bien qu'aux personnes non-croyantes. *Prescriptions divines* n'est pas un livre qui porte sur la religion, bien qu'une grande partie du texte puisse rappeler aux lecteurs la terminologie religieuse. Ce livre est plutôt consacré aux principes spirituels qui peuvent nous aider dans les circonstances quotidiennes.

Toutes les histoires racontées dans ce livre sont vraies. Quelques noms et détails distinctifs ont été changés afin de préserver l'anonymat. Les histoires, où le nom véritable d'une personne est révélé, ont été publiées avec la permission de la personne en question.

Quand je parle de notre Créateur, j'utilise le nom Dieu, de même que les pronoms Il, Son et Lui. Cela n'implique aucunement que je perçois Dieu comme un homme. Pour moi, notre Créateur bien-aimé est une force androgyne, aimante, pas une personne masculine ou féminine. J'utilise simplement les termes masculins qui proviennent de la tradition occidentale et pour éviter l'expression maladroite il/elle. Si vous vous sentez plus à l'aise avec un terme pour notre Créateur autre que Dieu, ou si vous préférez utiliser des pronoms féminins ou neutres, j'espère que vous vous sentirez libre de le remplacer par une terminologie qui reflète vos croyances.

Les messages divins, provenant essentiellement du royaume angélique, apparaissent en italique tout au long du livre.

PRÉFACE

∾

Comment j'ai commencé à recevoir des prescriptions divines

Au printemps de 1999, j'ai été invitée à une émission de radio pour parler de la façon dont les anges désirent nous aider dans chaque aspect de notre vie.

— D'accord, a répondu l'animateur radio d'un ton sarcastique, tout sauf les choses futiles.

— En fait, ils veulent nous aider avec tout, ai-je souligné, et cela inclut sans contredit les choses soi-disant futiles. Les anges affirment que l'importance du problème importe peu. *Ce que* vous demandez n'a pas d'importance, que ce soit un miracle pour une question de vie ou de mort ou une petite faveur, que vous demandiez d'être libéré d'une dépendance ou de trouver une place de stationnement. Pour les anges, tout ce qui importe c'est que vous receviez le soutien dont vous avez besoin pour toutes vos difficultés afin de vous en libérer et ainsi pouvoir réaliser votre mission de vie.

En somme, les messages divins des anges ne sont pas limités aux révélations concernant la nature de l'Univers et la vie après la mort. Les messages du Ciel sont souvent profonds dans leur simplicité. Leurs sujets sont aussi infinis que l'Univers, et ils offrent des suggestions pour résoudre des problèmes personnels, sentimentaux, familiaux et professionnels, qu'ils soient grands ou petits.

Quand je dis cela, je n'essaie pas de convaincre les gens de l'existence des anges ou de convertir les autres à une certaine philosophie. Je suis simplement une thérapeute qualifiée, avec une formation scientifique, qui a eu des expériences remarquables avec les anges, personnellement et professionnellement. Ma propre vie s'est améliorée de façon significative en appliquant les prescriptions que les anges avaient «écrites» pour mes clientes aux problèmes et aux défis reliés à ma famille, à ma santé, à ma carrière et à d'autres secteurs de ma vie personnelle. Je suis persuadée que quiconque, croyant ou sceptique, peut bénéficier de ces conseils divins, que ce soit pour surmonter la douleur de l'infidélité, attirer l'âme sœur, se guérir d'une dépendance, trouver une carrière gratifiante, avoir des revenus suffisants, surmonter les abus subis pendant l'enfance, ou affronter d'autres dilemmes humains universels.

Ce livre porte sur les prescriptions divines pour les problèmes quotidiens, sur la manière dont vous pouvez tirer profit des idées contenues dans les centaines de prescriptions que les anges ont données à mes clientes* et comment vous pouvez apprendre à devenir vous-même un conduit pour ces messages divins.

Comment j'ai perdu — et retrouvé — mon sixième sens

Vous vous demandez peut-être comment moi qui suis docteure en psychologie — une guérisseuse pragmatique, avec une formation clinique traditionnelle — j'en suis venue à travailler avec les anges et les prescriptions divines. Vous comprendrez peut-être si je vous dis que je suis une de ces personnes dont la seule préoccupation, quand elles entendent parler de quelque chose de nouveau, est : est-ce que ça fonc-

---

* Pour des raisons pratiques, nous utilisons le féminin pour traduire la clientèle de l'auteure, mais ceci n'exclut pas la présence d'hommes. (N.d.T.)

tionne? Je recherche l'aide des anges simplement parce que les prescriptions divines qu'ils ont données à mes clientes ont produit des résultats pratiques et efficaces qui ont de loin surpassé ceux de toutes les méthodes de psychologie que j'ai essayées ou étudiées.

Soulignons que je ne me suis jamais attendue à être une militante du royaume angélique. Il y a quelques années, quand certaines de mes patientes m'ont dit qu'elles avaient des visions ou qu'elles entendaient des voix, je les ai immédiatement diagnostiquées comme étant des schizophrènes potentielles. Comme il est ironique qu'aujourd'hui j'enseigne à d'autres personnes comment communiquer avec le royaume divin et «entendre» les voix angéliques pour elles-mêmes.

Comme beaucoup d'enfants, j'avais des amis invisibles quand j'étais une petite fille. En fait, le film tourné en 1999, *Le sixième sens*, m'a rappelé d'une certaine façon mon enfance. Comme le petit garçon, Cole, représenté dans le film, je voyais des personnes décédées partout et je me demandais toujours pourquoi ma mère et mes amis ne pouvaient pas les voir eux aussi. Contrairement au film, les personnes que je voyais n'étaient pas ensanglantées ou effrayantes; elles n'étaient même pas des personnes que je connaissais. Ce n'était pas ma tante Betty ou mon oncle Ned. J'étais effrayée à chaque fois que je voyais ces étrangers qui me fixaient silencieusement. À ce moment-là, j'aurais aimé savoir que ces personnes venaient vers moi pour recevoir de l'aide. Elles savaient que je pouvais les voir et elles cherchaient le soulagement de leur angoisse existentielle par l'intermédiaire de quelqu'un, quiconque pourrait les aider. Même un enfant.

Au milieu de la nuit, je pouvais voir également des étincelles de lumière qui me donnaient du réconfort. Je sais maintenant que je voyais les traces d'un ange, la lumière que les anges laissent derrière eux alors qu'ils se déplacent à travers notre champ de vision. Ces visions étaient heureuses et paisibles et elles étaient accompagnées d'une sorte de silence surnaturel, comme si j'étais tombée dans un trou noir bienheureux, dépourvu de sons terrestres. Quand les étincelles et le silence survenaient, je me sentais totalement aimée et en paix.

Cependant, mes visions me laissaient avec la sensation d'être seule. J'ai appris rapidement à ne pas les mentionner aux autres enfants à l'école, de crainte de souffrir de leurs yeux levés au ciel et de leurs railleries acérées. Pour contrer le risque de passer pour une enfant étrange, je me taisais à propos de mes visions. J'essayais même de les bloquer pour que je puisse être «normale». Avec le temps, j'ai fini par perdre une grande partie de ma perception du monde des esprits.

Je ne blâme personne pour m'avoir détournée de mon don de clairvoyance durant l'enfance. Au bout du compte, ce fut une bénédiction que d'avoir expérimenté une vie de nonclairvoyante en tant que jeune adulte. Cette expérience m'a aidée à apprendre aux autres la manière de développer leur clairvoyance, parce que je sais vraiment ce que c'est que de voir et de ne pas voir.

J'ai toujours été intéressée par le domaine spirituel, mais je ne me concentrais pas toujours sur les anges ou la vie après la mort. J'ai été élevée dans une famille chrétienne aimante ; toutefois, nous ne parlions pas beaucoup des anges ou de la vie après la mort à la maison ou à l'église. Notre attention portait davantage sur les guérisons et les enseignements de Jésus sur terre. Alors, après un certain temps, j'ai finalement chassé de mon esprit l'idée de l'existence des anges.

Ma formation en psychologie, en tant qu'étudiante au niveau de la licence et de la maîtrise à l'université Chapman, en Californie du Sud, et comme conseillère à un hôpital psychiatrique spécialisée dans les dépendances, a grandement influencé ma vision du monde. J'avais obtenu trois diplômes universitaires en psychologie clinique et j'assistais à des sessions de formation dirigées par Carl Rogers, Irvin Yalom, William Glasser, Rollo May, et d'autres auteurs célèbres dans le domaine de la psychologie. Ma passion était la recherche psychologique et j'ai passé mon temps libre dans les bibliothèques de l'université, plongée dans des articles de revues sur le comportement humain.

Mon premier poste dans ce domaine a été celui de conseillère au département des admissions en psychologie. Une personne susceptible d'être admise à la clinique psychiatrique devait avoir un entretien avec moi. Mon travail consistait à évaluer et diagnostiquer la santé mentale de la personne. J'ai fini par développer un œil et une oreille pour détecter les anomalies dans le comportement humain et les schémas de pensée.

J'ai eu affaire à des centaines de personnes qui m'ont parlé de choses qu'elles voyaient ou entendaient et que j'ai diagnostiquées comme étant des hallucinations. Plusieurs de ces visions et de ces voix étaient très probablement des hallucinations provoquées par l'intoxication de la personne. Mais je suis certaine que j'ai également diagnostiqué des personnes qui voyaient *vraiment* des anges ou entendaient de véritables voix divines. À l'époque, je m'étais convaincue que le monde réel consistait en tout ce que j'expérimentais avec mes sens. Si je ne pouvais voir ceci avec mes yeux, entendre cela avec mes oreilles ou toucher ceci avec mes doigts, ce n'était pas réel. Pour moi toute personne qui expérimentait quelque chose par les sens non-physiques, hallucinait ou était intoxiquée. Point à la ligne.

Cependant, toute ma vie, j'avais expérimenté des situations intensément mystiques que mes livres de science et de psychologie ne pouvaient pas expliquer. Au lieu de me concentrer sur ces expériences, j'ai choisi consciencieusement de les ignorer.

Une de mes premières expériences mystiques, que j'ai essayé d'ignorer, a eu lieu quand j'avais 17 ans. Ma grand-mère Pearl et son mari, «Pop-pop» Ben, étaient descendus dans le sud, en provenance de Bishop en Californie, pour passer plusieurs jours avec nous à notre résidence familiale à Escondido. Je me souviens d'avoir attendu avec excitation leur arrivée, impatiente d'entendre le bruit de leur voiture familiale entrer dans notre allée. Leur visite avait été fort agréable et je me sentais particulièrement proche de mes deux grands-parents, alors que je les regardais sortir de l'allée pour retourner chez eux.

Plusieurs heures après qu'ils soient partis, le téléphone a sonné. J'ai observé mon père alors qu'il resserrait sa prise sur le combiné et que son corps frissonnait et tressaillait.

— Ben et maman ont été impliqués dans un accident de voiture, a-t-il dit avec insistance. Un conducteur ivre les a croisés et il y a eu une collision frontale. Maman est à l'hôpital et... Ben est mort.

Nous avons réagi avec des larmes et des cris, disant : «Non, non!» J'ai couru dans l'obscurité de ma chambre, et j'ai saisi ma guitare acoustique, la serrant dans mes bras pour trouver du réconfort. J'ai joué quelques mélodies et la musique m'a aidée à ressentir de la paix dans mon cœur. Je pouvais entendre mes parents et mon frère pleurer dans la salle de séjour et je me sentais coupable d'être en paix et de ne pas partager leur chagrin. Oui, j'aimais mon Pop-pop autant qu'un autre. Oui, sa présence me manquerait grandement. Mais au plus profond de mon âme, je n'ai pas ressenti de tristesse à l'annonce de sa mort. Mon seul désespoir était provoqué par le fait que je ne ressente pas de chagrin.

À ce moment précis, une lueur brillante au-delà du pied de mon lit a attiré mon attention. J'ai levé les yeux et là, clair comme le jour, se trouvait mon Pop-pop Ben. Il avait exactement le même air que lorsque je l'avais vu la dernière fois, avec la même chemise écossaise et son pantalon de toile, sauf qu'il était plus petit et légèrement transparent. Les couleurs de ses vêtements étaient adoucies par la lumière blanche bleuâtre qui semblait émaner de lui. Il s'est exprimé à moi par une sorte de moyen télépathique.

— Tu as raison de te sentir comme ça, Doreen. Je vais bien et tout va bien.

Puis, son image s'est dissoute et il est parti. Je suis restée avec la certitude que ma paix intérieure était appropriée.

Quelque temps plus tard, quand j'ai parlé à mes parents de l'apparition de Ben, ils m'ont confié que le frère de Ben, qui vivait loin de notre maison à Escondido, avait également vu Ben peu de temps après sa mort. Est-ce que Ben nous avait tous visités à l'insu des autres membres de la famille ? Peut-être que le chagrin intense de mes parents et de mon frère les avait empêchés de remarquer sa présence, ou peut-être que l'intensité de leurs émotions avait effectivement empêché son apparition. Je ne sais pas, mais ce que je *sais* c'est que bien que le chagrin soit une émotion parfaitement normale, qui peut servir de fonction thérapeutique, il peut aussi bloquer notre perception de la vie après la mort.

À l'âge adulte, j'étais toujours consciente de la présence des anges et de plusieurs de mes parents décédés. La perception était semblable à la vague attention que l'on a quand une mouche vole dans une pièce et qu'on est concentré sur un projet urgent. Mais j'essayais d'éviter de penser au monde des esprits. Après tout, j'étais une excellente psychothérapeute et je me spécialisais dans les troubles de l'alimentation. Mon deuxième livre, *The Yo-yo Diet Syndrome*, était un succès de librairie et j'étais prise dans le circuit des conférenciers et des émissions-débat, en plus de gérer l'unité d'un hôpital psychiatrique. La dernière chose que je voulais était de souffrir des insultes et du sarcasme de mes collègues, si j'admettais publiquement mes expériences mystiques.

De plus, je n'aimais pas les messages que mes anges m'envoyaient constamment. Leurs propos incessants me disaient que je devrais faire des changements majeurs dans ma vie : abandonner le vin le soir; commencer à méditer et étudier la spiritualité; changer ma pratique de la psychothérapie traditionnelle et écrire au sujet d'une thérapie basée sur la spiritualité. Les anges m'ont rappelé que quand j'étais enfant, la voix d'un ange masculin m'avait clairement dit que le but de ma vie était d'enseigner la spiritualité. Ne voulant pas me sentir contrôlée, ou compromettre l'équilibre créé par le succès que j'avais obtenu dans ma vie, j'ai fait la sourde oreille à mes anges.

Je réalise maintenant que j'avais, au niveau de l'âme, « signé un contrat » avec mes anges pour qu'ils m'incitent à rester sur la voie de ma mission de vie. Leurs interventions devenaient de plus en plus fortes et fréquentes. Un jour, ils m'ont incitée à participer à un atelier qui était donné par l'auteur et psychothérapeute Wayne Dyer. Il discutait d'une lutte semblable à celle que je traversais, et qui l'avait amené à abandonner finalement sa pratique de la psychothérapie traditionnelle et à cesser de boire.

Ce jour-là, j'ai arrêté de boire et j'ai commencé à méditer. Avec l'esprit sobre et concentré, ma clairvoyance a rapidement retrouvé la clarté que j'avais durant l'enfance. J'ai découvert que je connaissais toutes sortes de faits et d'informations au sujet de purs étrangers avant qu'ils ne se présentent à moi. Le matin, je me réveillais en sachant qui j'allais rencontrer ce jour-là et ce qu'ils diraient. Les anges m'ont appris comment modifier mon alimentation (comme vous allez le lire dans l'appendice B) pour augmenter davantage mon don intuitif. Lors de cette première année, j'ai souvent expérimenté un sentiment de déjà-vu après que je me sois livrée à mes anges. J'ai ressenti également un sentiment de paix que j'avais oublié depuis longtemps.

Cependant, je n'avais pas le courage de sortir du placard spirituel et de discuter de mes révélations psychiques avec ma clientèle, mes amis, mes lecteurs et lectrices ou des membres de ma famille. Mes expériences mystiques étaient un secret jalousement gardé que je serrais contre moi de crainte d'être ridiculisée, abandonnée ou critiquée. Mes anges m'ont conseillé vivement de parler publiquement de mes croyances spirituelles, mais j'ai résisté.

Néanmoins, en 1995, j'ai perdu toutes mes peurs de ce que les gens pourraient penser de moi. Car c'est à ce moment qu'un ange m'a sauvé la vie en me parlant à voix haute pour m'avertir que deux hommes armés tenteraient de voler ma voiture, et que grâce à ses conseils, je m'en sortirais saine et sauve. (Je décris plus en détails cet incident dans mon livre *Guidance divine*.)

Après cette attaque, mon esprit a vacillé de peur et d'étonnement. Entendre des voix était un signe de folie d'après ma formation clinique. Mais cette voix connaissait mon avenir et m'avait sauvé la vie! J'ai raisonné que mon inconscient pouvait produire des voix imaginaires, mais il n'aurait pas pu connaître l'avenir. En tant que personne intéressée par la recherche psychologique, cette dernière caractéristique m'a fascinée plus que tout le reste par rapport à l'événement. Qu'est-ce qui pouvait produire une voix désincarnée qui savait qu'on tenterait de voler ma voiture?

C'est alors que les souvenirs de mes expériences avec mon sixième sens durant mon enfance m'ont submergée. Lorsque j'étais enfant, je croyais que le Ciel veillait sur moi. Maintenant, après cette tentative de vol à main armée, j'avais le même sentiment de chaleur. Au lieu de me sentir comme si j'étais dans un bocal à poissons, j'étais étrangement réconfortée. Toutefois, la scientifique en moi m'incitait à enquêter sur ce que j'avais expérimenté pour que je puisse comprendre d'une manière ou d'une autre cet incident inexplicable.

Pendant les mois qui ont suivi, j'ai déniché et interrogé des personnes dont j'avais entendu parler dans les journaux et les revues et qui avaient entendu des voix d'avertissement qui leur avaient sauvé la vie. En tant que psychologue, je savais que ces personnes n'avaient pas d'hallucinations. Leurs histoires comportaient une trame semblable et un fondement incontestable que l'on ne retrouve pas dans les hallucinations. Les hallucinations expérimentées par les schizophrènes, par exemple, impliquent généralement des sentiments de persécution et/ou de grandiloquence. Par exemple, un schizophrène imaginera voir des agents du FBI l'espionner, entendra des voix lui indiquant de s'infliger des blessures, ou croira que des extra-terrestres l'ont sélectionné en tant que personne spéciale.

Les voix entendues par ceux qui ont expérimenté des interventions pour sauver des vies, cependant, leur ont donné des sentiments de réconfort et les ont incités à devenir plus prévenants, aimants et compatissants. Et parce que j'ai été formée à déceler les mensonges et les exagérations en interprétant le langage corporel et le ton de la voix, je savais que ces personnes disaient la vérité.

Alors que je continuais mes entretiens, un schéma évident est apparu qui a aidé à me persuader que les histoires de ces personnes étaient vraies :

- Elles se moquaient complètement de savoir si on les croyait ou pas.

- Elles ne faisaient pas campagne pour convertir les gens à leur façon de penser.

- Elles étaient peu enthousiastes à l'idée de discuter publiquement de leurs expériences. Dans la plupart des cas, il s'agissait de voix qu'elles avaient entendues en conduisant leur voiture et qui leur donnaient des conseils salutaires.

Plus je parlais avec les gens, plus les doutes qui me restaient à propos des interventions divines diminuaient. J'ai commencé à comprendre pourquoi on avait rapporté que 75 à 85 pour cent des adultes américains disaient croire aux anges. Au moment même où je réalisais ces entrevues, je tentais d'utiliser ce qui me restait de sixième sens, peu importe ce qu'il était, pour entrer en contact avec la source de la voix qui m'avait avertie et guidée pendant mon épreuve.

Mon expérience, lors de cet incident, m'a donné envie de savoir si je pouvais avoir accès à cette voix à d'autres moments, ou si elle était seulement disponible pendant une crise. Je ne savais pas exactement comment m'y prendre pour entrer en contact avec cette voix, alors j'ai essayé de lui parler à voix haute, en envoyant des messages mentaux et en écrivant des questions dans mon journal. En l'espace de quelques heures, j'ai ressenti et entendu intérieurement la réponse de la voix. L'être, qui s'est identifié comme un de mes anges gardiens, a immédiatement commencé à me parler de la peur résiduelle que j'avais éprouvée en raison d'un léger stress post-traumatique déclenché par la tentative de vol de ma voiture. Et quand il a eu terminé de parler, ma peur avait disparu!

J'ai ensuite entendu et ressenti la présence d'autres anges qui accompagnaient mon premier ange gardien. Alors que je commençais à me concentrer sur le phénomène en tentant de comprendre de plus en plus de choses à ce sujet, j'ai très vite pu voir les anges qui existent autour de chacun de nous. En premier lieu, je voyais seulement des lumières scintillantes. Puis, tout comme nos yeux s'adaptent à une pièce sombre, j'ai pu lentement percevoir tous les détails des silhouettes et des formes des anges.

Depuis, j'ai rencontré des milliers de personnes qui ont vu les anges et j'ai comparé mes notes avec elles. Nos visions sont remarquablement semblables dans des détails saisissants, y compris la forme, la taille, la clarté, les couleurs, le genre d'habillement et la façon qu'ils s'adressent à nous.

La thérapie des anges

Au début, les anges me donnaient des conseils seulement au sujet de ma propre vie. Mais cela s'est avéré si efficace pour me diriger efficacement à travers les pires difficultés que je rencontrais, qu'en tant que thérapeute, je n'ai pu m'empêcher de penser combien ce serait merveilleux si toutes mes clientes pouvaient utiliser leur sixième sens et avoir également leur propre source de contact pour ces prescriptions célestes.

Un jour, alors que j'étais en consultation avec une cliente difficile, ne sachant pas ce que je devais lui dire et pensant que les anges sauraient comment la conseiller, c'est eux-mêmes qui m'ont demandé si je voulais qu'ils lui transmettent leurs conseils. En tant que thérapeute, j'avais des réserves, mais j'étais dépassée et je ne savais pas comment aider cette dame. Je sentais que ni elle ni moi n'avions quoi que ce soit à perdre en essayant le procédé.

Cependant, pour des raisons d'éthique professionnelle, je sentais que je ne pouvais pas présenter quelque chose que les anges prescrivaient comme venant de moi. Je sentais que je devais être honnête vis-à-vis de ma cliente et lui expliquer l'origine de mes conseils, au risque de passer pour une folle et qu'elle ne veuille plus travailler avec moi. Heureusement, elle croyait aux anges et sa curiosité a été piquée par ma suggestion. Et c'est avec l'esprit ouvert qu'elle a accepté d'écouter ce que j'avais à lui dire.

Ce jour-là, ce qu'elle a entendu a transformé sa vie et provoqué une guérison que je n'aurais jamais pu réussir par moi-même. À partir de cet instant, j'ai commencé à travailler avec les anges pour m'aider à conseiller ma clientèle en l'informant toujours de l'origine des conseils que je transmettais. J'ai bientôt obtenu une réputation en tant que thérapeute qui donnait des «lectures provenant des anges» ou qui utilisait la «thérapie angélique». Des personnes ont commencé à me consulter, alors que tout le reste avait échoué dans leur thérapie, enfin prêtes à donner une chance à Dieu et aux anges.

Les anges leur donnaient des instructions claires et efficaces (que j'ai appelé les prescriptions divines) qui aidaient ces personnes à remettre sur pied leurs relations, leurs finances, leur santé et leurs émotions. Même si je n'ai pas mené d'études scientifiques officielles sur la thérapie angélique, je me contente de constater que c'est un instrument clinique remarquablement efficace. Les thérapeutes, que j'ai formés en thérapie angélique, rapportent que leur clientèle expérimente un plus grand bien-être et la paix d'esprit.

La grande majorité des cas de thérapie angélique dans lesquels j'ai été impliquée (qui s'élèvent à des milliers) ont enlevé tous les doutes de mon esprit et de mon cœur. J'ai observé des sceptiques et des croyants, des individus religieux et des agnostiques devenir plus heureux et en santé en suivant les prescriptions divines livrées par leurs anges. Je pense que c'est la raison pour laquelle il y a tant de psychothérapeutes, de médecins, d'infirmières, et d'autres professionnels de la guérison qui participent à mes séminaires de formation.

Pendant une séance typique de thérapie angélique, je me permets d'entrer dans un état de semi-transe, ce qui m'aide à me connecter profondément et rapidement avec les anges et leurs prescriptions divines. Dans cet état altéré de conscience, je suis au courant de la plupart des mots qui me traversent à ce moment-là. Après une séance, cependant, je me souviens seulement d'environ la moitié de ce qui s'est dit. Pour cette raison, j'enregistre souvent mes séances au cas où les personnes qui me consultent ou moi-même voudrions passer en revue ce qui a été dit. Les anges me demandent parfois explicitement d'enregistrer une séance pour que la personne puisse la réécouter plus tard. Cela attire mon attention sur le fait que cette séance sera probablement intensément émotionnelle. « Elle n'écoutera pas vraiment ce que nous lui disons à moins qu'elle n'écoute l'enregistrement à plusieurs reprises », m'ont-ils expliqué.

Vers le début de chaque séance de thérapie angélique, je décris à mes clientes comment sont leurs anges. J'ai découvert qu'il y a quatre types d'anges principaux (vous pouvez lire à leur sujet, de manière plus détaillée, dans l'appendice A à la fin de ce livre) :

- *Anges.* Ceux qui ont des ailes et qui sont envoyés comme des messagers de Dieu, qui n'ont pas vécu en tant qu'humains sur Terre.

- *Archanges.* Les responsables du royaume angélique qui ont tendance à être de plus grande taille et plus puissants que les anges.

- *Les êtres chers décédés.* Des parents ou amis qui sont morts, mais qui sont proches des gens pour les aider, ce qui ressemble beaucoup à ce que font les anges gardiens.

- *Les maîtres ascensionnés.* Des professeurs et guérisseurs initiés, comme Jésus-Christ, Moïse, Mahomet, Bouddha, Krishna, la Vierge Marie, sainte Germaine et Quan Yin, qui aident les personnes à partir du Ciel.

J'explique ensuite à mes clientes l'objectif de la présence de chacun de leurs compagnons spirituels. Par exemple, un être cher décédé arrivera à une séance pour dire simplement :

« Bonjour, je t'aime », ou « Je suis avec toi pour t'aider avec ton mariage ». Les anges ont d'autres raisons personnelles d'être avec nous, y compris de nous aider à avoir du courage, à apprendre la patience, à être en sécurité au volant de sa voiture, ou à être aimant et à ne pas porter de jugements sur les autres.

Ensuite, je demande à mes clientes de décrire le problème qui les a amenées à chercher des conseils angéliques. Cela se résume généralement à des questions basiques telles que : « Comment puis-je amener mon petit ami à m'épouser ? » ou « Je suis dépendante du magasinage par catalogue ou en ligne. J'ai dépensé des milliers de dollars en factures de cartes de crédit. Comment puis-je arrêter ? » ou « Ma mère et moi nous disputons tout le temps. Que disent les anges sur ce que je dois faire pour qu'elle cesse de me harceler ? »

Puis, je demande des conseils à leurs anges. Les anges donnent leurs conseils à travers moi, et je transmets leurs prescriptions à mes clientes. Les anges me montrent parfois un « film » où je vois clairement ma cliente en train de prononcer un discours, d'écrire un livre, de faire un travail de guérison, ou peu importe quel est son but. D'autres fois, les anges me transmettent des mots audibles qui expriment l'essence de leur objectif de vie.

Typiquement, les anges livrent leurs messages par l'un des quatre canaux de communication divine : la clairvoyance (dans laquelle je vois des images du passé, du présent et de l'avenir probable de ma cliente), la clairaudience (à travers laquelle les anges me parlent), la clairsentience (où je reçois de fortes sensations me communiquant le point de vue des anges), et la clairconnaissance (une forme de transfert de pensée provenant du Ciel). Tout le monde a accès à ces quatre « canaux » célestes et tout le monde peut exploiter sa propre clairvoyance, clairaudience, clairsentience et clairconnaissance. Le chapitre 1 fournit une brève vue d'ensemble des quatre canaux de communication. (Si vous êtes intéressé à apprendre la manière de recevoir des conseils angéliques via ces quatre canaux, vous pourriez vouloir lire mon livre *Guidance divine*, dans lequel je fournis des instructions détaillées pratiques.)

Pendant les séances, j'entends toujours les anges parler dans mon oreille droite. Pour je ne sais quelle raison, je n'ai jamais entendu de messages célestes dans mon oreille gauche. Des clientes et d'autres personnes m'ont dit qu'elles reçoivent, elles aussi, des conseils essentiellement ou exclusivement dans une oreille. Certaines personnes entendent les prescriptions divines également bien avec les deux oreilles.

Pour s'assurer que c'est vraiment un message céleste et non pas mon imagination, je pose la même question à maintes reprises de plusieurs manières différentes aux anges. Une des caractéristiques clés des prescriptions divines authentiques est que le conseil est donné à maintes reprises. J'ai appris que je peux poser une question aux anges plusieurs fois et que j'obtiendrai toujours la même réponse. C'est l'une des façons qui me permet de savoir que c'est vraiment les anges qui parlent, puisque notre imagination a tendance à donner des réponses différentes à chaque fois.

Si mes clientes ont des questions supplémentaires (et elles en ont généralement!), les anges ou moi-même leur répondrons jusqu'à ce qu'elles comprennent clairement leurs prescriptions.

Les personnes ont rarement un mouvement de recul ou sont rarement contrariées quand les anges donnent des prescriptions qui demandent de changer un trait de personnalité (par exemple, être trop agressif) ou de laisser tomber une habitude destructrice (par exemple, l'infidélité compulsive, fumer). Parfois, quand les anges me donnent une telle prescription à transmettre, je m'inquiète de la réaction de mes clientes. Je me demande : « Comment puis-je dire une telle chose à cette gentille personne?» À ce moment-là, les anges me guident pour que je sache comment livrer leurs messages d'une façon aimable et qui ne représente pas une confrontation. Par conséquent, mes clientes reçoivent le remède tel qu'il était prévu. Elles ressentent l'amour inconditionnel qui accompagne ces communications. Mes clientes savent que leurs anges ne les critiquent pas, qu'ils ne les jugent ni ne les châtient. Les anges répondent simplement aux prières pour aider. Leurs réponses demandent souvent aux personnes de guérir. Au fond, la plupart des gens reconnaissent toujours la sagesse des conseils de leurs anges.

Quand le problème d'une cliente implique une autre personne, je demande toujours aux anges de me mettre en contact avec cette personne.

Premièrement, je demande que mes anges me «connectent» avec la personne en question. Ensuite, j'inspire profondément et je répète mentalement le prénom de cette dernière trois fois pour m'assurer que je me concentre sur la bonne personne. C'est tout ce que cela demande. Les anges me montrent immédiatement une vision de la personne, vivante ou décédée. Le nom de chaque personne possède une empreinte vibratoire qui enregistre toutes les informations au sujet de son passé, présent et avenir. C'est comme le nom d'un fichier informatique qui nous permet d'accéder à un programme spécifique.

Quand des clientes me demandent de regarder dans leur avenir, les anges m'entraînent dans un processus qui s'apparente à regarder une bande vidéo en accéléré. Ils me montrent des enregistrements de plusieurs avenirs différents que ma cliente pourrait avoir, que j'ai appris à reconnaître comme étant des avenirs alternatifs. Chaque personne est libre de ses choix, et ces avenirs alternatifs représentent le cours que prendra la vie de quelqu'un selon les décisions qu'il prendra. Les anges n'ont pas à prendre les décisions pour les êtres humains; cependant, ils essaient vraiment de montrer des solutions alternatives quand ils soupçonnent que quelqu'un est sur le point de suivre son ego au lieu du meilleur de sa nature.

Si une cliente a des sentiments réprimés ou négatifs comme la colère, la culpabilité ou le blâme, qui causent des problèmes, les anges travaillent pour l'aider à libérer ces blocages. Les anges se comportent comme des ramoneurs, brossant et nettoyant la suie émotionnelle et spirituelle causée par les pensées et les sentiments négatifs créés ou accumulés par la cliente.

Étant donné que je suis une psychologue qui a travaillé en counselling familial et marital, je juxtapose souvent mes connaissances cliniques avec les interprétations des anges. Lorsque c'est approprié, je me sens entraînée par les anges, et je fais toujours clairement savoir à mes clientes quand c'est moi qui parle ou quand ce sont les anges qui le font.

Après une séance de thérapie angélique, mes clientes me confient que les prescriptions divines qu'elles ont reçues et le sentiment d'être libérées de la négativité, cela leur permet de se sentir plus légères, plus libres et plus heureuses. Elles me contactent généralement plus tard au moyen d'une lettre, d'un appel téléphonique, ou d'une autre consultation pour me dire que le fait d'avoir suivi leurs prescriptions divines a provoqué des changements significatifs et positifs dans leur vision des choses et leur vie.

Les messages célestes, les messagers et vous

Vous n'avez pas besoin d'attendre pour consulter un interprète des anges ou repérer quelqu'un avec des talents particuliers et des aptitudes pour recevoir et bénéficier des conseils célestes. Ces messages vous sont destinés, et Dieu les a conçus pour qu'ils soient faciles à recevoir. Des dizaines de milliers de mes clientes et participantes à mes ateliers ont déjà appris la manière de tirer profit du service de messagerie céleste et vous pouvez le faire vous aussi. Elles ont appris comment devenir conscientes de la présence de leurs anges et conscientes du moment où les anges essaient de leur dire quelque chose.

Ce sont des personnes normales et ordinaires. Elles n'ont pas de talent particulier que vous ne possédiez pas. Je crois que nous avons tous un sixième sens. De plus, je suis persuadée que ce sixième sens, qui permet aux gens de contacter directement leurs hôtes célestes, n'est rien de moins que la présence continuelle de Dieu à l'intérieur de nous. C'est quelque chose que tout le monde peut faire (ou apprendre à faire) en tout temps, parce que ce que vous tentez de contacter est déjà à l'intérieur de vous. Nous ne sommes rien de moins qu'une part de Dieu et notre propre canal de communication divine, notre propre sixième sens. Quand vous apprenez à être à l'écoute de vos propres sentiments, pensées, visions et sons intérieurs, vous pouvez également recevoir et comprendre plus facilement les conseils de vos anges.

∞

Le chapitre 1 présente le concept des prescriptions divines. Vous découvrirez :

- Ce que sont les prescriptions divines et comment elles peuvent vous être personnellement bénéfiques.

- Les trois manières dont les prières sont exaucées : le réconfort, les miracles et la guidance divine.

- Pourquoi les personnes sont parfois bloquées ou n'agissent pas selon les prescriptions divines.

- Comment surmonter la peur du contact angélique

- Comment reconnaître les quatre canaux du sixième sens.

Les chapitres 2 à 7 se concentrent sur les conseils pratiques et prescriptifs de Dieu et des anges pour des douzaines de nos problèmes humains les plus universels et urgents. Ils sont tirés d'idées que les anges ont partagées avec ma clientèle, mes amis, ma famille et des participants à mes ateliers. Le fait d'avoir incorporé plusieurs de ces prescriptions à ma propre vie m'a été très profitable, et je crois que vous pouvez en bénéficier également. Parmi les problèmes couverts se trouvent :

- Les problèmes personnels tels que la dépendance, la dépression et le chagrin.

- Les problèmes relationnels et amoureux : attirer l'âme sœur idéale, la jalousie, la peur de l'engagement, et autres.

- Les problèmes conjugaux comme l'infidélité, l'incompatibilité sexuelle et la perte d'intimité.

- Les problèmes familiaux y compris l'éducation des enfants, les parents trop critiques et les autres conflits.

- Les problèmes financiers et professionnels : le stress au travail, démarrer une nouvelle entreprise, problème de liquidité, et autres.

Le chapitre 8 est rempli d'instructions détaillées portant sur chaque aspect de la demande et de la réception des prescriptions divines pour vos propres problèmes personnels, y compris :

- Comment vous défaire de la turbulence des émotions pour que les signaux des anges ne soient pas bloqués.

- Une méthode simple en deux étapes pour obtenir des prescriptions divines à vos problèmes.

- Comment savoir si les conseils que vous recevez proviennent vraiment du Ciel.

Le chapitre 9 fournit des conseils, étape par étape, pour les personnes qui aimeraient développer davantage le processus et être en mesure de livrer des prescriptions angéliques afin d'aider les autres. Vous apprendrez :

- Comment livrer les prescriptions divines aux autres.

- Comment livrer les prescriptions désagréables.

- Ce qu'il faut faire si des personnes deviennent dépendantes de vous pour les prescriptions divines.

Ce livre vous mettra en contact direct avec des conseils célestes. J'espère que vous suivrez ensuite les conseils que vous recevrez. En tant que thérapeute, j'ai observé que les personnes qui s'entretiennent régulièrement avec Dieu, avec les maîtres ascensionnés, ou avec les anges semblent plus équilibrées que celles qui ne le font pas. Elles ont tendance à être moins négatives et réservées que celles qui se sentent séparées de Dieu et des anges, et elles sont moins susceptibles de rapporter un blocage, comme si les choses allaient de soi dans leur vie. Elles ont également tendance à être plus heureuses et optimistes que les autres personnes.

CHAPITRE 1

∞

Solutions célestes pour vous
et la résolution de vos problèmes

Vous avez probablement lu ou expérimenté des exemples de réconfort céleste et d'intervention miraculeuse. C'est le genre d'histoire à donner la chair de poule dans laquelle la vie d'une personne est sauvée ou guérie grâce à l'aide d'une force, d'une voix ou d'une personne mystérieuse. Ces événements aident les personnes à croire qu'on veille sur elles et qu'elles sont guidées par Dieu et les anges gardiens. Les anges interviennent de façon mystérieuse quand cela est nécessaire.

Cependant, Dieu et les anges ne font pas seulement des miracles pour sauver in extremis des gens de situations qui menacent leur vie. Les hôtes célestes possèdent également plusieurs conseils pratiques, *prescriptifs*, pour résoudre les problèmes personnels, les dilemmes difficiles et guérir les blessures émotionnelles. Une des façons les plus courantes, et peut-être des plus importantes, dont le Ciel intervient au nom des êtres humains, c'est en leur donnant ce que j'appelle des prescriptions divines — des remèdes angéliques pour les souffrances et les défis de la vie quotidienne.

Dans les anciens textes religieux, Dieu et les anges sont également présentés en donnant des conseils pratiques pour les problèmes de la vie quotidienne. Par exemple, la Torah (notre Ancien Testament) présente des techniques intelligentes pour la résolution de conflits parmi les membres de la famille ou de la communauté, des suggestions saines pour la préparation de la nourriture, l'harmonie conjugale, ou des recommandations pour augmenter tant le bétail que la récolte. Le Ciel n'a pas cessé d'offrir ce genre de conseils quand la Bible a été achevée. Quelques 2000 ans plus tard, Dieu et les anges continuent d'offrir des prescriptions divines pour expliquer la meilleure façon de régler de leurs difficultés quotidiennes.

Le « Dear Abby » céleste

Si vous permettez aux anges de vous donner des remèdes, et si vous apprenez à vous ouvrir aux quatre canaux de la communication divine (dont on parle plus loin dans ce chapitre) et que vous agissez selon les conseils que vous recevez au moyen de votre sixième sens, vous traverserez la vie sur un nuage de soutien angélique. Les prescriptions des anges sont des dons de Dieu pour les gens. Quand vous acceptez et faites usage de leurs conseils, vous en tirez profit de plusieurs manières : vous obtenez du succès (peu importe ce que le succès signifie pour vous), vous êtes davantage en paix avec vous-même, et vous bénéficiez de relations amoureuses et familiales plus épanouissantes.

Admettons-le, tout le monde est confronté à des défis difficiles, pénibles, de temps en temps, des problèmes qui varient de simplement irritants à accablants et dévastateurs. L'amour, les finances, les enfants, la santé, les relations humaines — qui *n'est pas* tombé dans le désespoir et qui n'a pas souffert de l'un ou plusieurs de ces aspects de la vie ? Vous faites de votre mieux pour faire face aux défis au fur et à mesure qu'ils se présentent. Mais souvent, c'est comme si un problème n'attendait pas l'autre. Et certains problèmes, comme la perte d'une entreprise ou une différence importante de tempérament et de point de vue entre des partenaires conjugaux, semblent impossibles à résoudre.

Après des millions de livres sur l'entraide, des séances de thérapie et des émissions-débats, la race humaine lutte toujours avec les mêmes défis que ceux de l'époque où ce genre d'entraide psychologique a été conçue. Même si elles sont bien intentionnées, ces méthodes humaines ont échoué à faire une différence mesurable pour nous aider à devenir des personnes plus saines et plus heureuses, précisément *parce qu'elles* sont faites par des êtres humains et sont donc un produit des limites et des faiblesses humaines.

Les seules approches de guérison psychologique qui, à mon avis, produisent des effets thérapeutiques profonds et durables impliquent une approche spirituelle. Peu importe la raison pour laquelle on lutte — un mariage malheureux, des enfants rebelles, une dépression, des dépendances, des problèmes financiers, des problèmes reliés au vieillissement des parents, un emploi sans débouchés — les anges ont une prescription divine pour parvenir à un résultat salutaire et couronné de succès. En tant que professionnelle, j'ai pu observer que leurs conseils aidaient à guérir mes clientes. En fait, vous pouvez considérer les anges comme l'équivalent céleste du «Dear Abby*» qui dispense des conseils sages et bénéfiques en réponse aux questions que les gens se posent ici, sur Terre.

Pendant mes séances de thérapie, les anges ont donné des conseils prescriptifs et pratiques par mon intermédiaire à mes clientes à propos d'une foule de questions. J'ai appliqué très souvent ces prescriptions à ma propre vie et elles m'ont aidée à trouver des solutions pour des problèmes apparemment insolubles et m'ont également guidée vers une vie plus saine et plus heureuse. J'ai également transmis des prescriptions qui ont aidé autant mes amis, des membres de ma famille et

---

* Courrier du cœur fondé en 1956 par Pauline Phillips sous le pseudonyme d'Abigail Van Buren. (N.d.T)

d'autres clientes, qu'elles avaient aidé la personne pour laquelle elles étaient destinées à l'origine. Cela m'a persuadée que les solutions et les stratégies que les anges fournissent pouvaient être appliquées avec succès par d'autres personnes placées dans des situations similaires.

Dans ce livre, en particulier les chapitres 2 à 7, vous trouverez près de 50 remèdes divins que les anges ont donnés à mes clientes pour résoudre certains des problèmes les plus courants et pénibles que les gens sont susceptibles de rencontrer dans la vie d'aujourd'hui.

J'ai trouvé que ces prescriptions ressemblaient psychologiquement à des approches pour la résolution de problèmes, la guérison, le rétablissement et la croissance personnelle. Qui plus est, j'ai vu celles qui suivent ces conseils angéliques connaître une meilleure guérison, avoir davantage d'énergie et de paix. Ces personnes savent qu'on veille sur elles, qu'on les aime et qu'elles sont protégées. Le sentiment de sérénité intérieure que cela leur procure attire des gens, des opportunités et des chances merveilleuses dans leur vie.

L'importance de demander

Pour recevoir des prescriptions divines pour vos problèmes, il y a seulement une condition : Vous devez le demander consciemment au Ciel (que ce soit à voix haute ou silencieusement). Pensez simplement aux anges, puis demandez mentalement : «S'il vous plaît, aidez-moi avec [votre problème]. La plupart des prières font que vous recevez une prescription divine presque aussitôt. Quand vous sautez cette étape essentielle et omettez de demander explicitement de l'aide angélique, vous bâillonnez et entravez l'aide du Ciel. Vous pouvez vouloir des conseils divins, les désirer, en avoir très envie, en avoir besoin, aspirer à cela de toutes vos forces, mais si vous n'adressez pas une demande directe au Ciel, les conseils angéliques ne seront pas disponibles.

Les anges *veulent* vous faire bénéficier de leurs conseils. *Veulent* est le mot clé, puisque les anges n'ont pas la permission de transgresser le libre arbitre que Dieu vous a accordé et qu'il a accordé à tous les autres êtres humains en vous forçant à accepter leur aide. C'est la raison pour laquelle il est tellement important de demander leur aide et ensuite de rester ouvert pour la recevoir. La seule exception c'est lorsque la vie d'une personne est en danger — comme un accident de voiture imminent — ou avant que votre heure ne soit arrivée. Même dans une situation comme celle-là, les anges peuvent seulement vous aider si vous les laissez faire.

Un soir les anges, avec leur style d'humour unique, m'ont appris une leçon inoubliable au sujet de l'importance de demander leur aide. J'étais à North Scottsdale, en Arizona, pour l'un de mes séminaires d'une fin de semaine. Un samedi soir, des amis m'ont déposée à un club santé. Ils m'avaient offert de venir me chercher plus tard, mais je leur ai dit que j'allais prendre un taxi pour revenir à notre hôtel. Après mon entraînement physique, j'ai utilisé le téléphone du club et les pages jaunes pour appeler une compagnie de taxis. Le premier répartiteur de taxis m'a dit qu'il ne desservait pas North Scottsdale. La deuxième compagnie m'a expliqué qu'ils n'étaient pas familiers avec la rue où était situé le club. Et une troisième compagnie m'a informée qu'ils étaient très occupés et qu'ils ne pourraient venir avant 40 ou 50 minutes.

Découragée, j'ai décidé de marcher jusqu'à l'hôtel. Après tout, pensai-je pour me justifier, j'avais passé une heure sur le tapis roulant; qu'est-ce que représentait une autre heure d'exercice? Mais j'ai réalisé que ce serait un périple difficile. D'une part, il n'y avait pas de trottoir dans cette partie de la ville et je devais marcher dans l'obscurité sur des terre-pleins tout bosselés. Marchant d'un pas léger tout en trébuchant, j'ai décidé de chercher une rue animée tout près pour trouver un taxi ou un autobus.

La circulation à 80 km à l'heure vrombissait près de moi et il n'y avait pas de panneau annonçant un transport public. J'en ai conclu que c'était un quartier trop résidentiel pour les autobus et les taxis. J'ai maugréé silencieusement en m'adressant à mes anges : « Comment pouvez-vous me laisser tomber après avoir passé toute la journée à enseigner aux gens ce que sont les anges ? J'ai fait ma part, comment se fait-il que vous ne m'aidiez pas ? »

À ce moment, j'ai entendu une réponse intérieure, douce mais ironique : *« Excuse-moi, mais nous as-tu demandé de te trouver un taxi ? »*

J'ai eu le souffle coupé. Je *n'avais pas* demandé aux anges de me trouver un taxi. Pas étonnant que j'aie autant de difficulté. J'essayais de résoudre le problème sur un plan humain, sans demander l'aide d'en haut. « Considérez que c'est ma demande officielle maintenant », ai-je répondu mentalement. « S'il vous plait envoyez-moi un taxi immédiatement. »

Moins de deux minutes plus tard, je me suis tournée et j'ai aperçu un grand taxi jaune flambant neuf, avançant à environ 50 km à l'heure en ma direction. J'ai tendu la main comme si je hélais un taxi à New York, et le chauffeur s'est rangé immédiatement.

J'ai souri alors que le chauffeur m'amenait confortablement à l'hôtel. Sur la route il a mentionné avec désinvolture que c'était une chance qu'il ait été sur cette route.

— Les taxis ne desservent généralement pas du tout ce secteur, a-t-il dit nonchalamment.

Depuis cet incident, je me suis toujours souvenu de demander consciemment aux anges de s'impliquer dans chaque aspect de ma vie.

Je ne saurais trop insister sur l'importance de demander à vos anges de vous aider à trouver des solutions à vos problèmes et tout ce qui pourrait vous troubler. Je réalise que plusieurs personnes hésitent à demander l'aide de Dieu pour des situations qui sont moins graves qu'une vie en danger. Mais rappelez-vous : dans des moments de crise, Dieu n'a pas besoin de votre demande ou de votre permission pour vous aider. Il a déjà envoyé des anges vers vous avant que vous n'ayez eu le temps de crier à l'aide. C'est justement lors d'événements quotidiens que Dieu et les anges ont besoin de votre permission pour intervenir.

Bien sûr, certaines personnes hésitent parce qu'elles ont peur de commettre une erreur. Elles craignent que Dieu ignore leur demande si elle est énoncée incorrectement, ou qu'il y a une façon particulière de formuler leur question dans des circonstances spécifiques. À cela, les anges répondent : *Vous n'avez pas besoin d'utiliser des invocations solennelles pour nous solliciter afin de recevoir de l'aide. Nous apprécions votre désir d'utiliser ce que vous appelez un protocole convenable. Cependant, nous sommes prompts à venir vers vous quand vous nous appelez et à vous fournir l'aide nécessaire lorsque vous êtes en difficulté. Tout ce qu'il faut, c'est une pensée, un mot ou une vision. Les mots de votre requête n'ont pas vraiment d'importance. En somme, tout ce qui compte, c'est que vous appeliez à l'aide.*

Même si vous vous sentez maladroit la première fois que vous sollicitez l'aide des anges, de grâce, ne vous en faites pas. Tant et aussi longtemps que vos intentions sont de vous connecter à Dieu et au royaume angélique, vous ne pouvez pas faire d'erreur. Et même s'il peut sembler qu'ils ne peuvent entendre votre requête, soyez assuré que le Ciel entend.

Le fait de solliciter l'aide céleste, qu'on appelle parfois prier, est nécessaire pour en recevoir. Il importe peu que vos prières soient solennelles ou qu'elles soient faites dans une église, un temple, une synagogue ou en privé ; c'est la sincérité qui plait à Dieu. Peu importe votre appartenance religieuse, que vous soyez agnostique ou athée, que vous ayez mené une vie irréprochable ou que vous soyez cupide, manipulateur ou malhonnête, le Ciel répondra à vos prières. (Bien sûr, Dieu ne répondra pas aux prières des « mauvaises » personnes pour les aider dans leur « méchanceté », mais les anges offriront des conseils pour leur dire comment elles peuvent trouver la voie pour devenir de meilleures personnes.) Le Ciel n'établit nullement de discrimination et répond à toutes les demandes qui sollicitent des prescriptions divines.

Comment les prières sont exaucées : le réconfort, les miracles, les prescriptions

En vérité, Dieu envoie Son aide de trois manières différentes, selon ce dont vous avez besoin ou ce que vous avez demandé. Vos prières pourraient être exaucées sous forme de réconfort céleste, d'interventions miraculeuses ou de prescriptions divines.

Le réconfort céleste. Vous êtes déprimé, inquiet, en colère, seul, craintif, ou vous souffrez intensément en raison d'une quelconque émotion négative, et vous demandez l'aide du Ciel. Dieu et les anges vont répondre par le biais d'un message réconfortant et rassurant. Ce pourrait être quelque chose d'aussi simple qu'un sentiment soudain et intense de paix et de bien-être. Ou vous pourriez avoir un rêve à la fois significatif et rassurant pour vous. Ce pourrait être une idée soudaine qui met la situation dans une toute nouvelle perspective. Ou bien, un ami pourrait vous dire exactement ce que vous avez besoin d'entendre pour que vous vous sentiez mieux. Vous pourriez voir un signe — un papillon, un arc-en-ciel ou une plume qui tombe à vos pieds — et qui a une signification toute spéciale pour vous.

Les interventions miraculeuses. Vous êtes au beau milieu d'une crise et vous priez pour recevoir de l'aide. Vous êtes sauvé miraculeusement sans aucun effort de votre part, mais par une série d'événements fortuits. Ce peut être un inconnu qui apparaît à l'improviste pour vous donner des indications alors que vous êtes perdu sur une autoroute isolée, puis disparaît immédiatement après sans laisser de trace. Ou bien, une voix qui crie soudain à votre oreille d'arrêter immédiatement alors que vous approchez d'un feu vert à une intersection et que vous échappez de justesse à une collision avec une voiture qui a brûlé un feu rouge. Dieu et les anges agissent toujours immédiatement pour tenter d'intervenir quand un danger mortel est imminent.

Les prescriptions divines. Vous avez un problème spécifique — comment amasser l'argent nécessaire pour le mariage de votre fille, comment cesser de fumer, de quelle manière vous pouvez aider votre enfant à améliorer ses résultats en mathématiques, comment traverser la période des Fêtes avec votre famille hypercritique, comment réduire votre niveau de stress extrêmement élevé, comment décider laquelle des deux offres d'emploi apparemment équivalentes vous devez choisir, comment cesser de toujours tomber sur des perdants et de rencontrer les bonnes personnes — et vous demandez à Dieu et aux anges de vous aider afin de résoudre cela. Peu de temps après, peut-être via une voix intérieure (ou une voix réelle que vous entendez) ou par un article de journal ou une émission de télé, vous trouvez la solution exacte à votre problème. La solution peut également vous être révélée par quelque chose que dit un de vos collègues, en trouvant un thérapeute qualifié ou un groupe de rétablissement, ou par d'autres moyens temporaires qui agissent comme un conduit à une information céleste.

Pourquoi certaines personnes bloquent les prescriptions divines

Certaines personnes se plaignent en affirmant que même si elles ont demandé des conseils angéliques, le Ciel les a laissé tomber et n'a jamais répondu. D'ordinaire, quand je demande si elles ont eu des intuitions, entendu une chanson à plusieurs reprises dans leur tête, ou ont fait des rêves intenses par rapport au sujet de leur inquiétude, elles répondent par l'affirmative. Le Ciel leur a envoyé des prescriptions divines tout ce temps, mais elles ont bloqué inconsciemment le message. Au lieu que Dieu ait fait la sourde oreille à leur égard, elles ont fait la sourde oreille aux conseils de Dieu.

Pourquoi certaines personnes mettraient-elles des œillères à leur sixième sens et bloqueraient-elles quelque chose d'aussi bienveillant et curatif que les remèdes célestes de Dieu ? Parce que, au plus profond d'elles-mêmes, elles se méfient des anges ou ont peur des changements qu'on pourrait leur demander de faire dans leur vie et leur mode de vie. Cette partie la plus profonde est le moi inférieur, ou l'ego, et elle est composée à cent pour cent de peur à l'état pur. Elle a peur de tout... de Dieu, de l'amour, des anges et de la joie. Généralement, l'ego craint que si la personne change ou perd ses peurs, il disparaîtra.

Par conséquent, l'ego continue de susciter des craintes. Après tout, vous avez suivi votre intuition auparavant et cela n'a pas fonctionné. Et si vous vous trompiez encore et que votre vie allait plus mal qu'elle va en ce moment ? Que diront les autres personnes et comment réagiront-elles ? Elles pourraient rire de vous, vous quitter, ou même vous intenter un procès. Comme un chien qui court après sa queue, votre ego est constamment en guerre avec votre moi supérieur, qui fait instinctivement confiance et obéit aux messages, prescriptions et conseils divins. Certaines des peurs que l'ego suscite pour bloquer la réception des prescriptions divines sont examinées ci-dessous.

LA PEUR DE DÉPLAIRE À DIEU

Les gens évitent d'écouter les remèdes divins en raison de leur crainte de briser d'une manière ou d'une autre un précepte de leur religion. Ceux qui ont été élevés dans des religions qui mettent l'accent sur les doctrines se demandent s'il est sécuritaire ou permis de parler directement aux anges. La peur est qu'en suivant les conseils angéliques, ils déplairont à Dieu et seront peut-être punis. Ils me demandent : « Est-ce bien de parler directement aux anges, ou devrais-je adresser toutes mes demandes seulement à Dieu ? »

Si vous avez été élevé dans une religion qui vous a appris à croire que vous devriez converser seulement avec Dieu, Jésus ou une autre entité spirituelle spécifique, adressez simplement vos prières à cette entité. L'entité répondra à vos prières avec les prescriptions divines.

Pour ma part, je n'ai jamais entendu dire que Dieu punissait qui que ce soit pour L'avoir « fréquenté » et avoir parlé directement aux anges. Les anges sont les premiers à rendre gloire à Dieu et à dire qu'ils ne veulent pas qu'on les vénère. Ils nous découragent également de les prier, ce qui est différent de leur parler. Cependant, la Bible et d'autres textes religieux sont remplis de récits où des individus parlent avec les anges, c'est pourquoi leur parler est sans contredit encouragé.

LA PEUR DE FAIRE UNE ERREUR

Plusieurs personnes craignent de commettre une erreur grave en suivant les prescriptions divines. Et si je comprenais mal les intentions de Dieu ? demandent-elles. Et si cela change ma vie pour le pire ? Les conseils célestes sont toujours salutaires. Ils amélioreront votre vie, ne l'empireront jamais. Si vous le demandez, les anges vous aideront aussi à développer votre foi en leurs prescriptions afin que vous puissiez les mettre en œuvre en toute confiance.

LA PEUR DE NE PAS MÉRITER LE BONHEUR

Si vous avez été rabaissé ou si l'on a abusé de vous quand vous étiez enfant, vous pourriez ne pas croire que vous méritez une vie d'harmonie, de croissance, d'abondance et d'amour. Pourtant, c'est la vie que Dieu a créée pour vous et c'est la vie vers laquelle les prescriptions divines des anges ont toujours mené. Par exemple, vous pourriez vous sentir indigne du bonheur à cause de quelqu'un que vous avez blessé ou trahi, parce que vous sentez que vous n'êtes pas assez bon, en raison de votre mode de vie, ou parce que vous sentez que vous n'avez pas fait assez d'efforts dans votre vie. Naturellement, vous craindrez de recevoir toute forme de conseils célestes.

Bien que l'amour de Dieu soit *inconditionnel*, trop de gens agissent et réagissent comme s'il était *conditionnel*. C'est parce que leur amour envers eux-mêmes est conditionnel. Ils pensent : «Je ne mérite pas encore le bonheur. Premièrement, je dois (remplissez l'espace : perdre du poids, terminer mes études, payer mes factures, etc.) Puis je mériterai le bonheur.» C'est semblable à une personne qui nettoie la maison avant que la femme de ménage n'arrive.

Ces individus fonctionnent à l'envers. S'ils étaient parfaitement heureux, il n'y aurait rien que Dieu ne puisse faire pour eux. Ce sont les malheureux que Dieu et les anges veulent aider. Ils veulent indiquer le chemin d'une existence riche, épanouissante et satisfaisante. En bref, afin que Dieu soit un donateur, Il a besoin de quelqu'un qui a besoin d'aide. En permettant à Dieu de vous aider, vous permettez au Ciel de réaliser son but et de vous donner les conseils divins qu'il veut si sincèrement partager.

LA PEUR DU POUVOIR TRANSMIS PAR DIEU

Une chose qui effraie les gens à propos des conseils de Dieu, c'est que cela puisse leur donner un certain pouvoir. La plupart des gens comprennent qu'ils sont faits à l'image et semblables au Créateur; mais ils n'envisagent jamais les implications à l'effet que le Créateur soit Tout-puissant. Étant donné que vous êtes fait à l'image de Dieu, n'est-il pas permis de croire que vous ayez hérité d'un grand pouvoir également?

Trop souvent les gens se comportent comme s'ils étaient malheureux et d'impuissantes victimes des pouvoirs extérieurs. C'est parce que la plupart des gens ont appris à craindre le pouvoir. Les femmes, par exemple, sont souvent élevées dans la croyance que le pouvoir équivaut à l'agressivité, ce qui est considéré comme un trait peu féminin. Par conséquent, plusieurs femmes ont peur d'être rejetées ou critiquées si elles acquièrent du pouvoir. Les hommes se méfient parfois du pouvoir parce qu'ils l'ont vu détruire leurs propres pères ou d'autres hommes. Les deux sexes craignent qu'en exerçant un certain pouvoir, ils pourraient involontairement faire une erreur, causant de la souffrance à eux-mêmes et aux autres.

Si, comme plusieurs personnes, vous avez fait un mauvais usage de votre pouvoir dans le passé, les anges vous rappellent que vous et les circonstances de votre vie ont évolué depuis ce temps. Les anges disent : *Aujourd'hui, vous êtes plus sensible aux sentiments de ceux qui vous entourent et cette conscience vous empêchera d'infliger de la souffrance à cause de votre pouvoir. À présent, vous ne pouvez plus faire mauvais usage de votre pouvoir au même degré que vous le faisiez auparavant.*

Si vous permettez au pouvoir dont le Créateur vous a doté de se déployer, vous aurez aussi la capacité de l'utiliser de manière à ce qu'il soit bénéfique pour les autres. Par exemple, les anges peuvent vous inciter à résoudre un conflit familial de longue date, à obtenir une approbation de votre employeur qui profitera à tout le monde, à quitter une relation abusive, ou à sauver votre propre entreprise chancelante. Cela pourrait également servir à réussir dans une carrière orientée sur l'entraide, comme l'enseignement, le mentorat ou le counselling.

LA PEUR D'ÊTRE EN CONTACT AVEC DES ANGES DÉCHUS

Plusieurs personnes craignent d'entrer en contact avec un ange déchu s'ils adressent leurs requêtes à quelqu'un d'autre qu'à Dieu. Elles me demandent : « Et si je me fais duper par un ange déchu ou par l'Antéchrist et que je suis contraint malgré moi à une vie de souffrance ? Après tout, n'est-il pas vrai que les forces obscures cachent toujours leur identité ? »

Le commun des mortels, vivant et pratiquant avec de bonnes intentions, n'a pas à s'inquiéter des anges déchus. Ceux dont la conscience est fondée sur l'amour attirent d'autres êtres aimants dans leur vie. Ceux qui mènent une vie irréprochable n'ont pas d'attrait pour les forces obscures. (Dans l'appendice A, j'ai écrit plus en détails sur la manière de reconnaître et d'éviter les êtres qui sont appelés les anges déchus.)

Les quatre canaux de la communication divine

Il y a une dernière raison pour laquelle les gens oublient parfois les prescriptions que le Ciel leur envoie : ils ne reconnaissent simplement pas la forme que prend la réponse lorsqu'elle leur parvient. Ils rejettent plutôt l'expérience en la considérant comme une rêverie, une sensation bizarre, une humeur qu'ils éprouvent, ou une idée qu'ils ne peuvent chasser de leur esprit. Puis, ne réalisant jamais que le remède divin, auquel ils ont désespérément aspiré, leur soit parvenu et soit reparti sans l'avoir reconnu, ils reprochent aux anges de ne pas avoir répondu à leurs prières.

Bien que la plupart des livres sur le sujet fassent allusion aux gens qui « entendent » des messages célestes, le fait est que plusieurs n'entendent pas leurs réponses sous forme de mots audibles. À peine un quart des personnes que j'ai interrogées ont reçu des prescriptions divines sous forme de voix audible (soit dans leur tête, soit clairement prononcée à voix haute). Mes recherchent montrent que la plupart des gens reçoivent les messages des anges sous forme de pensées ou de sensations. Cependant, d'autres les reçoivent sous forme d'images perçues dans leur imagination ou de sensations physiques. Un dernier groupe fait état d'une sorte de savoir intérieur qui va au-delà des mots.

Pourquoi y a-t-il un tel foisonnement de canaux pour transmettre les conseils angéliques du Ciel à la Terre ? Quand vous envoyez des messages à vos amis, vous n'êtes pas limité à une seule forme de communication ; vous avez plusieurs choix tels que le téléphone, le courrier électronique, les journaux et les rencontres personnelles, selon ce qui vous convient le mieux. De la même façon, le Ciel ne se limite pas à une seule façon de transmettre ses conseils jusqu'à vous et moi. Il tente plutôt de communiquer avec vous par diverses méthodes, selon ce que les anges trouvent le plus facile et le plus commode pour votre personnalité.

Comme à leur habitude, les prescriptions célestes arrivent via un ou plusieurs des quatre canaux suivants :

- La clairaudience (les mots et les sons)

- La clairvoyance (les images et les visions)

- La clairsentience (les émotions et les sensations)

- La clairconnaissance (un savoir soudain)

Bien que tous puissent apprendre à utiliser ces quatre modes de communication, la science (ainsi que ma propre expérience) a démontré, qu'au moins au départ, plusieurs personnes reçoivent des messages angéliques plus facilement par certains modes. Les recherches les plus récentes, y compris une investigation approfondie menée à l'université Harvard, a relié ces quatre façons de recevoir des prescriptions divines à quatre « intelligences » ou « domaines » de base du cerveau, dont chacun possède ses propres modes d'apprentissage, de perception et de pensée. Pour certaines personnes, il s'avère que leur intelligence visuelle, ou domaine, est dominante. Elles apprennent et pensent mieux en images qu'en mots.

Si, par exemple, vos modes dominants de perception et de pensée, sont visuels, vous trouverez plus facile d'être à l'écoute et de comprendre les prescriptions angéliques envoyées sous forme d'images visuelles. Cependant, si vous percevez les personnes et les situations davantage avec vos sentiments, les anges tenteront d'envoyer la plupart de leurs messages sous forme d'intuitions et d'avertissements émotionnels.

Il est plus facile de recevoir les prescriptions angéliques lorsque vous êtes sensibilisé à votre meilleur mode de communication. Plus vous vous améliorez pour être en harmonie avec de tels signaux divins, plus vous développerez une confiance en votre capacité à les recevoir et à percevoir la validité des messages qu'ils contiennent. Par conséquent, votre capacité de vous connecter avec le Divin augmentera.

Pendant que vous lisez la description des quatre canaux de communication divine qui suit, vous pouvez évaluer ceux qui vous semblent venir plus naturellement. Auprès de chaque canal, cochez chaque expérience décrite dont vous pouvez vous rappeler ; et voyez si dans les semaines à venir ce genre d'incident revient. Ajoutez des crochets auprès de chaque canal de communication alors que se produisent de nouvelles expériences.

Mettez un crochet même si vous n'êtes pas sûr si l'incident était réel ou imaginaire. Même si vous avez seulement ima giné que vous sentiez le frôlement de l'aile d'un ange contre vous, le fait que vous imaginiez quelque chose qui implique vos sensations physiques montre que vous avez cette sensibilité. Autrement, vous auriez imaginé que vous aviez vu, entendu ou reconnu la présence des anges. La catégorie qui possède le plus de crochets indique votre canal le plus important pour la communication céleste.

La clairaudience. Souvent, les prescriptions divines sont livrées sous forme d'une douce voix intérieure qui décrit la solution à votre problème en détails, presque comme si vous étiez à l'écoute d'un poste de radio angélique. (Ce qui est précisément ce qui arrive.) Ils peuvent également vous faire signe par un air entraînant qui sort de nulle part (particulièrement quand vous venez de vous lever le matin). Vous pouvez également entendre la voix d'un être cher décédé, entendre qu'on appelle votre nom, ou entendre une note comme le son d'une cloche. Si vous voulez entendre ces sons plus clairement, demandez aux anges d'augmenter le volume lors de leurs conversations avec vous.

La clairvoyance. Les anges communiquent également avec les gens en leur montrant des images mentales qui apparaissent soudainement à leur esprit. Vous pouvez voir dans votre esprit une image soudaine, comme un instantané d'un film mental, ou faire un rêve dans lequel un être cher décédé vous rend visite avec un message. Ces images sont souvent explicites, mais si vous ne comprenez pas ce qu'elles signifient, demandez un éclaircissement. Les anges ont besoin de votre feed-back pour savoir si le message passe ou ne passe pas.

La clairsentience. Les prescriptions divines sont parfois livrées par les émotions et les sensations physiques. Quand cela se produit, les sensations que vous ressentez sont celles d'ailes qui vous frôlent, essayant de vous pousser vers — ou de vous éloigner de — certaines actions et façons de voir les choses. La tension et les sensations de frayeur peuvent fournir des conseils quant aux personnes et aux situations auxquelles vous devriez faire attention. Une sensation chaude et relaxante, dans la région de l'estomac ou de la poitrine, peut être un signe que vous avancez dans la bonne direction ou que vous devriez aller de l'avant avec une nouvelle rencontre. D'autres exemples que les gens ont partagés avec moi incluent d'avoir eu une intuition qui s'est avérée exacte; sentir le parfum d'un être cher décédé; sentir que quelqu'un vous a touché ou s'est assis sur votre lit quand personne n'est présent.

La clairconnaissance. Quand vous demandez des conseils angéliques, dès l'instant suivant, une solution claire et explicite apparaît dans votre esprit, sans que vous n'ayez consciemment formulé une pensée. C'est comme si Dieu téléchargeait un fichier informatique appelé «solution au problème» dans votre esprit. Dans ce savoir intuitif et silencieux, voire même complexe, les concepts abstraits sont facilement assimilés et tout est compris à un niveau profond.

Avoir confiance dans les prescriptions divines

Certaines personnes ne réussissent pas à suivre les conseils des anges parce qu'elles manquent de confiance en elles-mêmes, dans les anges et dans le processus. Toute l'idée de recevoir des prescriptions du Ciel semble bizarre pour certains. D'autres doutent que Dieu écoute et réponde réellement à leurs appels. D'autres encore ont de la difficulté à croire que les conseils angéliques puissent vraiment les aider avec quelque chose d'aussi concret et terrestre que leur carrière, leurs finances et leur mariage.

Pourtant, le commentaire le plus fréquent que je reçois lors de mes lectures angéliques est : « J'avais le sentiment que c'est ce que mes anges auraient dit. » En d'autres mots, la validité de la prescription divine que j'ai retransmise résonne chez mes clientes à un niveau profond. Elles avaient déjà reçu le message auparavant, mais n'ont pas réussi à agir en accord avec ce dernier. Moi, je ne fais que le réitérer. Et pourtant, certains d'entre nous doutent encore, laissant les précieux conseils de Dieu se gaspiller.

Je réalise que lorsqu'on commence à travailler avec les conseils divins, il est tentant de résister aux suggestions célestes. J'ai appris à croire, strictement par l'expérience, que Dieu et les anges savent vraiment ce qu'ils font. Quand vous faites confiance et suivez leurs conseils, votre vie commence à fonctionner comme une machine bien huilée. Dès que vous suivez leurs remèdes et goûtez aux résultats profonds, vous commencez à construire votre propre fondation solide de confiance en la sagesse salutaire du Ciel.

Plusieurs fois, bien sûr, vous ne pourrez pas prévoir comment la prescription que vous avez reçue vous aidera, et vous devrez avancer avec confiance pendant les premières étapes. Par exemple, vous recevrez des conseils pour savoir comment composer avec quelqu'un qui vous perturbe, ou quelles étapes franchir pour obtenir cette promotion dont vous rêvez. Votre réaction naturelle est *d'abord* de chercher une *garantie* vous assurant que tout va bien aller *avant* que vous n'agissiez en ce sens. Cependant, Dieu ne fournit généralement pas de plan détaillé aux gens pour expliquer *comment* les choses vont se passer. La seule garantie que vous recevrez est l'assurance que tout est entre les mains de Dieu. Par conséquent, si vous avez confiance et suivez les conseils qu'on vous donnera au fur et à mesure, tout ira bien.

Attendre que Dieu « vous donne une preuve » avant que vous n'agissiez est la raison numéro un pour laquelle les gens bloquent et ne réussissent pas à recueillir les avantages des conseils angéliques. Vous devez faire votre part du travail en suivant l'action et les conseils qui vous sont donnés. Ensuite, vous pouvez laisser faire Dieu.

Une excellente manière de surmonter le doute est de demander aux anges de travailler avec vous pendant que vous dormez pour renforcer votre confiance dans les prescriptions que vous recevez. Juste avant de vous mettre au lit, ce soir, dites mentalement aux anges : «S'il vous plait, venez dans mes rêves ce soir et dissipez toutes les craintes qui pourraient m'empêcher d'être à l'écoute et de suivre mes prescriptions divines.»

∞

Dieu et les anges sont heureux de fournir des prescriptions divines pour la résolution de vos problèmes en expliquant clairement les étapes nécessaires que vous devez franchir pour guérir, grandir et faire face aux crises et à la souffrance. Les hôtes célestes ne feront pas tout le travail, cependant. Le Ciel est disposé à donner aux gens une carte routière pour voyager avec succès à travers les terrains minés de la vie. Mais les anges laissent le choix à chaque personne d'agir selon leurs suggestions. Vous devez franchir les étapes qu'ils prescrivent pour vous ou, puisque vous avez le libre arbitre, vous pouvez choisir d'ignorer leurs conseils et continuer de souffrir inutilement. En suivant les conseils de cette équipe d'assistants qui nous entourent perpétuellement, tout le monde peut guérir et grandir spirituellement, émotionnellement et physiquement et se développer pour devenir un être plus aimant et responsable.

CHAPITRE 2

✺

Prescriptions contre les crises et les défis personnels

Nous luttons tous de temps à autre avec des défis sérieux et des crises personnelles comme la dépendance aux drogues, les sévices, la dépression, la jalousie, la solitude ou la perte d'un être cher. Nous ne devons pas nous sentir seuls dans notre lutte. Des gens ordinaires de tous les milieux — que ce soit des médecins ou des assistés sociaux, des diplômés universitaires ou des décrocheurs scolaires, des homosexuels ou des hétérosexuels, des chrétiens, des juifs, des athées ou des hindous — tous luttent avec des problèmes semblables. Qu'importe leur comportement extérieur, à l'intérieur, ils sont trop nombreux à souffrir silencieusement d'une difficulté personnelle ou d'une autre. Heureusement, les anges ont des prescriptions pour la résolution de vos problèmes personnels qui peuvent entraîner la guérison et ultimement le succès, même pour les expériences les plus dévastatrices de la vie. Voir votre paix et votre joie est la récompense des anges.

Vous pourriez conclure par erreur que si vous recevez effectivement l'aide des anges, vous ne devriez plus avoir de problème. « C'est difficile d'imaginer que quelqu'un me surveille », m'a déjà confié une cliente. « J'ai eu un problème après l'autre. Dès qu'une chose se règle dans ma vie, il y a toujours un autre problème qui surgit pour gâcher mon bonheur. Où sont mes anges gardiens quand j'ai besoin d'eux ? »

Les anges ne sont pas avec vous pour aplanir tous les défis et difficultés, puisque ces derniers sont potentiellement des expériences d'apprentissage et de croissance. Les anges sont plutôt des guides qui offrent des suggestions pour remédier aux situations difficiles de la meilleure façon. Ces prescriptions divines ne sont rien de moins que le propre plan de Dieu pour développer une croissance personnelle nécessaire afin de surmonter avec succès vos défis intérieurs et extérieurs.

Si vous demandez à Dieu ou à Ses messagers angéliques une prescription divine parce que vous souffrez intérieurement ou que vous faites face à un problème apparemment insurmontable, et si vous suivez les conseils que vous recevez, vous pouvez obtenir une vie harmonieuse. La paix de l'esprit occupe une grande partie de la mission de votre vie et le Ciel veut vous aider à atteindre cela. Les anges savent que si vous vous réveillez au milieu de la nuit, inquiet, vous n'aurez pas l'énergie pour vous aider à réaliser votre mission sur Terre. Au lieu de cela, vous serez tendu et aurez peur, ce qui affecte négativement tout le monde avec qui vous entrez en contact.

Vous devez agir de concert avec les anges en tant que cocréateurs d'une existence paisible. En ayant la discipline d'établir votre parcours selon les conseils divins, il est parfaitement possible de naviguer avec succès, même sur les mers les plus agitées. Vous êtes comme le capitaine d'un navire, captant les moindres ondes de vos satellites directionnels, et qui arrive à bon port malgré la tempête Cependant, les gens oublient souvent de consulter les anges jusqu'à ce qu'ils affrontent la turbulence. C'est alors qu'ils appellent le Ciel à l'aide et que les anges accourent gaiement pour leur montrer comment réussir à naviguer paisiblement au-delà de la tempête.

Les anges savent qu'ils doivent user de prudence lorsqu'ils guident les êtres humains. D'une part, une partie de votre objectif de vie consiste à apprendre comment faire des choix responsables et grandir grâce aux défis que vous surmontez.

D'autre part, les anges ne veulent pas que vous perdiez votre vie à répéter des comportements destructeurs tels que les dépendances et la haine de soi. C'est pourquoi les anges sont dans la position délicate de vous guider d'une manière qui ne soit pas contrôlante.

Quand vous demandez de l'aide à Dieu et aux anges, quel que soit le problème, leurs remèdes divins conduisent généralement à des changements intérieurs. Alors que votre vie guérit, il devient de plus en plus difficile de tolérer les situations, les relations, les aliments et les lieux qui ne sont plus sains pour vous. Par exemple, vous pouvez être tenté de vous joindre à un club de remise en forme, de changer de travail, de vendre vos biens et de lancer votre entreprise, ou de joindre un groupe de soutien thérapeutique.

Vous pouvez commencer à remettre en question chaque aspect de votre vie — votre mariage, votre plan de carrière et votre vie domestique — comme si votre satisfaction intérieure dépendait des changements sains que vous devez faire tant intérieurs qu'extérieurs.

Prescription pour les problèmes que l'on se crée soi-même

Quand les gens sont malheureux, ils recherchent le bonheur ; et bien trop souvent, le bonheur semble les fuir. Cependant, les anges disent que la vérité est tout le contraire. Ce sont les humains qui fuient le bonheur.

Bien que le Ciel veuille que tout le monde soit heureux et leur fournisse la possibilité de l'être, certaines personnes résistent sans le savoir au bonheur même qu'elles recherchent. Elles peuvent penser que les autres personnes et les circonstances les rendent malheureuses, mais les anges m'ont appris que l'on crée soi-même presque chaque contrainte et chaque problème.

Je doute qu'il y ait une personne vivante qui ne se soit pas déjà engagée dans une quelconque forme d'auto-sabotage. Cela est probablement vrai pour vous aussi. Cela peut être de dépenser sans compter, de faire mauvaise impression à une rencontre importante, d'échouer un test, de choisir le mauvais partenaire, de ne pas s'affirmer à un moment critique, de se tourner vers l'alcool pour fuir la souffrance de la vie, de repousser l'aide parce que vous êtes trop embarrassé pour l'accepter, ou de bousiller les choses au moment où le succès était à portée de main.

Malheureusement, ce genre d'auto-sabotage peut devenir une façon de vivre. Vous développez sans le savoir l'habitude bien ancrée de vous créer des problèmes. La vie semble être une longue série de crises (bien que les anges disent que la vie est une longue série d'expériences d'apprentissage et d'opportunités pour grandir). À moins que vous n'ayez la possibilité d'en reconnaître la source, vous attribuez ces difficultés créées par vous-même à un agent extérieur, vous plaignant à vos amis ou à votre thérapeute : « Dieu est contre moi » ou « Pourquoi ai-je autant de malchance ? »

Peu importe la cause : les blessures d'un amour perdu, une rupture familiale, ou rater une promotion au travail, tout cela blesse profondément, quelle qu'en soit la source. Les blessures que l'on se crée soi-même sont néanmoins de véritables blessures et elles saignent tout autant qu'une autre sorte de blessure. Jusqu'à ce que vous deveniez conscient que vous êtes la cause de vos propres problèmes, et que vous commenciez à franchir les étapes pour remédier à la situation, il est probable que vous continuerez à vous trouver piégé dans la tourmente, les problèmes et la souffrance.

Travailler avec les anges m'a montré qu'il y a quatre raisons principales pour lesquelles les gens rejettent le bonheur et créent leur propre malheur.

- Ils sentent qu'ils ne méritent pas le bonheur.

- Ils craignent que le bonheur soit ennuyeux.

- Ils croient que la résolution de crises donne un sens à leur vie.

- Ils n'ont jamais expérimenté le vrai bonheur et ne connaissent pas d'autre façon de vivre, à part la souffrance et la tristesse.

Beaucoup trop de gens pensent qu'ils ne méritent pas le bonheur. Cette attitude est généralement le résultat causé par un parent trop critique ou une sorte de mauvais traitement ou de traumatisme subi durant l'enfance. Une partie d'eux-mêmes aspire au même bonheur que celui qu'ils observent chez les autres; une autre partie dit qu'ils ne le méritent pas. Souvent, quand une chance de bonheur se présente, la dernière partie crie plus fort que la première. Ils trouvent une raison ou un prétexte, souvent involontairement, pour gâcher leur chance d'être heureux. (Les anges disent à ces gens que Dieu a créé tout le monde également digne d'être heureux, et que leurs fautes et leurs erreurs ne les rendent pas moins dignes d'éprouver du bonheur à Ses yeux. Les anges recommandent chaque potentiel pour le bonheur qu'ils envoient dans leur direction.)

Certaines personnes apprécient l'excitation d'un style de vie en montagnes russes, elles se nourrissent des bouffées d'adrénaline que leur procurent les ruptures de relations chroniques ou les crises financières. Elles sont terrifiées à la perspective que la stabilité, la paix et même le bonheur soient ennuyeux. L'idée d'une vie sans problème les fait bâiller. Elles disent qu'elles veulent le bonheur, mais elles ont vraiment peur que cela ne leur coûte leur jubilation, qu'elles perdent une partie de leur motivation dans la vie. Que feraient-elles avec tout ce temps libre? Comme ce serait monotone de ne pas avoir de défis. (Les anges affirment toujours à de telles personnes qu'une vie paisible ne signifie pas une vie monotone. C'est simplement que l'excitation a une saveur différente. Au lieu d'être ennuyeuse, la paix peut être remplie d'une abondance riche de projets couronnés de succès, d'amitié, d'aventures et de voyages, de prospérité et d'amour.)

Les personnes qui rejettent leur propre bonheur sentent inconsciemment que résoudre des problèmes et des crises prouvent l'utilité et la valeur de leur vie. En d'autres mots, elles permettent inconsciemment aux crises de survenir afin de se sentir utiles et indispensables. (Les anges aident de telles personnes à trouver une utilité plus significative en utilisant leurs talents dans le travail bénévole ou le mentorat.)

Grandir dans une famille perturbée provoque, chez certains, une accoutumance à vivre au beau milieu des crises et des bouleversements. Ils sont plus à l'aise dans un style de vie rempli de problèmes que dans un mode de vie paisible, parce que c'est tout ce qu'ils ont connu. Ils recherchent instinctivement des situations dysfonctionnelles au travail, avec les amis et dans leur vie amoureuse. (Les anges leur conseillent de demander de l'aide pour dissiper les pensées, les croyances et les sentiments qui les font se cramponner à un style de vie perturbé. Ils leur suggèrent de se joindre à une organisation caritative vouée à une cause en laquelle ils croient passionnément.)

Quand il est question d'aider les gens qui souffrent d'auto-sabotage, les prescriptions des anges leur demandent généralement de changer ces schémas pour améliorer la source de leurs problèmes. Souvent, les personnes qui posent des questions pour savoir comment résoudre leurs problèmes personnels découvrent que les anges répondent avec des messages qui ressemblent à de l'entraide spirituelle et psychologique. Le Ciel sait que si elles guérissent leurs schémas de pensées, de sentiments et de comportements destructeurs qui causent tant de souffrance, elles seront plus heureuses. De cette manière, les anges incitent les gens à travailler pour transformer leur monde intérieur comme une façon de transformer le chaos autour d'eux dans le monde extérieur. À mes ateliers, j'interroge les participantes, examinant quelle sorte de messages elles reçoivent de la part de Dieu et des anges. À chaque fois que je leur demande : « Avez-vous reçu des conseils vous invitant à faire des changements dans votre vie ? » presque toutes les mains se lèvent.

Ma cliente Velda, une cadre distinguée de 40 ans, qui travaille dans une entreprise de sécurité privée, était désespérément malheureuse parce que rien ne semblait jamais aller bien dans sa vie.

— J'ai obtenu un emploi formidable il y a environ trois ans, m'a-t-elle expliqué, mais c'était au moment même où j'ai rompu avec un policier à la retraite et il passait son temps à me traquer et à me causer des problèmes au travail, alors je l'ai perdu. Puis un peu plus tard, j'aurais pu avoir une chance formidable avec un homme, mais je venais d'amorcer une relation avec un abruti qui s'est avéré un dépendant aux drogues. Puis j'ai eu un autre emploi exceptionnel, mais c'était moi qui étais l'abrutie. Je ne pouvais tout simplement pas supporter la façon dont mon patron me parlait. Maintenant, je suis dans une relation formidable avec un beau gars, mais chaque fois que je pense qu'il pourrait être l'homme de ma vie et que je commence à penser au mariage, je deviens toute tendue et nous commençons à nous disputer. Pour une raison ou une autre, le bonheur ne semble jamais être pour moi.

Les anges m'ont incitée à demander à Velda qu'elle me parle de son enfance. Elle m'a décrit son enfance chaotique et imprévisible.

— Mes parents se disputaient beaucoup. Ma mère m'emmenait toujours avec elle pour rester chez ma grand-mère jusqu'à ce qu'elle se calme. Mon père était dans l'armée et nous déménagions environ une fois par année. J'étais toujours la nouvelle à l'école, et à chaque fois que je me faisais de nouveaux amis, il était temps de faire mes bagages et de déménager de nouveau.

Chère Velda, ont répondu les anges, *le bonheur ne te fuit pas. C'est toi qui fuis le bonheur. Le début de ta vie était si confus et rempli de problèmes que les notions de paix et de bonheur semblent être des choses étranges et inhabituelles pour toi. Ces dernières sont si différentes de ce que tu as connu pendant ton enfance que tu t'en tiens à l'écart et que tu recherches instinctivement des situations qui recréent le chaos et la souffrance de ces premières années. Tu crois que la vie doit toujours être pavée de difficulté et de turbulence. Mais il est possible que tu vives une vie sans problème. Si tu ne t'attends pas à ce que les problèmes t'assiègent, alors tes nouvelles attentes augmenteront tes expériences de joie et d'harmonie.*

— C'est vrai, a songé Velda. Je peux voir cela. C'est comme si je m'attendais vraiment au pire dans la vie. Et deux ou trois fois, quand je me suis rapprochée de types vraiment formidables et que la possibilité du mariage s'est présentée, j'ai vraiment ressenti de la panique. Mais je pensais que c'était seulement le trac du mariage. Cependant, quand vous présentez les choses de cette façon, je pense que je ressentais que je ne méritais aucun d'eux. Mais comment puis-je changer mes attentes quand le malheur est tout ce que j'ai connu ?

Voici ce que les anges ont prescrit : *N'accepte aucune douleur ni de malheur dans ta vie. Au lieu de cela, adopte une politique de tolérance zéro pour la douleur. Au moment où tu prends conscience que tu es malheureuse, de grâce fais-nous part de tes sentiments et de la situation dans son ensemble. En nous livrant ton malheur, nous sommes en mesure de remplacer une situation malheureuse par quelque chose de mieux ou à guérir la situation en question. De toute façon, nous t'aiderons à atteindre la joie dans ton cœur qui gardera ton énergie et ton moral à leur plus haut niveau.*

— La tolérance zéro pour la douleur, a répété Velda en s'égayant. C'est une idée merveilleuse. Je n'y avais jamais pensé auparavant. Mais quand quelque chose de pénible arrive, n'est-ce pas normal de se sentir malheureux? a-t-elle répliqué en fonçant les sourcils.

J'ai répondu à Velda que oui, la tristesse est un sentiment normal. Je lui ai fait remarquer, toutefois, que si elle demandait de l'aide aux anges chaque fois qu'elle se sentait malheureuse à propos de quelque chose, ils enverraient rapidement des pensées qui allégeraient son fardeau. Les anges sont merveilleux pour se débarrasser des pensées négatives.

Les anges ont ajouté : *Nous suggérons que tu t'impliques dans un groupe qui aide ceux qui sont moins chanceux que toi. Cela aidera à mettre tes propres problèmes en perspective et à te rendre plus consciente des bénédictions dans ta vie.*

— Tu sais, a poursuivi Velda, en se rappelant plusieurs de ceux qu'elle avait rencontrés et qui avaient l'art de se créer des problèmes, j'ai ressenti une forte envie de m'engager comme volontaire au refuge pour les femmes de mon quartier. À présent, je me demande si c'étaient les anges qui m'y encourageaient.

(C'était le cas, bien sûr.)

En semant dans son esprit l'idée d'un travail bénévole, les anges ont essayé d'aider Velda à changer sa façon de voir les choses qui la gardait dans un cycle de difficultés qu'elle se créait elle-même. Mais Velda se montrait réfractaire, se cramponnant aux schémas familiers de souffrance et de vie chaotique. Quand elle a entendu la même chose provenant des anges à travers moi, cela n'a fait que confirmer ce qu'elle savait déjà à l'intérieur d'elle-même. J'ai conseillé à Velda de demander à ses anges d'entrer dans ses rêves pendant la nuit et de dissiper les pensées, les croyances et les sensations récurrentes qui font qu'elle se sent à l'aise dans des relations turbulentes.

Velda a promis qu'elle ferait ce que je lui avais demandé. Elle a également suivi la suggestion des anges concernant le bénévolat et cela a vraiment transformé son attitude envers la vie. Les problèmes qu'elle pensait qui l'étouffaient ont bientôt commencé à sembler futiles. Elle s'est mise à se sentir reconnaissante pour toutes les choses merveilleuses dans sa vie qu'elle n'appréciait avant, comme un bon emploi, des amis, un salaire qui lui permettait de vivre confortablement. Si bien que lorsqu'elle a eu une autre occasion d'avancer professionnellement, elle n'a rien laissé la dissuader et a pris le poste. Elle n'a pas encore trouvé l'homme qu'elle cherche, mais elle est certaine que, quand elle le rencontrera, elle ne tolérera pas de sentiments qui lui feraient penser qu'elle ne mérite pas le bonheur avec lui. Les anges peuvent modifier les priorités de quelqu'un plus efficacement et rapidement que toute forme de psychothérapie que j'ai essayée ou dont j'ai été témoin.

Les anges disent que les gens sont bien trop tolérants envers la souffrance et le malheur, comme s'ils s'attendaient à ce que ce soit une partie normale de la vie. Après tout, observez les autocollants qu'on met sur les pare-chocs : «La m... arrive». Pourquoi ne pas réécrire cette prévision des problèmes, disent les anges, et s'attendre à ce que : «La paix et le bonheur arrivent» à la place?

Prescription

. . . .

Si votre vie est une succession de problèmes, observez pourquoi vous ressentez que vous ne méritez pas le bonheur. Ensuite, attendez-vous au bonheur et établissez une politique de tolérance zéro face au malheur.

Prescription contre la dépendance

De nos jours, la dépendance semble être une épidémie. La destruction et la souffrance causées par l'abus de drogue et d'alcool ont atteint des proportions astronomiques sans précédent chez les personnes de tous âges. Pour ce qui est de la dépendance, des centaines de millions de personnes à travers le monde semblent être devenues victimes des dépendances les plus subtiles : la dépense compulsive, le jeu, le fait de prendre des risques. Puis, il y a des dépendances encore plus subtiles : des styles de vie trop confortables, des emplois faciles, des dîners raffinés, la télévision, les médias et l'Internet, les automobiles, les achats dans les centres commerciaux… la liste pourrait continuer à l'infini.

Les conséquences de la pire de ces dépendances — l'abus de drogue et d'alcool — ne peuvent être sous-estimées. Elle a littéralement dévasté la société, surtout dans les quartiers déshérités et elle affecte maintenant les banlieues, même les comtés les plus ruraux. Des dizaines de millions de personnes ont vu leur carrière, leur famille, leurs finances, leur santé physique, émotionnelle et spirituelle et leur vie être détruites par la dépendance à diverses substances, et leur nombre semble toujours aller en augmentant.

Les anges comprennent et ressentent de la compassion pour le sentiment profond de ce que les thérapeutes appellent le *vide existentiel*, qui a conduit plusieurs personnes vers la dépendance. Ils sont également effrayés face à la dévastation que ces dépendances apportent dans la vie de tous ceux qui sont concernés. C'est la raison pour laquelle les anges sont tellement désireux d'aider à guérir les problèmes sous-jacents qui provoquent les dépendances.

Les anges affirment que ces dépendances et ce comportement obsessionnel-compulsif résultent d'un sentiment de vide intérieur de ces personnes et le fait qu'elles soient coupées de Dieu et de Son amour universel; amour qu'elles ont pourtant connu avant leur naissance au sein de leur mère. Ils expliquent que puisque Dieu est omniprésent, Il est à l'intérieur de chaque atome de toute personne et objet. Malheureusement, les gens perdent ce sentiment de l'amour de Dieu au fond d'eux peu de temps après leur naissance. Les pensées d'auto-dénigrement qu'ils apprennent de leurs parents et de la société font que la plupart d'entre eux pensent qu'ils sont mauvais ou indignes, et cela les éloignent encore plus complètement de Dieu.

Par conséquent, les gens cherchent quelque chose à l'extérieur d'eux-mêmes qui puisse créer un sentiment artificiel qui remplira le vide ou, du moins, qui estompera la souffrance qu'il provoque. Ils se tournent vers les substances comme les drogues ou l'alcool, ou des activités comme manger, fumer, jouer, magasiner, naviguer dans l'Internet ou regarder les sports à la télévision, ce qui leur procure une euphorie temporaire qui soulage leur sentiment de vide. Bien qu'ils soient momentanément assouvis, ils éprouvent bientôt des sentiments de haine envers eux-mêmes pour avoir perdu leur temps et leur énergie dans des comportements futiles et honteux. Cela intensifie ensuite le sentiment de vide initial, renvoyant ainsi les gens à leurs dépendances.

Une cliente, Barbara, s'est retrouvée piégée exactement dans un tel cycle. Quand Barbara a fait une fausse couche pour la deuxième fois en deux ans, elle est devenue dépressive et a commencé à souffrir d'insomnie. Elle et son mari voulaient désespérément avoir des enfants. Après cinq années de tentatives infructueuses, Barbara a craint que son mari s'éloigne émotionnellement en raison de sa déception. Son médecin lui a prescrit un sédatif pour aider Barbara à dormir pendant la nuit. Bientôt, Barbara a également commencé à prendre des pilules pendant la journée. Seulement pour se détendre, se disait-elle. En l'espace d'un mois, elle a dû remplir à nouveau sa prescription qui était censée durer plusieurs semaines de plus.

Pour éviter d'éveiller les soupçons de son médecin et du pharmacien, Barbara a pris moins de sédatifs et a plutôt commencé à boire du vin pendant la journée, une fois de plus, justifiant son attitude en se disant qu'elle avait besoin de se détendre. Un après-midi, son mari l'a découverte évanouie et il s'est précipité avec elle à la salle d'urgence. Le médecin, lui-même un toxicomane qui s'était rétabli, a reconnu les signes de la dépendance de Barbara et lui a recommandé une aide psychologique. Elle est entrée dans un centre de désintoxication, elle a participé aux groupes de rétablissement des Douze étapes, et depuis, elle est restée sobre et n'a plus touché aux drogues.

Cependant, Barbara n'avait toujours pas résolu ses problèmes sous-jacents, c'est pourquoi sa souffrance s'est manifestée dans d'autres comportements de dépendance. Elle a commencé à fumer et à manger de manière compulsive. Son poids a augmenté de façon alarmante. Finalement, son mari l'a quittée.

Quand j'ai rencontré Barbara, elle était un exemple de ce que les Alcooliques Anonymes appellent un *alcoolique* sec — c'est-à-dire quelqu'un qui ne consomme plus, mais qui agit toujours de manière dépendante.

Bien-aimée Barbara, ont commencé les anges, *tu t'es tournée vers ces substances, comme plusieurs, parce qu'elles atténuaient pendant un certain temps la souffrance du vide que tu ressentais à l'intérieur. Ton esprit inconscient se souvient de la plénitude d'être aimée par Dieu et tes anges gardiens. Peu de temps après leur naissance, la plupart des gens oublient peu à peu cet amour et que leurs anges gardiens sont à leurs côtés en permanence, dégageant toujours le même puissant amour qu'ils dégageaient au Ciel. Comme toi, ils sont particulièrement sensibles au sentiment de vide qui se présente quand les êtres humains se sentent coupés de cet amour. Si seulement tu étais à l'écoute de cet amour, ta peur du vide s'évanouirait.*

Alors que les anges parlaient, Barbara a vu que sous sa soif se trouvait un vide créé par le besoin de se sentir aimée. Tant et aussi longtemps qu'elle était certaine de l'amour de son mari et qu'elle anticipait que d'éventuels enfants l'aideraient à combler ce besoin dans l'avenir, Barbara a pu se débrouiller. Mais quand elle a pensé que son mari se détournait d'elle et qu'elle avait perdu tout espoir d'avoir des enfants, Barbara s'est tournée vers les drogues et l'alcool pour soulager le vide qui l'étouffait. Plus tard, elle s'est tournée vers la cigarette et a commencé à manger compulsivement pour combler les mêmes désirs. Elle sanglotait en disant qu'elle s'était toujours sentie vide et sans ressources.

Le vide que tu essaies de remplir est une illusion, ont répondu les anges. *Il n'y a aucun endroit à l'intérieur de toi où l'amour ne réside pas. Tu peux remplacer l'expérience du vide avec l'Amour même dont tu as envie. Quand tu as faim d'une substance ou d'un comportement qui crée une dépendance, prends un moment pour fermer les yeux, respirer, et nous appeler. Nous verserons sur toi des quantités supplémentaires de l'Amour de Dieu, qui te réchaufferont le cœur et le corps. Inspire profondément, remplis-toi de l'Amour de Dieu et ta soif de dépendances cessera de te contrôler.*

Nous te supplions également de te pardonner pour les erreurs que tu penses avoir commises. Puisque nous voyons encore des comportements de dépendance qui perdurent en raison de la culpabilité qui te fait croire que tu t'es « mal conduite ». Tu es innocente, chère enfant de Dieu. Demande-nous d'apaiser tes remords de culpabilité et tu ne sentiras plus leur poids.

Quand notre séance a été terminée, Barbara a promis de commencer à méditer quotidiennement sur cet amour. Elle m'a appelée plus tard pour me dire que ses comportements compulsifs avaient diminué. Je l'ai aidée à apprendre la manière de contacter ses anges gardiens, y compris sa grand-mère défunte bien-aimée, comme une manière d'éprouver encore plus d'amour. Barbara a écrit des lettres à ses anges, chaque fois qu'elle avait soif d'amour, et elle a été récompensée par des sentiments de paix intérieure. Également, Barbara a eu des conversations avec ses anges, soit en leur écrivant une question ou en leur exprimant ce qu'elle entendait et ressentait. Elle m'a confié qu'elle sentait que ce processus s'était avéré extrêmement salutaire.

Par mes expériences personnelles et cliniques, je sais que les prescriptions divines peuvent guérir les dépendances, et j'ai été témoin de douzaines de cas où elles ont aidé des personnes à mettre fin à leur envie de drogue ou de comportements destructeurs. Après tout, le modèle de traitement des dépendances le plus éprouvé — celui des Alcooliques Anonymes et leurs Douze étapes — est basé sur des principes spirituels.

Prescription

. . . .

Entourez-vous d'images d'amour chaque fois que vous vous sentez possédé par votre dépendance. Remplacez ce vide et votre souffrance par la chaleur et la plénitude de cet amour.

Prescription contre la dépression

Tout le monde a le cafard à l'occasion. Mais si vous êtes une personne qui est chroniquement déprimée, alors, c'est un signe de problème. La dépression vous prive d'énergie, de joie et de motivation. En même temps, votre dépression permanente fait que d'autres personnes vous évitent, ce qui ne fait qu'intensifier votre solitude et votre tristesse.

Des études ont montré que la dépression retient les gens prisonniers chez eux et elle les empêche de profiter d'un travail épanouissant, de relations aimantes et d'une vie satisfaisante. Elle peut également causer une souffrance dévastatrice à leurs proches. Les enfants, par exemple, ne peuvent comprendre pourquoi maman ou papa est tellement triste tout le temps. Certains conjoints peuvent également sombrer dans une dépression, se demandant ce qui ne va pas avec eux quand tout l'amour qu'ils prodiguent à leur partenaire est sans résultat.

La dépression est une cause importante de décès en raison du suicide et de la dépendance. Elle est aussi responsable de la mort causée par la négligence de soi. Il a même été démontré qu'elle joue un rôle important dans plusieurs morts accidentelles.

Les anges disent que le mot *dépression* signifie aussi un terrier — en d'autres mots, un point où l'on est au plus bas. Ils comprennent que la dépression est une réaction naturelle lorsque des événements heurtent les gens si profondément qu'ils ont besoin de soulagement et d'évasion de ce monde pour un certain temps ; c'est pourquoi ils se referment. En d'autres mots, ils s'immergent dans un puits sans fond de dépression parce qu'ils se sentent déconsidérés par le monde.

Les anges disent que si les gens ressassent leurs problèmes afin de justifier le fait d'être isolés émotionnellement et physiquement, ils continueront à se diriger dans une spirale vers le bas. S'ils continuent à se sentir désolés pour eux-mêmes, ou insistent sur le fait que personne ne les aime ou ne les comprend, ils prolongeront le temps et l'ampleur de leur dépression. Heureusement, les anges ont un remède qui peut aider quiconque souffre de dépression, tout comme il l'a fait pour ma cliente Bernice.

Bernice est une femme de cinquante-trois ans, épouse et mère de deux enfants, qui pourtant semble dix ans plus vieille. Elle se plaignait que tous ceux qu'elle connaissait — ses voisins, ses amis et sa famille — semblaient être trop occupés pour la voir. Alors que j'observais ses épaules affalées, sa tête inclinée et son allure apathique, j'ai immédiatement reconnu le problème, et les anges étaient d'accord : Bernice était déprimée et son négativisme repoussait les autres.

Lorsque Bernice était une jeune mère, tout tournait autour de sa famille. Son mari, Mike, était totalement pris par sa carrière, mais Bernice ne l'avait pas remarqué puisqu'elle était occupée à prendre soin de ses enfants. Ce n'est qu'après que sa cadette se soit mariée et ait quitté la maison que Bernice a senti un vide dans sa vie : une combinaison de chagrin face à son nid désormais vide, de solitude devant l'absence de son mari et de ses enfants, et la peur face à ce qu'elle devait faire pour combler ses heures libres et ajouter un sens à sa vie.

Quelques semaines après le mariage de sa fille, Bernice se sentait fatiguée et déprimée la plupart du temps. Elle téléphonait à ses enfants pour leur rendre visite ou passait chez ses voisins, mais tout le monde semblait trop occupé pour s'asseoir et parler avec elle. Elle s'est bientôt sentie amère, croyant que sa famille et les gens en général ne l'aimaient pas. La dépression de Bernice s'est aggravée. Elle a commencé à s'allonger sur son lit toute la journée et ne s'habillait plus. Son mari s'est inquiété, mais elle n'a pas tenu compte de ses supplications pour qu'elle recherche de l'aide.

Un soir, elle a pris une surdose de somnifères qui appartenaient à son mari. Après qu'on lui ait fait un lavement d'estomac et qu'elle ait passé plusieurs semaines dans un hôpital neuropsychiatrique, Bernice est retournée chez elle. Elle était toujours en dépression et elle a continué à prendre du lithium. Puis, une amie lui a suggéré de venir me voir pour recevoir de l'aide.

Une grande partie de ta dépression provient de la conviction que tu es seule ou incomprise, ont dit les anges à Bernice. *Sois assurée que nous sommes toujours près de toi et que nous te comprenons avec notre amour inconditionnel. Chaque fois que nous te sentons déprimée, nous te cernons d'encore plus près. Ce sont nous, tes anges, qui cherchons à rehausser ton humeur et ta vision de la vie. Alors ne t'empêche pas de rire et de sourire lorsque tu as envie de te terrer profondément en toi-même. Quand tu sens ton cœur devenir plus léger, ceci est dû à notre influence sur toi. Quand tu deviens consciente que notre énergie angélique t'élève, inspire profondément notre essence. De cette façon, tu attireras à l'intérieur de toi la chaleur et le réconfort que tu recherches.*

Ce à quoi Bernice a répondu :

— J'ai ressenti cela, vous savez. Plusieurs fois, j'ai eu la nette impression qu'une force céleste était près de moi, essayant de me rejoindre. Mais j'étais tellement déprimée que je ne voulais même pas l'entendre.

J'ai dit à Bernice que lorsqu'une personne est profondément déprimée, ses anges tentent de la guider pour voir le bon côté d'une situation, pour pardonner et pour rire. Ils tentent de leur rappeler une plaisanterie amusante ou de les emmener à allumer leur téléviseur juste à temps pour capter leur émission comique préférée. J'ai conseillé vivement à Bernice de ne pas résister à ces prescriptions angéliques pour améliorer son humeur.

Les anges lui ont ensuite donné une autre prescription. *Nous te conseillons vivement d'utiliser tes moments de dépression les plus sombres comme une impulsion pour rechercher la lumière de Dieu qui brûle éternellement en toi. Vois ce moment comme un appel à énumérer tes bénédictions. Quand tu es déprimée, prends un instant pour te rappeler de sept exemples pendant la journée où tu as vu l'amour s'exprimer — un parent et un enfant marchant main dans la main ou un geste de bonté entre deux étrangers. Si tu entreprends cette pratique, ta dépression commencera à s'alléger. Si tu te concentres sur un sentiment de gratitude pour ce que tu vois, expérimentes et possèdes, tu t'élèveras et tu élèveras ceux avec qui tu es en contact.*

Bernice est restée silencieuse pendant un moment. Puis, elle a souri et c'était comme si le soleil était apparu.

— Je viens de penser à cinq exemples d'amour dont j'ai été témoin depuis que je me suis éveillée ce matin. Les anges ont raison. C'est vraiment utile.

Les anges ont également conseillé à Bernice de faire attention au choix de ses mots quand elle pense à son état d'esprit ou qu'elle en parle. Ils lui ont suggéré d'éviter des termes possessifs comme « ma dépression » ou « je suis déprimée », qui renforcent le sentiment d'appartenance. Ils ont suggéré à Bernice de décrire plutôt cet état d'esprit comme « une apparence de dépression » ou « se sentir déprimée ». De cette façon, on ne s'attache pas inutilement à l'état de la dépression. De plus, ils lui ont conseillé d'exprimer les choses en termes de « comment » elle souhaitait qu'elles soient, et non pas se concentrer sur la condition qu'elle voulait changer.

Bernice est de nouveau venue me voir plusieurs mois plus tard pour une question complètement différente. J'ai pu voir aussitôt que sa dépression s'était allégée. Elle souriait quand elle m'a saluée et il y avait de l'énergie dans sa poignée de main et ses mouvements alors qu'elle s'assoyait.

– Les anges m'ont donné de bons conseils quant à la manière d'envisager les choses, a-t-elle annoncé. Ma famille et mes amis sont revenus et, à ce que m'a dit ma fille, j'aurai le plaisir de garder mon nouveau petit-fils bientôt.

Prescription

. . . .

Passez votre journée en revue et essayez de vous souvenir de sept exemples où vous avez vu l'amour exprimé. Chaque exemple allumera une lueur dorée en vous, chassant ainsi les nuages de la dépression.

Prescription contre l'anxiété

L'anxiété, comme la dépression, semble être une réalité de la vie du XXIe siècle. Assailli d'images de violence à la télévision et de désastres à longueur de journée, confronté au SIDA et à d'autres dangers biologiques, il est compréhensible que chacun éprouve de l'anxiété plus souvent qu'auparavant. Pour certaines personnes, cependant, l'anxiété devient envahissante, une force pernicieuse qui défigure chaque aspect de leur vie. L'anxiété qu'elles éprouvent est universelle et paralysante et elles deviennent incapables de fonctionner dans le monde réel.

D'après les anges, l'anxiété commence quand un pessimisme incontrôlable est combiné à une inquiétude constante. Les anges disent que les gens sont inutilement inquiets de leur avenir, ne réalisant pas, comme les anges l'expliquent, que *Dieu est avec vous et que vous êtes le maître de vos jours.* Ils disent également que les pensées et les émotions du moment présent créent toutes les expériences de notre moment futur. Essentiellement, les gens sont responsables de ce qui leur arrive et n'ont rien à craindre — sauf la crainte elle-même.

Sarita, 26 ans, ne ressemblait guère à une candidate pour l'anxiété chronique. Après tout, elle avait tout ce que la vie pouvait offrir : un époux épris, financièrement stable, deux enfants intelligents et en santé, et une maison en banlieue. Sarita travaillait à temps partiel dans une librairie pour être ainsi avec les gens et non par nécessité financière.

Alors pourquoi Sarita m'a-t-elle demandé une consultation angélique en posant tellement de questions effrayantes au sujet de l'avenir ? Elle voulait une consultation pour elle-même, son mari, ses enfants, les autres membres de la famille et le monde en général. Elle m'a demandé : « Comment est la santé de mes enfants ? Est-ce que l'emploi de mon mari est stable ? Est-ce que ma mère va vivre longtemps ? Sont-ils en colère contre moi à la librairie ? »

Pendant que je lui transmettais les réponses des anges pour chacune de ses questions au sujet de sa famille, j'ai découvert que cette personne allait bien, sans problème majeur concernant son avenir immédiat. Curieuse, j'ai demandé mentalement aux anges pourquoi Sarita était si inquiète, alors qu'il n'y avait aucun indice de problèmes familiaux ou de santé.

Elle se fait du mauvais sang, m'ont dit les anges. *Elle se réveille en s'inquiétant de ses enfants, puis elle s'inquiète toute la journée de son mari et de toute autre personne qu'elle connaît. Sarita est une âme aimante avec une intention d'aider les autres. C'est ton travail de l'instruire pour qu'elle apprenne comment cesser de s'inquiéter et commencer à apprécier ses relations et la vie.*

J'ai demandé à Sarita si elle s'inquiétait beaucoup. Elle a pris son visage dans le creux de ses mains et a crié :

— Je suis tout le temps effrayée. Je ne cesse jamais de m'inquiéter au sujet des enfants, de mon marie et de nos vies.

La force de la voix et de l'énergie aimante des anges m'a même surprise alors qu'ils livraient leur message à Sarita. *Dans un sens, ton anxiété survient parce que tu crains la noirceur sous toutes ses formes et tu essaies d'échapper à cette noirceur. Tu crains que quelqu'un ou une circonstance ne t'accable ou te fasse du mal. Ta peur même donne de l'énergie et vie à une force qui n'existe pas en réalité. Ensuite, quand tu luttes contre la noirceur en devenant anxieuse, tu donnes réalité à une illusion. Tu crées vraiment ce que tu crains le plus.*

J'ai expliqué à Sarita :

— Chaque pensée et chaque sentiment sont une prière. Tu attires vraiment à toi tout ce sur quoi tu te concentres. L'ironie de la chose est que tu t'inquiètes de perdre les êtres qui te sont chers à cause de la maladie ou parce qu'ils pourraient être en colère contre toi. Pourtant, tes inquiétudes sont ce qui crée le problème.

— C'est tellement vrai, s'est exclamée Sarita en pleurant. J'ai toujours peur que mon mari me laisse ou que mes enfants cessent de m'aimer, et cela fait que je commence à les éloigner. Mon mari et moi nous disputons parce qu'il est tellement las de mes demandes incessantes pour savoir s'ils vont bien ou s'ils sont en colère contre moi. Je ne veux pas rendre qui que ce soit fou. Je veux seulement qu'ils ne me quittent pas.

C'est la raison pour laquelle nous te demandons de nous inviter à t'aider. Au lieu de craindre des circonstances sombres, sache que nous te gardons éternellement en sécurité et protégée. Résiste à la forte envie de lutter avec des ennemis que tu as fabriqués toi-même et fais plutôt appel à tes amis, visibles et invisibles. Rien à l'extérieur de toi ne te menace ou ne menace ta famille. Tu dois simplement modifier tes dispositions intérieures pour créer un environnement plus paisible au fond de ton être.

Les anges ont également conseillé à Sarita qu'en éliminant les sources de stimulation négative dans son environnement, elle pourrait s'assurer d'un point de vue plus positif. Ils l'ont avertie spécialement d'éviter de lire ou de regarder les nouvelles et leurs images négatives pendant quelque temps jusqu'à ce que ses anxiétés soient calmées. Ils lui ont aussi recommandé la méditation comme une façon d'éprouver une plus grande paix intérieure.

Il est tellement mieux que tu consacres ton temps à des relations et des activités sérieuses et toniques : rire avec tes enfants, méditer, lire un livre stimulant, être dehors dans la nature ou faire de l'exercice.

Les anges ont ensuite commencé à me montrer l'image d'une femme qui semblait avoir deux ou trois ans de plus que Sarita. J'ai décrit cette femme à Sarita comme ayant des cheveux courts, brun foncé et étant un peu potelée. Sarita m'a confirmé que c'était son amie Patty.

— Les anges affirment que cette amie est la source d'une grande partie de ton anxiété, lui ai-je dit. C'est comme si sa négativité rejaillissait sur toi.

Sarita m'a expliqué que Patty avait effectivement tendance à être très déprimée et inquiète et qu'elle faisait fréquemment un saut chez elle pour recevoir des conseils au sujet de ses problèmes.

Les anges lui ont dit : *Quand tu parles avec cette soi-disant amie, son point de vue négatif t'affecte. Plusieurs de tes anxiétés proviennent du fait que tu parles trop souvent avec Patty, puisqu'elle est elle-même anxieuse. Tu passes du temps avec elle parce que tu te sens coupable et obligée. Ce n'est pas les bases d'une amitié et nous te demandons de faire des choix quant à la façon dont tu passes les moments de ta journée par amour et non pas par peur.*

Les anges ont commencé à me montrer des images animées de leurs prescriptions divines pour soulager l'anxiété de

Sarita. *Tu dois également éliminer la consommation d'aliments et de breuvages qui t'excitent et ont tendance à te rendre nerveuse et tendue, comme le café et la caféine. Ton alimentation actuelle cause une sorte de réaction physique comme si ta pression sanguine s'élevait. Nous t'avertissons aussi d'éliminer la consommation de chocolat et de sucre parce que tu es extrêmement sensible à leurs effets stimulants.*

Quand Sarita a suivi ces prescriptions, sa vie s'est améliorée immédiatement. (Vous trouverez d'autres prescriptions angéliques au sujet de l'alimentation et de la santé dans l'appendice B.)

Prescription

. . . .

Éliminez toutes les sources de négativité dans votre vie : de la télévision à vos amis. Livrez-vous à des activités épanouissantes. Éliminez les aliments qui peuvent accroître votre nervosité.

Prescription contre les mauvais traitements

Des gens ont été maltraités (et ont maltraité) depuis la nuit des temps. Des millions, en particulier des femmes, ont été maltraitées au nom de différentes religions fondamentalistes. Les garçons ont souvent été brutalisés par leur père sous prétexte qu'il « fallait en faire des hommes ». Les filles ont souvent été victimes d'abus sexuels perpétrés par des parents masculins plus âgés qui se justifiaient en disant qu'elles « avaient couru après » ou que l'abuseur leur « apprenait à être une femme ». Bien des travailleurs ont souvent souffert à cause d'employeurs indifférents ou avides en faisant valoir qu'ils cherchaient « l'efficacité » ou le « profit ».

Dans le passé, on tirait souvent le rideau sur les mauvais traitements. Ce n'est que récemment, alors que la compréhension psychologique des forces qui constituent l'épanouissement émotionnel des gens s'est élargie, que les victimes ont commencé à parler et à s'affirmer contre ceux qui les maltraitaient.

Les anges ne veulent pas que quiconque subisse une situation de mauvais traitement ou l'accepte, que ce soit avec un parent, un conjoint, un amant, un ami ou un employeur. Si vous sentez qu'on vous maltraite d'une quelconque façon dans une relation personnelle ou d'affaire, priez pour obtenir une intervention spirituelle. Dieu et les anges vous guideront vers la liberté. Ils peuvent le faire en vous inspirant à vous défendre, en emmenant quelqu'un qui peut changer la dynamique pour mettre fin à votre mauvais traitement, en vous menant vers un nouveau travail ou une meilleure relation ou en vous guidant vers une aide professionnelle.

Les anges disent qu'une personne a simplement besoin d'être prête à se libérer de la vieille souffrance du passé et qu'ils feront le reste. La seule volonté de se libérer des émotions toxiques reliées aux mauvais traitements ouvre la porte et permet aux anges d'entrer dans l'entrepôt des souffrances d'une personne. Une fois rendus à cet endroit, ils se mettent au travail, effaçant les souvenirs amers et les tendances à se blâmer soi-même qui sont déclenchées par les mauvais traitements.

Quand j'ai rencontré Beth et Gary, à l'un de mes ateliers, je savais que la sœur et le frère avaient enduré une vie difficile. Alors que Beth se levait pour écouter ce que les anges me transmettaient, ils m'ont montré que son père l'avait maltraitée émotionnellement et physiquement. Encore plus tristement, ils ont également révélé qu'il avait exercé des sévices sexuels sur elle et qu'il l'avait aussi agressée. Il avait aussi maltraité Gary physiquement et émotionnellement. Le frère et la sœur avaient un surplus de poids de 25 kilos ou plus, un symptôme fréquent chez les survivants qui ont enduré de mauvais traitements et qui se tournent vers la nourriture pour oublier leur souffrance intérieure.

Pour protéger la vie privée de Beth et de Gary, je n'ai pas discuté des mauvais traitements que les anges m'ont montrés lors de ma séance publique. Je leur ai plutôt offert une interprétation privée après l'atelier, ce qu'ils ont accepté.

Durant notre séance privée, les anges m'ont montré que Gary et Beth souffraient tous les deux d'une estime personnelle meurtrie provoquée par toutes les années où ils ont entendu dire : « Tu n'es pas assez bon ou bonne », phrase qu'on leur criait, accompagnée de corrections et d'autres abus graves. Le frère et la sœur ont répété ce schéma de mauvais traitements précoces même après avoir quitté la maison familiale. Le premier mariage de Beth, à un sergent de l'armée plus vieux qu'elle de plusieurs années — qu'elle avait épousé en grande partie pour fuir son père — a tourné au cauchemar quand elle a découvert que c'était quelqu'un d'autoritaire, d'extrêmement jaloux, qui la traitait comme son souffre-douleur chaque fois qu'il buvait. Pendant ce temps, Gary est devenu un consommateur de drogues qui se retrouvait toujours aux mains d'employeurs abusifs ou avec ce genre d'amis qui le persécutaient, le volaient, le battaient et l'abandonnaient ensuite.

C'est un comportement typique des survivants de mauvais traitements. Les psychologues ont découvert que quand les gens ne sont pas encore prêts à oublier ou pardonner, ils deviennent englués dans le passé et passent leur temps à répéter ces comportements autour d'eux. C'est la raison pour laquelle les survivants d'abus qui ne sont pas guéris se retrouvent fréquemment entraînés dans des relations abusives ou des emplois qui les exploitent. En s'accrochant à leur ressentiment de cette façon, Beth et Gary ne punissaient qu'eux-mêmes, pas la personne contre laquelle ils étaient en colère.

Les anges leur ont dit : *Nous demandons que vous considériez votre situation de mauvais traitements via la lentille de l'Amour. Voyez toutes les situations que vous avez endurées comme des défis qui vous ont rendus plus forts et ne succombez pas à la tentation de fermer votre cœur au pouvoir de l'Amour. Vous avez tellement à donner, justement à cause de vos expériences. Ceux qui luttent à cause d'expériences semblables ont besoin de vous et c'est mainte-nant le temps de tirer partie de ce trésor d'expériences, de faire face à vos sentiments et de vous faire face. Allez de l'avant et partagez-les avec les autres. Vous trouverez une grande beauté où vous pensiez qu'il n'y avait que de la laideur ou de la souffrance. Si vous avez besoin de notre aide pour quitter une certaine situation, nous serons heureux de vous assister dans votre requête.*

Comme plusieurs survivants de maltraitance, Beth et Gary se blâmaient pour la persécution dont ils avaient souf-fert. C'était en partie parce que leur père leur avait dit qu'ils étaient mauvais et qu'ils méritaient les traitements qu'il leur infligeait. C'était l'adulte et ils étaient les enfants, alors ils supposaient qu'il devait savoir de quoi il parlait. Quand les enfants sont devenus adultes, ils en sont venus à penser qu'ils auraient dû pouvoir « éviter » en quelque sorte ces mauvais traitements. Finalement, chacun en a conclu : « Je dois être vraiment mauvais ou mauvaise pour que papa me traite de cette façon et que maman permette que cela arrive. »

Les anges les ont rassurés à ce sujet. *Sachez dans votre cœur que le mauvais traitement n'est pas de votre faute et que vous n'avez jamais mérité cela. Dieu veut que vous soyez aimés et respectés dans toutes vos relations. Peu importe quelles erreurs vous pensez avoir commises, vous méritez d'être traités seulement avec dignité et bonté.*

Les anges ont partagé leurs prescriptions divines pour libérer la rage, la colère et la dépression qui résultent d'une histoire de mauvais traitements subis durant l'enfance. *Vous devez guérir par l'entremise du pardon. Cela signifie libérer la colère envers vous-même, celui qui vous a maltraité, les adultes qui ne vous ont pas porté secours et quiconque vous a fait subir des mauvais traitements depuis. Dieu veut que vous vous libériez de la colère toxique que vous portez en vous-même. La colère envers les gens et les situations que vous subissez anéantissent la capacité d'apprécier le moment présent. Tout le temps que vous êtes en colère contre quelqu'un ou une situation, vous passez à côté des moments de joie potentiels qui ne reviendront plus jamais de la même façon. Ne gaspillez pas vos années en ressassant vos griefs.*

Au départ, Beth et Gary ont résisté à cette idée. Je leur ai expliqué que les anges ne recommandaient pas qu'ils approuvent ou qu'ils ignorent ce qui leur était arrivé. Les anges ne niaient pas l'effet que les mauvais traitements avait eu sur eux ni ne prétendaient que leur père avait raison de faire ce qu'il avait fait. Les anges disent qu'une personne n'a pas à pardonner les *abus* en question ; elle doit pardonner les *personnes* impliquées, pour sa propre guérison, non pas celle de celui qui a infligé les mauvais traitements.

Les anges conseillent aux personnes de lâcher prise quant à leurs souffrances et leur haine du passé qui traînent derrière eux, « tel un bœuf tirant une charrue », comme l'expliquent les anges. Les anges disent que le pardon est une manière de casser le harnais de cette charrue et de se libérer de son fardeau. Ce pardon n'est pas accordé par égard pour quiconque, sauf la personne qui a subi les mauvais traitements.

Les anges m'ont ensuite guidée en montrant à Beth et à Gary l'exercice suivant afin d'utiliser l'énergie divine pour les libérer de la souffrance et des blessures causées par les mauvais traitements subis durant l'enfance.

— Avec une inspiration profonde, permettez aux anges guérisseurs d'avoir pleinement accès à l'intérieur de votre corps, leur ai-je demandé. Permettez aux anges de pénétrer dans votre esprit, votre cœur et dans chaque cellule de votre corps pour ainsi y infuser l'amour divin. Alors qu'ils s'activent, vous pouvez remarquer quelques sensations de picotements, de mouvements spontanés dans vos muscles ou une augmentation de votre température corporelle. C'est un signe indéniable d'intervention et de libération angéliques.

J'ai observé Gary et Beth alors qu'ils permettaient à leurs anges de travailler avec eux de cette façon. Beth, en particulier, avait une expression bienheureuse sur le visage. Elle semblait soulagée de reléguer tous ces abus derrière elle.

— Les anges vous demandent d'être disposés à libérer les vieilles colères auxquelles vous pouvez vous cramponner, que ce soit parce que vous avez été blessés, maltraités, manipulés, contrôlés ou écrasés. Soyez simplement *prêts* à libérer votre propre refus du pardon et laissez les anges faire tout le travail.

J'ai vu Gary frissonner, un signe certain de soulagement. (J'ai appris que quiconque, même s'il n'est que partiellement prêt à guérir d'une blessure émotionnelle due à un mauvais traitement, expérimente des transformations remarquables en travaillant avec les anges de cette façon.)

Prescription

. . . .

Libérer la souffrance intérieure en pardonnant aux gens, mais pas nécessairement les actions impliquées y compris vous-même.

Prescription contre la solitude

Se sentir seul — sans amis ou soutien, coupé de la chaleur et de l'amour dans lesquels tous les autres semblent se prélasser — peut être l'une des expériences les plus dévastatrices. La plupart des gens traversent ces périodes quand ils souffrent de sentiments d'isolement. Cependant, certaines personnes éprouvent des sentiments de solitude si intenses, chroniques, qu'elles peuvent à peine fonctionner et envisagent même le suicide.

Vicky, une secrétaire et mère monoparentale de 36 ans, sans amis proches, s'est plainte à moi de se sentir seule. Ce n'était pas seulement une relation amoureuse qui la préoccupait. Même si elle était membre d'une église et travaillait dans une grande compagnie, elle n'avait tout simplement pas d'amis personnels intimes et se demandait parfois si cela valait la peine de continuer dans la vie. Vicky était assoiffée de rapports et de liens émotionnels profonds avec des adultes dans les mêmes dispositions.

J'ai vu que Vicky, comme nous tous, était entourée d'anges et de personnes aimantes qui constituaient des amis potentiels. J'ai vu également que Vicky avait érigé une carapace émotionnelle autour d'elle qui bloquait et l'empêchait de sentir la chaleur que ses anges et d'autres personnes exsudaient. Indubitablement, elle était inconsciente de l'amour que les autres personnes ressentaient pour elle.

— Tu n'es définitivement pas seule, ai-je dit à Vicky, même si tu te sens ainsi très souvent. Tes anges t'envoient encore plus d'amour puisqu'ils connaissent les privations que tu as endurées. Certaines de ces épreuves ont fait que tu crains de vivre d'autres souffrances et cette réaction est perçue à tort par les autres comme étant de l'antipathie. Cependant, ils voient aussi comment ces épreuves t'ont permis de grandir.

À travers moi, les anges ont dit ceci à Vicky : *Pendant les moments où tu choisis de panser tes blessures causées par le sentiment d'être trahie ou abandonnée, qui sommes-nous pour briser le sort que tu t'imposes ? En de telles circonstances, tu entretiens l'apitoiement sur toi-même en croyant que personne ne t'aime ou ne t'adore, même quand nous déversons sur toi notre plus grand amour. Ce n'est pas notre intention de rediriger tes désirs, puisque tu es seule responsable de tes rêves. Cependant, il est important que tu saches que pendant ces moments que tu désignes comme solitaires, nous sommes plus près de toi que jamais. Il y a encore plus d'anges qui planent tout près, cherchant à t'éveiller de ton illusion cauchemardesque qui te fait croire que Dieu ou Ses enfants auraient pu t'abandonner.*

Vicky s'est hérissée alors que je prononçais ces mots. Manifestement, elle était mal à l'aise avec le message.

—Tu sais, je déteste l'admettre, m'a-t-elle dit lentement en soupirant, mais je fais exactement la même chose que ma mère faisait quand j'étais petite. Je ne pensais jamais que je serais comme elle à cet égard. Elle disait toujours : « Je n'ai besoin de personne d'autre », et par conséquent, les autres personnes la laissaient seule.

J'ai pris la main de Vicky et je lui ai donnai un mouchoir pour qu'elle essuie ses larmes. Puis, j'ai observé son langage corporel refléter un retour d'énergie, comme si le fait d'avoir accédé à la vérité l'avait aidée à accéder à ses ressources.

— Ce message que les anges ont pour toi est de ne pas avoir peur de laisser entrer l'amour dans ton cœur, lui ai-je dit. Ils t'aident à être moins méfiante et plus détendue en laissant les gens s'approcher de toi. Les anges travaillent à emmener des gens vers toi qui te traiteront avec amour, respect et honneur pour que tu t'ouvres aux autres qui te traiteront avec amour.

Si tu pouvais, pendant un seul instant, souhaiter ressentir notre amour qui t'enveloppe, sois assurée que nous réaliserions immédiatement ce souhait. Nous sommes là également quand tu désires que nous orchestrions de nouvelles amitiés pour toi. Recherche la paix et le réconfort, non pas dans l'isolement, mais par une communion avec l'Esprit qui est au sein de nous tous. Tu n'es pas seule, maintenant ou jamais. Permets-nous de matérialiser cet état de fait pour toi sans tarder.

Deux mois plus tard j'ai reçu une lettre de Vicky dans laquelle elle écrivait : « Notre séance a transformé ma vie et je ne peux assez vous remercier et remercier les anges. C'était difficile pour moi de faire face à certaines choses que les anges m'ont transmises, surtout quand ils ont parlé de mon apitoiement sur moi-même. Je n'avais pas vu cela du tout en moi-même. Mais je sais maintenant que c'était vrai, que j'avais la même attitude 'pauvre moi, personne ne m'aime' dont ma mère a souffert toute sa vie, à ce que j'ai pu observer. Mais plus maintenant. J'ai confié aux anges la tâche de m'assainir, et pratiquement du jour au lendemain, je ne pouvais croire ma transformation. »

Vicky a signalé qu'elle était activement impliquée dans des cours de danse country et western et qu'elle commençait à se faire de nouveaux amis.

Prescription

. . . .

Devenez un pôle d'attraction pour les amis : permettez-vous d'apprécier de rencontrer et d'être avec d'autres personnes.

Prescription contre la convoitise

La convoitise peut être une émotion nuisible. Elle a brisé des familles et des amitiés. Des nations sont parties en guerre et des gens se sont engagés dans des activités criminelles afin d'obtenir l'objet de leur convoitise. Vous connaissez probablement au moins une personne qui a laissé la convoitise la ronger jusqu'à ce qu'elle ne ressente plus de joie dans la vie et l'expérimente comme une privation prolongée. Nous l'apprenons sous forme symbolique lorsqu'enfants, on nous raconte la fable de la grenouille qui voulait se faire aussi grosse que le bœuf.

Certaines personnes ressentent un mélange de jalousie et de convoitise. La *convoitise* c'est vouloir ce que possède quelqu'un d'autre. La *jalousie* c'est la peur de perdre ce que nous avons. D'après les anges, la convoitise et la jalousie proviennent toutes deux d'une vision négative de la vie, d'une pensée de manque plutôt que d'abondance. Une telle vision est manifeste quand vous voyez un couple rire et que vous regrettez de ne pas avoir d'âme sœur ; quand vous voyez une personne possédant un meilleur travail et une garde-robe onéreuse et que vous regrettez de ne pas en avoir autant ; quand vous voyez une silhouette attrayante et que vous aimeriez avoir un beau corps, vous aussi. Vous vous sentez cupide, démuni et envieux. Vous n'éprouveriez pas ces émotions si vous ne pensiez pas, en premier lieu, que vous ne pouvez pas obtenir ce que possède l'autre personne. Le fait de croire cela provient également de la conviction que vous ne pourrez jamais obtenir ce que l'autre personne a obtenu, qu'elle a été dotée d'une aptitude particulière — comme la chance, les gènes ou des relations familiales — qui vous manque. L'envie, en bref, suppose que puisque vous n'êtes pas doté de ce don particulier, vous ne pourrez jamais obtenir le partenaire, l'emploi, ou peu importe ce que l'autre personne possède que vous voudriez avoir, vous aussi.

Malgré le fait que la plupart des gens aient appris qu'il est « mal » de se sentir envieux, il semble que ce soit une émotion humaine normale que tout le monde expérimente de temps en temps. Si on le reformule correctement, les anges disent que la convoitise peut être un outil de motivation vital. Heureusement, les anges ont un remède qui peut aider quiconque transforme la convoitise pour lui faire prendre une direction positive.

Liliani était envieuse des personnes qui étaient plus prospères et qui semblaient jouir d'un plus grand succès matériel qu'elle. Technicienne informatique, Lili devait passer prendre sa patronne une fois par semaine dans le cadre d'un plan de covoiturage de la compagnie. Chaque fois qu'elle rentrait dans le quartier riche, huppé, où vivait sa patronne, elle l'attendait à l'extérieur de sa résidence de deux étages avec piscine, observant les trois berlines de luxe qui s'alignaient dans l'allée. Et chaque fois, Lili se consumait de rage : « Pourquoi a-t-elle tout, alors que je fais presque tout le travail qui génère les vrais revenus de la compagnie, et tout ce qui me reste c'est une voiture d'occasion déglinguée, un minuscule appartement et des factures que je n'ai pas les moyens de payer ? »

Liliani est venue me voir quand elle est devenue obnubilée par ce qu'elle voyait comme une injustice flagrante. C'était devenu si grave qu'elle s'étendait éveillée toute la nuit à ronger son frein jusqu'aux petites heures du matin. Elle a même transféré au bureau la rancœur qu'elle éprouvait à l'égard de sa patronne, où elle se retenait pour ne pas être brutale et acerbe dans ses réponses.

Chère fille, ont commencé les anges, *notre Père céleste a placé en chacun de vous tellement de talents que tout ce que quiconque parmi vous accomplit, les autres peuvent l'accomplir également. Au lieu d'envier le succès de ton employeur, utilise-le comme source d'inspiration pour te faire avancer et t'élever dans la vie. En d'autres mots, laisse l'intensité de ton désir afin que le confort dont jouit ton employeur soit une motivation à franchir les étapes pour améliorer ta propre situation.*

— Vous voulez dire que je pourrais devenir aussi riche que ma patronne? a demandé Lili surprise.

En analyse finale, tu fais ce que tu veux et c'est l'exercice de ton libre arbitre. Comme tu dis, ton travail est très précieux pour la compagnie. Effectivement, il génère une partie considérable des recettes de l'entreprise. Mais penses-y. Veux-tu prendre les risques et l'initiative qu'elle a pris et te lancer seule en mettant sur pied ta propre entreprise? Que tu aies cela en toi-même pour réussir, tu ne devrais jamais en douter. Mais tu aimes aussi ton chèque de paie hebdomadaire, ton horaire de neuf à cinq, le temps de loisirs qui est le tien. Tout cela, il faudra le sacrifier le temps que ton rêve se réalise. Toutes ces qualités sont en toi et toi seule peut décider où se trouve ton meilleur intérêt.

— C'est un nouveau point de vue pour moi, a répondu Lili pensive. Je suppose que je dois penser à beaucoup de choses. Il ne m'est jamais venu à l'esprit que je pouvais mettre sur pied ma propre compagnie, devenir la patronne et être celle qui possède la maison à Bel Air et une Bentley dans l'allée. Je ne sais pas si j'ai suffisamment envie de ces choses pour changer toute ma vie. Mais je sais une chose, a-t-elle poursuivi en souriant. Je sais que je n'envie plus ma patronne. Elle a payé le prix pour ce qu'elle a. Un prix très élevé. Le seul fait de savoir que je pourrais avoir tout ce qu'elle a, si je le voulais vraiment, et que c'est mon choix de le faire ou pas, ça me réconforte.

Prescription

. . . .

Il est inutile d'envier qui que ce soit. Vous êtes né avec toutes les capacités nécessaires pour obtenir ce que vous désirez dans la vie. Une raison pour laquelle vous ne les avez peut-être pas encore est que, pour les avoir, vous devriez renoncer à ce qui a plus de valeur à vos yeux.

Prescription contre la jalousie

La jalousie est un autre sentiment désagréable. Elle a brisé bien des relations, des partenariats, même des familles. Les gens conspirent et complotent à cause de la jalousie chaque jour dans la vie réelle, pas seulement dans les feuilletons. Les sœurs rivalisent pour voir qui aura les faveurs de leur mère ou obtiendra cet héritage familial inestimable. Des conjointes jalouses violent la confiance de leur partenaire parce qu'elles craignent d'être abandonnées ou trahies.

Les gens se ridiculisent à cause de la jalousie quotidiennement. Mais le visage de la jalousie est souvent encore plus laid. Les gens sont traqués, agressés et même tués chaque jour toujours à cause de la jalousie. La jalousie est semblable à l'envie, mais avec une différence. Au lieu de désirer ce que quelqu'un d'autre possède, la jalousie est la peur de perdre quelque chose de précieux que vous avez déjà. Cela est également fondé sur la croyance qu'il y a une rareté d'amour, d'argent et de bons sentiments dans le monde, et que tout ce que vous avez doit être jalousement gardé, de crainte que quelqu'un d'autre prenne votre part.

Les anges enseignent, qu'en vérité, il n'y a rien dont nous devrions être jaloux. Dieu offrira sa générosité à quiconque la demande. Les anges disent que la perte est donc impossible et qu'on s'occupera de tous les besoins d'une personne. Ils rappellent également aux gens qu'une partie du plan de Dieu implique la croissance justement à travers les défis, donc on ne devrait jamais considérer une quelconque relation ou possession comme un bien permanent dans la vie de quelqu'un.

Jamie, qui travaillait en tant que jardinière, était rongée par la jalousie, craignant que sa partenaire de vie, Robin, ne la laisse pour une autre femme.

— Chaque fois que Robin regarde une autre femme, j'ai mal au cœur et je suis en colère en même temps, m'a expliqué

Jamie. Je sais que je ne devrais probablement pas me sentir comme ça. Nous vivons ensemble et avons même scellé notre engagement sous les auspices de notre église. Cependant, je ne cesse de penser aux autres femmes. Et Robin est tellement belle. Je sais qu'elles vont être attirées par elle. Et regardez-moi. Je ne suis pas belle. Nous nous sommes disputées fréquemment, Robin m'accusant de ne pas lui faire confiance et moi l'accusant d'être une dragueuse.

Les anges lui ont prescrit ceci : *Notre prière est qu'en détendant tes pensées, tes sentiments, tes émotions et ton corps, tu profiteras des fluctuations de chaque moment avec Robin au lieu d'appréhender une perte éventuelle. Puisqu'une telle méfiance devient souvent le catalyseur qui provoque une perte ultérieure. La femme que tu aimes ne pense à personne d'autre que toi. Les autres femmes sont d'un intérêt passager dans son univers. Tu es sa fondation et son cœur. Nous t'assurons que tes relations et possessions ne peuvent être vraiment perdues, elles ne font qu'évoluer dans l'apparence du changement. Si tu cherches à protéger tout ce que tu risques de perdre, alors nous serons heureux de t'aider à en faire la liste. Cependant, sois consciente que toute situation et relation évoluent; car si les choses étaient immuables, nous ne pourrions pas vous aider.*

— Je risque de faire fuir Robin si je continue ainsi, a répondu Jamie honteuse. Je vais calmer cela. C'est rassurant d'entendre que les choses vont bien entre nous d'une autorité «supérieure» comme les anges. Je suppose que je me suis figuré que Robin était une possession que je risquais de perdre, au lieu d'un présent que je devrais apprécier. De plus, je ne pense vraiment pas qu'elle veuille s'esquiver.

Jamie était l'une de ces personnes qui viennent pour une consultation et ne reviennent jamais. J'espère toujours que la raison pour laquelle je n'entends plus parler d'elles est qu'elles ont suivi la prescription des anges et que les problèmes qui les troublaient ont été heureusement résolus.

Prescription

. . . .

Tout ce que vous avez est temporel, comme l'est votre vie terrestre. Tout est « prêté par Dieu ». Rien ne peut vous être enlevé à moins que ce soit remplacé par quelque chose d'égal ou de plus grande valeur.

Prescription contre le chagrin

Tout le monde perd un ami proche ou un membre de sa famille dû à un décès à un moment ou l'autre, et il est naturel pour les gens de vivre un chagrin dévastateur par la suite. Ce genre de perte peut secouer les assises d'une personne, qui d'ordinaire lui permettent d'être en sécurité et en contrôle, et crée un sentiment de chagrin intolérable et de vide.

Les anges savent que le chagrin est un processus naturel que tout le monde doit traverser afin de guérir après une perte émotionnelle profonde. Ils n'aiment pas voir les gens souffrir, cependant, et veulent les aider à guérir du chagrin le moment opportun et de façon paisible. Les anges disent : *Quand votre cœur est lourd en raison du décès d'un être cher, Dieu envoie des anges supplémentaires pour remplir le vide apparent où l'amour semble absent de votre vie. Demandez-nous de vous aider à vous connecter à votre être cher, puisqu'une communication du Ciel est la voie la plus sûre pour la guérison, une fois que vous êtes rassuré que l'être cher est heureux et en sécurité pour votre plus grand soulagement.*

Après 25 ans de mariage, le mari d'Arlène est mort subitement. Elle ne pouvait tout simplement pas se remettre de cette perte. Elle fondait constamment en larmes, ne pouvait pas fonctionner au travail, restait assise à ne rien faire, se sentant tout le temps engourdie et désespérée et ne pouvant penser ou parler de rien d'autre.

Quand Arlène a levé la main pour recevoir une lecture angélique à l'un de mes ateliers, je l'ai fait venir sur la scène. Immédiatement, un homme décédé est apparu derrière elle. J'ai eu la forte sensation que c'était son mari, et quand je l'ai décrit à Arlène, elle l'a confirmé. Son mari, Hank, a commencé par me raconter comment il était mort subitement d'une maladie du cœur. Arlène a hoché la tête. Puis Hank a commencé à s'adresser à Arlène. « Il dit qu'il est avec vous quand vous jardinez », ai-je communiqué à Arlene. « Il dit que quand vous entretenez les fleurs et que vous arrachez les mauvaises herbes, vous entrez dans un état méditatif, et c'est à ce moment qu'il peut communiquer de près avec vous. » Arlène a commencé à pleurer et a validé son message, disant qu'elle pensait qu'elle sentait la présence d'Hank dans le jardin, mais qu'elle n'était pas sûre si c'était son imagination.

Hank m'a montré qu'Arlène ne supportait pas très bien son chagrin. En fait, parfois, Arlène envisageait de mourir pour pouvoir être avec son mari bien-aimé, m'a-t-il confié. Quand j'ai transmis ce message à Arlène, elle a mis son visage entre ses mains et a hoché la tête.

— Il dit que votre heure n'est pas encore venue, ai-je répété impérieusement à Arlène. Hank dit que vous êtes souvent ensemble, plus souvent que vous ne le pensez. Il dit que vous serez bien assez vite ensemble. « Tu as encore une longue et belle vie à vivre, chérie » dit-il. Vos enfants ont encore besoin de vous et vous vous en voudriez si vous abrégiez les choses.

Arlène a souri pour la première fois.

Puis Hank m'a montré une image de petits papillons jaunes. Je les ai décrits à Arlène.

— Ils ressemblent à de petits boutons d'or, ce n'est pas le genre de papillon qu'on appelle le monarque.

— Alors que je prononçais ces mots, Arlène a crié :

— Personne n'est au courant de ces papillons. Il est impossible que vous puissiez savoir cela.

Arlène m'a expliqué qu'aux obsèques d'Hank, elle et ses enfants avaient remarqué des douzaines de petits papillons d'un jaune pur, alors qu'on mettait le cercueil en terre. Depuis ce moment, Arlène voyait le même genre de papillons partout. Elle n'avait jamais parlé à qui que ce soit de cette vision de peur qu'on la prenne pour une folle. Mais à présent, Hank confirmait ce qu'elle avait soupçonné : que les papillons étaient un signe qu'il lui envoyait, qu'il allait bien et qu'il veillait sur elle et leurs enfants.

Quelques semaines plus tard, Arlène m'a appelé pour dire que même si Hank lui manquait terriblement, son sentiment de perte dévastatrice s'allégeait lentement et elle était enchantée par la nouvelle qu'elle allait bientôt être grand-mère.

Comme avec Arlène, quand quelqu'un meurt, les anges ou les êtres chers décédés envoient parfois des messages réconfortants. Par exemple, vous pouvez rêver ou voir un être cher qui vous dit qu'il est en paix et qu'il va bien, et qu'il est temps pour vous d'avancer et de recommencer à vivre pleinement votre vie. Les anges peuvent aussi vous donner un signe pour vous rappeler que la présence d'un être cher est toujours avec vous, comme Arlène et les papillons.

Une étape vers la guérison du chagrin est d'être en harmonie avec les signes qui peuvent venir de vos êtres chers décédés. Ces signes — comme un objet que vous remarquez qui a été déplacé, un oiseau ou un papillon, un parfum qui vous rappelle votre être cher ou le fait d'entendre la chanson favorite de la personne décédée à maintes reprises — sont généralement accompagnés d'une sensation forte qui vous permet de croire que la personne décédée est avec vous en esprit à ce moment-là. Les anges demandent de croire en ces manifestations et que vous renonciez à toute tentation de rejeter l'incident comme étant une simple coïncidence.

S'engager dans des conversations privées avec un être cher décédé peut également accélérer votre propre guérison. Par exemple, vous pouvez écrire une lettre à la personne et laisser votre cœur s'épancher. Il est fréquent qu'un vivant communique par lettre avec la personne décédée. Si vous essayez, ne soyez pas surpris d'entendre ou de ressentir des réponses venant de l'Au-delà. Une fois de plus, les anges vous demandent de croire que c'est une expérience réelle.

Les anges recommandent également d'éviter d'entretenir une vision idyllique des jours passés avec votre être cher, rêvant du bon vieux temps où la personne vivait encore. Les anges disent que le seul moment qui existe vraiment c'est *maintenant*. Le Ciel veut que vous tiriez le maximum de signification et de joie de chaque moment. Par conséquent, les anges prescrivent souvent le plaisir, la détente et d'autres activités qui vous apportent du plaisir et aident les autres.

Ils demandent aussi de guérir un esprit et un cœur en deuil en appréciant l'ici et maintenant. Ils aiment que les gens rient, aient du plaisir et s'amusent. Tout ce que vous pouvez faire pour favoriser la détente, comme prendre des vacances, se faire faire un massage ou passer du temps avec des amis, est un remède céleste pour apaiser le chagrin.

Le fait de vous investir dans un travail communautaire, qu'il soit rémunéré ou bénévole, est une autre prescription angélique pour soulager le chagrin et la perte. C'est une partie importante de la guérison que de s'engager dans des activités significatives ou agréables, pour que vous ne passiez pas tout votre temps à ne rien faire et à vous apitoyer sur vous-même. Quand vous êtes activement engagé pour aider les autres, vous réalisez combien vous avez réellement à donner, ce qui augmente votre estime personnelle. Ce genre de travail vous aide également à apprécier ce que vous avez et vous inspire à énumérer vos bénédictions.

Les anges peuvent également guider quelqu'un qui est en deuil vers une aide professionnelle appropriée, comme un conseiller qualifié ou un groupe de soutien pour personnes affligées.

Prescription

. . . .

Demandez aux anges de vous mettre en contact avec la personne que vous avez perdue. Consacrez du temps pour aider ceux qui ont des chagrins plus dévastateurs que les vôtres. Livrez-vous à des activités qui vous aideront à apprécier le moment présent.

Prescription contre une perte personnelle

Parfois, ce n'est pas un être cher décédé que vous pleurez, mais une autre perte tout aussi bouleversante. Ce peut être une liaison en voie de se terminer, une entreprise d'affaire qui a échoué, la perte de vos investissements, le vol d'un souvenir de valeur, la destruction de votre résidence par le feu. Ce sont toutes des choses dans lesquelles vous avez investi une partie énorme de vous-même, et la perte prend une partie de vous avec elle.

Quand cela se produit, en plus de sentir la dévastation et le chagrin, vous pouvez avoir tendance à vous blâmer et à vous lancer dans une revue détaillée de toutes les erreurs que vous avez faites qui ont mené à la perte. Les anges suggèrent que vous vous concentriez plutôt sur ce que vous voulez, et non pas sur ce que vous ne voulez pas. En d'autres mots, même s'il est thérapeutique de passer en revue les situations passées et d'apprendre des erreurs, il est également important de ne pas trop analyser ou de se complaire dans le passé.

Si vous gardez vos pensées enracinées dans les expériences négatives du passé, vous êtes perpétuellement condamné à passer votre temps à les répéter. C'est parce que vos pensées d'aujourd'hui créent vos expériences de demain. Les anges prescrivent que vous vous efforciez d'être flexible et ouvert au changement, plutôt que de résister aux nouveaux changements qui ont lieu dans la vie.

Il y a cinq ans, Eddie a perdu la maison de rêve qu'il avait dessinée et construite dans un incendie dévastateur. Les assurances ont couvert la plupart des coûts de réparation et, en tant que copropriétaire d'une petite entreprise de construction, Eddie avait les moyens de reconstruire ou même d'acheter immédiatement une nouvelle maison. Cependant, Eddie a continué de vivre dans une petite pièce de l'appartement de son père à la retraite, où il avait déménagé après l'incendie.

— Je n'ai pas vraiment envie de vivre ailleurs, m'a dit Eddie en tournant le bouton de sa chemise. Mon père est heureux que je sois chez lui. Ce n'est pas un problème. C'est un peu embarrassant quand j'ai un rendez-vous, mais généralement quelle que soit la personne avec qui j'ai un rendez-vous, elle comprend et nous finissons par aller chez elle. Tout le monde passe son temps à demander quand je vais acheter un foyer qui soit le mien ou en construire un nouveau. Mais je ne peux tout simplement pas m'enthousiasmer à cette idée. Je dirais même que ça me contrarie. J'ai mis mes rêves et mes espoirs, ma sueur et mes larmes, et trois ans de ma vie dans cette maison. Elle était parfaite en tous points. Je pense que seule la naissance de mon premier enfant, quand je me marierai, pourrait m'emballer davantage. J'ai été heureux chaque jour que j'ai vécu dans cette maison. J'avais l'habitude de la traverser le soir, savourant simplement combien chaque pièce ou corridor était parfait. Puis, boum, tout est parti du jour au lendemain. À quoi bon quand cela peut arriver ?

C'est ce que les anges ont prescrit pour Eddie : *Le temps semble être un facteur important chez les humains, ce que nous constatons avec un cœur chagriné. Ils comparent le temps passé par rapport au temps présent et comparent avec nostalgie comment les choses étaient avant qu'elles ne changent dramatiquement. Cet accent sur le passé est, selon nous, la composante clé qui retarde le bonheur de connaître la nouveauté qui dépend de vous. Quand la neige se met à fondre au printemps, est-ce que l'arbre pleure le froid qui s'en va ? Quand les fleurs se fanent et deviennent des fruits, est-ce que l'arbre pousse en lui-même un lourd soupir ? Vous êtes autant une partie de la nature qui évolue que l'arbre, et nous vous demandons de voir chaque changement qui passe comme le fait que Dieu vous prépare à du nouveau et à évoluer.*

— Wow ! s'est exclamé Eddie. Je me suis toujours considéré spirituel et, en fait, je pense que cela me remet à ma place. Il a soupiré profondément, comme s'il se libérait d'un grand poids ou de quelque chose dont il répugnait à se séparer. D'accord. Je pense que je peux avancer. Je ne vais pas reconstruire une maison. Je n'achèterai même pas une maison. Mais il y a un loft que j'ai vu au centre ville dans un de ces vieux édifices à entrepôt avec lesquels on peut faire tant de choses. Je suppose que je pourrais le louer. Bricoler avec l'intérieur devrait me tenir occupé pendant deux ou trois ans. D'ici là, qui sait, j'aurai peut-être trouvé l'âme sœur, je serai marié, et j'aurai construit notre propre maison de rêve.

Prescription

· ·

Cessez de vous concentrer sur le passé. Acceptez votre nouvelle situation avec une possibilité neuve d'accomplissement et de joie.

∞

Vous n'êtes pas destiné à souffrir, et vous avez une équipe perpétuelle de conseillers angéliques autour de vous qui sont toujours disponibles et ont votre meilleur intérêt à cœur. C'est comme si vous aviez une équipe composée de Superman, de la Croix-Rouge et de la Brigade de la paix, qui vous était affectée.

Non seulement les anges veulent-ils vous aider avec votre bonheur personnel, mais leur aide s'étend aussi à chaque aspect de votre vie. Dans le prochain chapitre, les anges vont partager leurs prescriptions divines concernant les problèmes qui pourraient vous toucher dans la recherche de la romance et de l'amour.

CHAPITRE 3

∞

Prescriptions pour les fréquentations : rechercher les âmes sœurs

Peu importe qui ils sont ou ce que sont leurs origines, leur âge, leur genre, leur religion ou leur orientation sexuelle, tout le monde a une chose en commun : ils désirent se sentir aimés. Tous ceux que je rencontre — même ceux qui essaient de paraître endurcis, comme s'ils n'avaient besoin de personne — me disent finalement qu'ils ont très envie d'être aimés.

On sait depuis longtemps que le besoin d'amour — recevoir de l'amour de quelqu'un qui compte pour soi et lui rendre son amour — est un besoin humain universel. Il a été prouvé scientifiquement que les personnes qui jouissent d'une relation amoureuse ont tendance à vivre plus longtemps et à être plus heureuses et mieux équilibrées.

De plus, l'amour est aussi important pour le bien-être d'un homme qu'il l'est pour le bien-être d'une femme. Les hommes qui jouissent d'un mariage heureux ont une espérance de vie plus longue que ceux qui sont divorcés. En fait, les hommes divorcés représentent le plus important groupe social de décès annuellement aux États-Unis. Ma propre étude, sur plusieurs centaines de femmes d'affaires, a mis en lumière le fait qu'un mariage réussi constituait l'ingrédient principal de leur succès et de leur bonheur.

Cela explique pourquoi les gens qui ne sont pas en relation mettent généralement beaucoup de temps et d'énergie dans les rencontres, les agences de rencontre, les groupes ou les bars de célibataires, à la quête de l'âme sœur qu'ils puissent aimer. Cette quête fait souvent face à la déception, au chagrin, au rejet, à de la souffrance et à une humiliation cinglante. Quand les rencontres ne mènent nulle part et qu'une personne ne peut trouver l'amour qu'elle recherche, elle se demande ce qui ne va pas avec *elle,* pour être ainsi abandonnée par Dieu au point de ne pas mériter le don d'amour qu'Il accorde si libéralement aux autres.

Le besoin d'amour est tellement plus profond que l'angoisse suscitée par une nouvelle rencontre, que chaque week-end, on retrouve des millions de personnes dans les restaurants et les cinémas, reprenant leur quête d'amour une fois de plus. Que la personne soit intéressée par une fréquentation temporaire ou qu'elle cherche l'amour de sa vie, le Ciel désire être impliqué à chaque étape du parcours.

Parfois, les gens pensent qu'ils ont trouvé cette personne spéciale qu'ils recherchent, la ou le partenaire idéal. Puis, à leur grande déception, ils découvrent plus tard que la soif de trouver l'âme sœur et l'amour les a induits en erreur. Combien de fois avez-vous eu un rendez-vous avec une nouvelle personne qui semblait être l'unique, pour découvrir ultérieurement que vous étiez incompatibles ?

Par contraste avec le style de vie glamour présenté dans les feuilletons télévisés comme *Beverly Hills,* les rencontres deviennent vite un rituel vide et frustrant pour la plupart des célibataires. Des sondages ont démontré que plusieurs personnes restent dans des relations douloureuses, peu gratifiantes, simplement pour éviter la souffrance d'être seules ou d'avoir à chercher un autre partenaire. Pourtant, elles se meurent d'envie de trouver l'âme sœur.

Les anges savent que vous avez besoin de vous sentir aimé et qu'une relation amoureuse est importante dans votre vie. Ils savent également quel type de partenaire améliorerait vraiment votre vie. Pour ces raisons, vos anges veulent être intimement impliqués dans votre vie sentimentale. Ils veulent que vous leur demandiez de l'aide dans chaque aspect de votre quête d'un partenaire potentiel. Ils peuvent même vous aider à surmonter la peur du rejet et de l'engagement, et vous dire la vérité au sujet de celui ou celle qui vous est destiné.

Toutefois, plusieurs personnes, qui se sentent à l'aise de solliciter l'aide de Dieu dans des situations où leur vie est menacée ou au milieu de crises personnelles ou professionnelles, sont hésitantes à demander de l'aide pour quelque chose d'aussi futile que leur vie amoureuse. Mais, si une vie amoureuse harmonieuse est aussi cruciale pour la santé et le bonheur, comme les études le prouvent, alors pourquoi cela serait-il futile ?

Dieu, qui est source d'amour, considère si important que vous trouviez l'âme sœur qu'Il a même créé des anges qui se spécialisent dans ces questions et qui peuvent être sollicités pour de l'aide et du soutien en tout temps. Ce sont les anges de l'amour et ils sont le don de Dieu pour les amants. Le chérubin Cupidon avec ses flèches est l'image traditionnelle de l'amour romantique. Il y a une certaine part de vérité dans l'image de Cupidon. Comme avec plusieurs créatures mythologiques, Cupidon est basé sur une réalité spirituelle. Les anges de l'amour apparaissent comme de jeunes chérubins d'où exsude une lueur d'un rose profond. Quand mon sixième sens me montre quelqu'un entouré par les anges de l'amour, c'est comme regarder un valentin rose géant. Leur présence me dit que la personne a demandé une intervention angélique dans sa vie amoureuse ou qu'un nouvel amour est en voie de naître et que les anges sont là pour l'escorter.

La mission des anges de l'amour est de vous aider à répondre à votre besoin d'amour romantique, soit en faisant en sorte que vous rencontriez l'âme sœur ou en fournissant une prescription pour sauver votre mariage du naufrage. Quelques anges de l'amour sont experts pour rassembler de nouveaux amants. D'autres aident à faire naître l'amour dans des relations déjà existantes.

Tout le monde peut solliciter les anges de l'amour. Puisqu'ils sont en abondance, vous ne devez pas craindre de les déranger ou d'abuser de leur temps. Vous aider à connaître l'amour romantique, une nécessité pour votre épanouissement spirituel et émotionnel, leur fait plaisir.

Demandez aux anges de vous guider vers votre âme sœur et assurez-vous ensuite de suivre votre intuition alors qu'elle se manifeste. Les anges disent : *Vous recevrez des conseils spécifiques et ils pourraient en premier lieu ne pas sembler reliés aux relations. Suivez-les simplement, parce que Dieu vous mènera là où vous voulez être.*

En fait, dès que vous prononcez votre prière, les anges commenceront à fournir chaque effort pour vous guider en organisant une rencontre avec la personne de vos rêves. C'est comme une liste céleste de choses à faire, vous disant quelles étapes vous devez franchir pour vous ouvrir à l'amour pour que vous puissiez rencontrer, attirer et apprécier l'âme sœur dont vous avez très envie. Comme d'habitude, ils vous enverront ces conseils à travers des sentiments, des rêves, des visions ou des idées.

Le travail des anges de l'amour ne se termine pas quand leurs conseils ont aidé quelqu'un à franchir avec succès les étapes complexes d'une rencontre et qu'ils ont permis une union avec l'âme sœur. Une fois que la personne a franchi avec succès ce stade, et fait partie d'un couple, les anges travaillent à maintenir l'harmonie et à garder l'amour vivant pendant la relation, comme vous le lirez dans le chapitre 4. Ils sont encore avec le couple quand les relations s'approfondissent dans des engagements à long terme et le mariage, comme vous l'apprendrez dans le chapitre 5.

Prescription pour trouver une âme sœur

Quand vous ne pouvez pas trouver l'amour, le problème est souvent en vous-même. Vous pouvez chercher désespérément l'âme sœur, le cœur brisé parce qu'incapable de trouver la personne de vos rêves, et ne remarquant jamais les ressources innombrables que vous offrent vos anges sur le plan amoureux. Vous supposez plutôt que le Ciel ne répond pas à vos prières, alors qu'en fait les anges vous lancent presque des feux d'artifice pour vous permettre de découvrir l'âme sœur potentielle.

Vous allez de l'avant, inconscient, entretenant la croyance erronée voulant qu'il n'y ait qu'une âme sœur pour chaque être humain : que vous êtes fait pour aimer et être aimé que par une seule personne, qui partagera tous vos intérêts, fera battre violemment votre cœur et vous aimera comme vous êtes. Vous reconnaîtrez par magie cette âme sœur au premier regard et si, pour une raison ou pour une autre vous manquez cette personne, vous serez condamné à passer le reste de votre vie à vous contenter de moins.

Certaines personnes passent leur vie entière en attente, laissant tomber ou ignorant des douzaines de partenaires potentiellement adéquats et se soumettent à des années de frustration et de solitude pendant qu'elles cherchent cet être mythique. D'autres personnes se languissent constamment, croyant que leur âme sœur est celle qui est partie, probablement un ancien amour pour lequel elles ressentent maintenant de la nostalgie. Cet amant soi-disant parfait était peut-être marié, en processus de divorce, vivant de l'autre côté du pays ou autour du globe, grossier, toxicomane ou incapable de comprendre le vrai potentiel d'une relation. Quelle que soit la raison, cette relation particulière est actuellement vue à travers des lunettes roses, et le fantasme voulant que si seulement les choses s'étaient passées différemment, cet individu aurait été le partenaire idéal.

Les anges m'ont appris que la notion voulant qu'il n'y ait qu'une âme sœur pour chaque personne, et que les gens doivent chercher la bonne personne jusqu'à ce qu'ils l'aient trouvée (ou vive à jamais sans elle), est l'un des mythes romantiques les plus nuisibles. Après tout, vous ne pensez pas que Dieu aurait placé la seule âme sœur qui vous était destinée dans telle ville, alors que vous venez d'accepter un emploi dans une autre ville, vous laissant ainsi perdant en amour, n'est-ce pas ? Il y a littéralement des centaines d'âmes sœurs potentielles, des hommes et des femmes qui pourraient vous combler spirituellement, émotionnellement et physiquement, vous attendant dans chaque ville, occupation ou groupe social où vous risquez de vous retrouver éventuellement à un moment donné de votre vie.

Cependant, peu de personnes semblent savoir cela et je retrouve trop souvent dans ma clientèle, hommes ou femmes, jeunes ou vieux, des gens qui s'empêchent vraiment de trouver l'amour parce qu'ils ont été induits en erreur par le mythe de l'âme sœur unique.

« Quand vais-je rencontrer cet unique homme spécial ? » m'a demandé Rose. Rose, au milieu de la trentaine, possédait un restaurant italien primé qu'elle avait reçu en héritage de son père, dont les fières traditions étaient scrupuleusement maintenues. D'ordinaire, c'était une belle brunette énergique qu'on pouvait voir presque tous les soirs de la semaine à son établissement, totalement en contrôle de la situation.

Mais aujourd'hui, son visage impatient cherchait le mien d'un air suppliant, avec un désir ardent de trouver le compagnon auquel elle aspirait tellement. Rose commençait à sentir le battement de son horloge biologique.

— Je sens que le temps s'écoule pour moi. J'ai regardé partout : mon église, mon entreprise, j'y rencontre tellement de gens. J'ai eu ma juste part d'amoureux et certains d'entre eux étaient sérieux. Mais au bout du compte, je n'étais jamais complètement sûre d'aucun d'eux. Vous savez, aucun d'eux ne semblait répondre à ma conception de l'âme sœur idéale. Je ne cesse de penser que si j'attends assez, je vais le rencontrer. Nous nous regarderons tout simplement et il y aura un déclic. Nous vivrons le grand amour, ce sera une rencontre idéale en tous points, et nous passerons le reste de notre vie ensemble avec peu de tracas ou de disputes. Je veux être libre quand il apparaîtra, je ne veux pas risquer de marier quelqu'un que je croyais être mon âme sœur, puis me réveiller un jour et, bang, tomber sur mon âme sœur véritable.

Rose, ont répondu les anges, *tu as bien une âme sœur qui t'attend, mais peut-être pas tout à fait de la manière que tu crois. Puisque la vérité est que toi, comme tous les gens, tu as plusieurs âmes sœurs potentielles, pas seulement une. Et chacune représente une personne dont la compagnie et l'amour te combleraient.*

Chacune de ces âmes sœurs potentielles possède l'aptitude de nourrir et de guérir une zone différente de ton esprit, de ton cœur et de ton âme. Tu as déjà rejeté plusieurs âmes sœurs idéales que nous t'avons envoyées, parce que tu ne voulais pas être avec eux au cas où il y aurait quelqu'un de mieux qui arrive.

Mais sois optimiste. Tu trouveras bientôt ce genre d'union satisfaisante avec ton âme sœur. Quand le temps sera venu, nous te guiderons vers celui qui saura te guérir ou t'enseignera une leçon favorisant ta propre croissance et progression. Si ton âme a surtout besoin d'apprendre des choses au sujet de la liberté, tu seras attirée par quelqu'un qui t'y encouragera. Si tu as soif d'un grand amour passionné pour la vie, tu seras attirée par un homme qui peut répondre à cette aspiration de ton âme. Ou si tu dois apprendre la patience, tu peux être attirée par un homme très patient.

Rose a paru soulagée.

— Quand vous présentez les choses de cette façon, a-t-elle répondu, j'aurais envie de me frapper tant je suis idiote en amour. Je pense qu'il y a une couple d'hommes que j'ai fréquentés, surtout Armand, avec qui j'aurais dû m'engager pendant que j'en avais encore la chance. Les anges me l'ont probablement envoyé. Je serai plus avisée à l'avenir.

Libérée de l'illusion voulant qu'il n'y ait qu'une seule âme sœur faite pour elle, Rose a commencé à réaliser qu'il y avait plusieurs hommes qu'elle connaissait qui pouvait être des âmes sœurs potentielles. La dernière fois que j'en ai entendu parler, elle était fiancée et elle attribuait son nouveau bonheur à la prescription divine des anges.

Prescription

. . . .

Ne laissez pas le mythe de « l'âme sœur unique idéale » vous cacher la potentialité de nombreuses âmes sœurs merveilleuses que les anges ont placées sur votre chemin.

Prescription pour attirer l'âme sœur idéale

Parfois vous ne pouvez pas trouver une âme sœur parce que vous avez placé la barre trop haute. Le genre d'amoureux que vous aspirez avoir n'est pas le genre de personne qui voudrait de vous telle que vous êtes actuellement. Cette personne est à un diapason si différent, que si vous étiez cette personne et qu'elle était vous, vous ne voudriez pas non plus d'une relation avec vous-même.

Pour rendre cela un peu plus concret : quelqu'un qui fait un travail personnel sur la colère et la communication peut rêver d'une vie calme, harmonieuse avec un partenaire calme et harmonieux. Mais une personne calme et harmonieuse qui désire une vie calme et harmonieuse n'est guère susceptible de vouloir un partenaire difficile et colérique. La même chose pourrait s'appliquer à une personne qui n'est pas en forme et qui désire un athlète en super forme respirant la santé, ou un toxicomane dont le fantasme serait une conjointe aimante qui a toutes les qualités réunies.

Il n'y a rien de mal à aspirer au meilleur. C'est précisément ce que Dieu et les anges désirent que vous fassiez. Les âmes sœurs ont plusieurs fonctions, et l'une d'entre elles est de faire appel au meilleur de vous-même. Parfois, l'âme sœur idéale à laquelle vous aspirez vous attire non seulement en raison de ses nombreuses qualités merveilleuses, mais également parce que son haut niveau spirituel vous attire et qu'elle représente le genre de personne dont vous aspirez devenir.

Le problème survient quand vous attendez quelque chose (ou quelqu'un) d'inaccessible et qu'on vous le livre dans un paquet soigneusement enveloppé au moment où vous le souhaitez. Quand vous perdez de vue à quel point cela est absurde, vous vous préparez à la déception, au rejet et à plusieurs heures de solitude, de souffrance et de chagrin. La Loi de l'attraction indique que vous êtes plus susceptible d'attirer une âme sœur qui est au même niveau spirituel, physique et mental que vous. Les anges disent qu'il y a deux choix quand vous vous retrouvez dans cette situation. Vous pouvez diminuer vos attentes et vous contenter d'une âme sœur qui se rapproche de votre propre niveau. Ou vous pouvez vous efforcer à vous améliorer et devenir le genre de personne que votre âme sœur idéale aimerait.

C'est toujours délicat pour moi quand je travaille avec des clientes comme Carmen, une infirmière diplômée de

35 ans, qui suppliait pratiquement les anges, par mon entremise, de lui dire comment elle pourrait se rapprocher de Russell, le nouveau chef de sécurité de l'hôpital.

Les anges ont commencé par me montrer presque un film sur écran avec des images suggérant que les deux étaient actuellement à des lieues de distance concernant leur tempérament respectif et leurs goûts. J'ai demandé à Carmen si elle pouvait me parler un peu d'elle-même.

Ce qui en est ressorti c'est le portrait d'une femme chroniquement endettée, encline à se disputer avec les membres de sa famille, ses amis et même ses collègues de travail, et dont la vie privée et émotive avait été une suite sans fin de turbulences. J'ai demandé ensuite à Carmen de me décrire Russell.

L'image qui est apparue était celle d'un jeune homme bien éduqué et élégant, qui avait été membre de la *Navy SEAL*, qui avait des placements boursiers, et qui semblait en parfait contrôle de lui-même et de son environnement.

— Il est tellement différent du genre d'hommes avec qui je suis sortie, a-t-elle lancé. Russell est quelqu'un avec qui une femme se sentirait pleinement en sécurité. Dites-moi ce que je dois faire pour l'avoir.

Je savais que ce que les anges me communiqueraient était la dernière chose que Carmen voulait entendre. Pourtant, je me suis rappelé que j'étais seulement une messagère dont le travail était de livrer leurs prescriptions. Je lui ai répété ce que les anges m'avaient dit : *Chère Carmen, ce que tu demandes n'est pas impossible. Mais pour que cela se produise, plusieurs étapes devraient être franchies. Toi et cet homme avez tous les deux en commun que vous êtes en cheminement spirituel, et c'est un élément qui t'attire en lui. Mais vous êtes à deux pôles différents dans ce cheminement spirituel. Aucun de vous ne serait présentement un bon partenaire pour l'autre. Si tu attendais et travaillais fort pour progresser dans ton cheminement spirituel en faisant plusieurs changements dans ton style de vie, peut-être que dans un an ou deux il y aurait un avenir pour toi et cet homme, Russell, qui t'attire tellement.*

Carmen m'a lancé un regard furieux. Je m'attendais à une explosion émotive quelconque et j'ai demandé une intervention des anges. Puis, elle a ri et dit, comme tant de mes clientes après avoir compris le message des anges :

— Je suppose que je savais cela. J'espérais seulement qu'il y ait une façon pour que les anges puissent réussir un miracle et faire en sorte qu'il veuille de moi immédiatement. Mais vous savez, Russell en vaut la peine. Je me suis lassée du style de vie que j'ai vécu et du genre de personne que je suis. Je pense que j'aimerais apprendre à être davantage comme lui. Calme et posé, mais compréhensif également. Il médite, je le sais. Je pourrais peut-être commencer en prenant un cours de méditation. Et je pourrais peut-être trouver un conseiller ou groupe thérapeutique pour m'aider à défaire quelques-uns de mes propres nœuds émotionnels. Ce n'est pas impossible.

Un an plus tard, j'ai reçu un appel de Carmen. Elle ne sortait pas avec Russell, mais elle semblait très différente, plus centrée et en paix avec elle-même. Carmen m'a confié qu'elle était dans un groupe de gestion de la colère et qu'elle suivait un cours de yoga. Elle avait rencontré un homme merveilleux et stable qui travaillait au rez-de-chaussée dans la cafétéria de l'hôpital.

Prescription

. . . .

Quand votre âme sœur idéale est encore plus idéale que vous, prenez des dispositions pour devenir une meilleure personne. Puis, grâce à l'infaillible Loi de l'attraction, vous l'attirerez vers vous.

Prescription pour cultiver des attentes réalistes

Les gens sortent avec plusieurs personnes, mais certains ne trouvent jamais l'âme sœur qu'ils recherchent, même quand cette personne est juste devant leurs yeux. C'est à cause d'un autre mythe terriblement trompeur, qui semble en avoir confondu plusieurs quant à la nature de l'amour : que leur véritable amour ne sera pas seulement un partenaire, mais un jumeau, quelqu'un qui est comme eux en tous points. Cette âme sœur partagera les mêmes valeurs, aimera la même musique, aura les mêmes croyances personnelles et religieuses, appréciera les mêmes loisirs, jusqu'à écouter du Led Zeppelin, tout en mangeant des spaghettis froids un samedi soir pluvieux.

Les anges disent que bien que vous aurez beaucoup en commun avec une véritable âme sœur, son but n'est pas de vous servir de jumeau ou de miroir. Si votre âme sœur était votre jumelle en tous points, avertissent les anges, vous vous fatigueriez vite d'elle et deviendriez ennuyé, tout comme vous l'êtes de vous-même de temps en temps.

Bien sûr, dans les phases initiales d'une nouvelle relation, chaque membre du couple a tendance à se concentrer sur leurs ressemblances. Votre nouvel ami s'exclame à voix haute : « J'adore *Xena, la princesse guerrière.* » Et vous répondez : « Vraiment ? Moi aussi. » Ou bien, il peut expliquer qu'il est un acrophobe et vous dites : « J'ai peur des hauteurs, moi aussi. » Vous pouvez avoir l'impression d'avoir trouvé une âme sœur avec qui vous partagez tout en commun. Ce n'est que plus tard que vos différences respectives commencent à émerger et se manifestent.

Cela ne veut pas dire que vous et votre nouveau compagnon essayez de vous embobiner mutuellement en pensant que vous partagez plus de choses en commun que vous ne le faites en réalité. Au contraire, vous êtes tous les deux en train de chercher activement dans votre banque de souvenirs, essayant de trouver les choses que vous partagez. C'est un processus naturel, mais cela peut aussi vous leurrer en vous faisant croire que vous avez trouvé le genre de relation amoureuse que vous voyez dans les films, où les amoureux ne sont jamais en désaccord quant à la nourriture qu'ils aiment manger ou ce qu'ils pensent de la prochaine élection présidentielle. Typiquement, après le cap de six mois, la plupart des amoureux enlèvent leurs lunettes roses et commencent à remarquer leurs différences au lieu de leurs ressemblances.

Frank, un beau jeune photographe journalistique de 27 ans, est venu me voir désespéré de sa vie amoureuse. Son problème n'était pas d'avoir des femmes ou même d'en amener une à accepter à le marier. Il avait vraiment du succès en amour. Mais aucune d'elles ne semblait répondre à sa vision de future épouse et mère de ses enfants. Sachant qu'avec l'histoire de ses fréquentations, il devait en avoir rencontré et refusé plusieurs qui auraient fait des âmes sœurs adéquates, j'ai demandé à Frank de me dire ce qu'était sa vision d'une âme sœur.

— Vous savez, m'a répondu Frank avec assurance, une version féminine de moi-même. Je pense que je veux une personne qui est intéressée par tout ce qui m'intéresse. Une personne qui aime les activités de plein-air, qui est athlétique, qui partage les mêmes valeurs, qui aime les fêtes ou qui apprécie passer les week-ends à regarder les sports à la télé ou aller à la pêche, qui aime le jazz, qui est folle des courses de stock-car, qui vote pour le Parti Républicain et qui s'entend avec mes amis. J'ai cherché et cherché, mais je n'arrive pas à trouver une femme qui aurait tout cela. De temps en temps, je rencontre quelqu'un qui semble d'abord aimer telle chose, mais plus tard, il s'avère toujours que nous divergeons quelque part concernant un intérêt ou un point de vue important.

Ses anges lui ont dit : *Frank, nous ne te demandons pas du tout de trouver un compromis. Mais il doit y avoir certaines corrections dans ta conception de l'âme sœur et comment Dieu voit la raison d'être d'une âme sœur. Comme tant de gens, tu t'es infligé une souffrance inutile, parce que tu crois qu'une âme sœur est destinée à être ta jumelle, le reflet du miroir de toi-même sous forme féminine, quelqu'un qui agit, pense et parle comme toi. Si tu trouvais une telle personne, tu t'ennuierais rapidement. Après tout, n'as-tu pas des moments où tu t'ennuies, quand tu ne t'aimes pas ? Imagine 50 ans de monotonie sans être mis au défi d'avoir de nouvelles façons de penser ou de faire de nouvelles expériences.*

Tes intérêts sont variés et admirables, et tu as plusieurs amis des deux sexes avec qui tu aimes avoir du plaisir. Ne cherche pas à placer ton mariage dans une catégorie aussi étroite que si elle était basée sur l'unanimité de tes intérêts extérieurs. Bien sûr, vous devriez partager plusieurs intérêts. Mais surtout, cherche une compagne qui enflamme ton cœur et qui mène aussi une vie à part compatible à ses propres intérêts. De cette façon, vous aurez tous les deux beaucoup de choses à partager. Il est tellement mieux de chercher des intérêts complémentaires, plutôt que de passer sa vie à chercher des intérêts identiques.

Après un moment de choc et de réflexion, Frank s'est mis à rire.

— Mes amis m'ont dit la même chose. Je pense que tout le monde a raison. Finalement, Frank a compris que sa vision d'une âme sœur idéale était irréaliste.

Prescription

. . . .

Une âme sœur n'est pas votre jumelle ou quelqu'un comme vous. Nous sommes censés nous renforcer mutuellement dans des voies où nous sommes semblables, et nous développer mutuellement dans des domaines où nous sommes différents.

Prescription pour attirer le bon partenaire

Le vieux dicton qui affirme : « Faites attention à ce que vous souhaitez, vous pourriez bien l'obtenir » s'applique doublement en ce qui concerne l'amour. Dieu et les anges sont heureux d'être les entremetteurs célestes et de vous réunir avec une âme sœur qui remplit exactement vos spécifications comme vous les avez exprimées. Tout ce que vous devez faire, c'est de demander. Un mot d'avertissement : Prenez garde quand vous dressez la liste de ce que vous voulez chez un partenaire. Comme je l'ai découvert à mes dépens, le Ciel répond souvent littéralement à vos prières.

Il y a plusieurs années, quand j'étais une mère divorcée de deux enfants, j'ai demandé à Dieu de m'aider à trouver une âme sœur et un époux. J'ai écrit une description de trois pages de ce que je recherchais chez un compagnon, précisant que je voulais un homme romantique qui m'offrirait plein de fleurs. J'avais utilisé avec succès ce genre de listes pour manifester mes objectifs de carrière et personnels pendant plusieurs années.

En moins d'une semaine, j'ai rencontré Johnny. Sans que je n'aie jamais mentionné mon amour pour les bouquets, Johnny a commencé à m'envoyer des roses rouges à mon bureau. Chaque jour ma secrétaire, Donna, m'apportait deux vases de roses envoyées par Johnny. Je recevais un bouquet le matin et un autre l'après-midi. J'en suis arrivée au point de ressentir de l'embarras face à cet étalage d'affection au travail, alors que j'étais thérapeute professionnelle et administratrice d'un hôpital psychiatrique très conservateur.

Tandis que je trouvais l'attention de Johnny flatteuse, j'ai réalisé qu'au moment de faire ma liste, j'avais omis un ingrédient essentiel. J'avais oublié de spécifier que lors de notre rencontre, je serais vraiment attirée par lui. La vérité est que je n'étais pas du tout attirée par Johnny, sinon en tant qu'ami fraternel.

Je suis retournée à ma planche à dessin et j'ai écrit une liste encore plus détaillée. Cette fois, j'ai inclus des spécifications telles que : « Je suis attirée par lui », et parce que j'avais été dérangée par la trop grande intensité des sentiments de Johnny, j'ai aussi inclus : « Il veut se marier, mais il est prêt à ce que notre relation se développe lentement. »

J'ai retourné ma liste remaniée à Dieu avec le sentiment que je remettais complètement cela entre Ses mains. Je me suis sentie guidée par les conseils divins, et cela a rapidement abouti à une rencontre qui correspondait à l'homme de ma liste. Un beau et talentueux Canadien français est entré dans ma vie. Nous étions attirés l'un par l'autre, et il voulait se marier après un long engagement, tout comme moi. Tout semblait parfait, comme c'est souvent le cas au début.

J'ai bientôt découvert que sa difficulté avec la langue anglaise était un problème pour moi. Sa langue maternelle étant le français, il ne maîtrisait pas parfaitement la langue anglaise. Même si c'était terriblement romantique de l'entendre me chanter des chansons d'amour en français, j'avais un besoin fou d'une conversation profonde et stimulante.

Je suis retournée à ma planche à dessin. Cette fois j'ai risqué le tout pour le tout et j'ai créé une liste de manifestation : trois pages détaillées sur tout ce que je savais que je voulais et que je ne voulais pas chez mon futur mari. Je n'ai inclus que les caractéristiques qui étaient importantes pour moi. Les autres choses qui n'avaient pas d'importance, comme la taille, je les ai omises.

Peu après, j'ai reçu des directives divines pour aller à certains endroits et m'engager dans des activités spécifiques. J'ai suivi ces ordres à la lettre. Le résultat ? En moins de trois semaines, j'ai rencontré un homme dans un restaurant français et nos yeux se sont rencontrés. La pièce tournait, comme si rien d'autre n'existait sauf lui et moi. Nous nous sommes assis et nous nous sommes « interviewés » mutuellement, comparant nos notes pour voir si l'autre personne était « la bonne ». En moins de trois ans nous nous sommes mariés, et tout ce qui était sur ma liste constituaient ses caractéristiques naturelles.

Il y a quelques années, j'ai donné des cours sur les relations pour les hommes et les femmes célibataires, dans lesquelles je parlais de ma liste et des méthodes de manifestation. Ceux et celles qui ont essayé cette approche spirituelle pour les fréquentations ont remporté un succès exceptionnel.

À cet effet, une femme m'a confié qu'elle avait créé et transporté une « liste de souhaits » à propos de son futur mari. Elle parlait affirmativement de l'homme sur sa liste, sachant qu'elle allait le rencontrer bientôt. Elle l'appelait même « l'homme de mes souhaits ». Quelques mois plus tard, elle a rencontré et finalement marié l'homme décrit sur sa liste. Elle m'a révélé avec agitation : « Devinez quel est son nom de famille ? C'est Wishner. Je pense que j'ai attiré ce nom de famille parce que je passais mon temps à faire allusion à lui en tant que « l'homme de mes souhaits. » Alors elle est devenue Mme Wishner.

Pour essayer cette approche afin d'attirer l'âme sœur ou réaliser d'autres buts, prenez simplement une feuille de papier et écrivez toutes les qualités que vous aimeriez voir chez votre âme sœur idéale (vous pouvez même faire une liste à part). Ne vous précipitez pas ; donnez-vous quelques jours. De cette façon, vous ne serez pas susceptible d'oublier quelque chose d'important. Remettez votre liste à Dieu et aux anges. Pour vous protéger, dans le cas d'une omission ou d'un ajout malencontreux, dites : « Cela ou quelque chose de mieux, s'il vous plaît. » Vous ne voulez pas limiter les anges en leur donnant une description restrictive de ce que *vous* pensez qui vous rendra heureux.

> ## Prescription
> . . . .
> Lorsqu'il est question d'âmes sœurs, soyez clair quant à ce que vous recherchez, avant que vous ne commenciez à regarder. Autrement, vous risquez de vous retrouver dans une situation à laquelle vous ne vous attendiez pas ou que vous auriez aimé ne pas avoir demandée.

Prescription contre le perfectionnisme

Une autre situation où vous pourriez être la cause de votre propre chagrin dans votre recherche d'une âme sœur, est de rejeter de bons candidats parce qu'ils ne sont pas absolument parfaits. Certaines personnes font de leur vie un véritable enfer, en exigeant que leur comportement et leur travail soient absolument parfaits. Ils ne tolèrent aucune faute ni erreur — jamais. D'autres personnes font la même chose, avec les mêmes résultats d'auto-sabotage lorsqu'il s'agit des âmes sœurs. Elles veulent une âme sœur qui est absolument parfaite, sans le moindre défaut ou faiblesse. Bien que leur cœur soit brisé, elles en sont pourtant responsables. Leurs attentes sont si élevées qu'aucun mortel ne pourrait y répondre.

Ces personnes sont dans la même position que le personnage dans l'histoire du vieux Soufi, dans laquelle l'homme passe sa vie à chercher l'épouse parfaite. Quand il la trouve enfin, elle le rejette parce qu'elle cherche elle aussi l'homme parfait.

Ce fut le cas de ma cliente, Kathleen, une cadre commerciale dans la trentaine qui avait fréquenté plusieurs hommes au fil des années, mais n'en avait jamais trouvé un qui se montrait à la hauteur de ses exigences. Kathleen sentait la pression de se marier pendant qu'elle avait encore l'âge de donner naissance à un enfant, mais à ce qu'elle pouvait constater, il n'y avait pas de bon candidat en vue.

Travaillant dans le domaine de la vente, Kathleen connaissait un grand nombre d'hommes. Plusieurs parmi eux étaient séduisants, avaient de bonnes manières et semblaient représenter l'*idéal de beauté* de plusieurs femmes. Mais tandis que Kathleen les cataloguait, chacun avait un défaut qu'elle ne pouvait supporter et qui l'éliminait fatalement. Il pouvait être trop petit, trop grand, trop gros, trop maigre, trop romantique ou pas assez romantique, un amant trop bon ou le contraire, trop accaparé par sa carrière ou pas assez, trop à l'étroit financièrement ou trop dépensier.

— Bref, a-t-elle conclu, chaque fois que je rencontre un type qui au premier abord pourrait être le bon, quand j'apprends à mieux le connaître, je découvre qu'il a 10 autres petites amies, ou il me harcèle à cause de mon poids, ou bien c'est un bourreau de travail.

Kathleen paniquait pratiquement au sujet de son avenir quand elle a lâché :

— Pensez-vous que je vais rencontrer un jour l'homme parfait ?

Les anges lui ont expliqué : *Ce perfectionnisme est l'écran qui t'empêche de vraiment trouver un compagnon, à cause de ta peur de l'engagement et du rejet. Tu crois que tu désires une relation amoureuse profonde et intime, mais au fond de toi-même, Kathleen, tu as peur de t'engager dans une telle relation. Insister sur le fait que ton âme sœur ne doit pas avoir d'imperfections ou de petites manies est l'excuse que tu utilises pour ne pas t'engager dans une relation. Tu as été plusieurs fois avec quelqu'un qui aurait pu être l'homme de tes rêves, mais tu as cherché un défaut quelconque, puis tu as fait marche arrière, te sentant en droit de le faire puisque tu en avais trouvé un.*

Pour faire entrer une âme sœur dans ta vie, tu dois guérir tes blessures et ta vulnérabilité. Nous pouvons t'aider pour que ton cœur se rétablisse. Demande-nous simplement d'entrer dans tes rêves et d'emporter toutes tes peurs concernant l'amour et l'intimité et le fait de t'unir à un autre. Demande-nous de t'aider à pardonner à tes parents, à tes anciens amoureux et à toi-même pour les vieilles blessures qu'ils t'ont causées et que tu leur as causées. Invite-nous à te libérer de la peur d'être aimée et de donner de l'amour. Avec notre aide, tu seras bientôt prête à renoncer à ton perfectionnisme, ouvrant ainsi la voie à une relation avec un homme qui t'aimera réellement et que tu aimeras toi aussi.

Kathleen a paru soulagée. Elle était manifestement contente de ces nouvelles. Tout de suite, les anges m'ont montré un film où je voyais Kathleen avec un futur partenaire. Je lui ai raconté ce que je voyais.

— Oui, je vois effectivement une âme sœur. Cependant, je ne vois pas qu'il soit cent pour cent parfait selon tes normes actuelles. Il a des lunettes, un bon sens de l'humour en privé, mais il est plutôt timide. Il a eu quelques problèmes avec sa mère. Tu vas le rencontrer à une bibliothèque, une librairie ou un lieu d'étude. Je perçois beaucoup de livres autour de cet homme, comme s'il était un dévoreur de livres. Il n'est pas excessivement romantique, mais tu le trouves vraiment séduisant.

— Je vous vois voyager tous les deux ensemble pour son travail. Je vois aussi un train et cela ressemble à des vacances en chemin de fer en Europe. Je vois vraiment que tu pourrais être très heureuse avec cet homme et très comblée en termes de respect et de compagnie. Je sens une chaleur que tu pourrais appeler romantique, mais pas de passion ardente ou de romance à l'eau de rose. Ça ressemble à une bonne relation qui est aimante et tendre.

Kathleen a soupiré profondément et a répondu :

— Eh bien, je dois admettre que quand vous me l'avez décrit pour la première fois, j'ai eu peur. Il ne semble pas être la perfection absolue dont je rêvais, mais vous savez quoi ?

Cela me semble absolument merveilleux, a-t-elle dit gravement en se redressant. Je pense que je commence à pouvoir vivre sans la perfection. Je réalise que j'ai davantage besoin de quelqu'un qui peut être mon meilleur ami et un amant romantique. Cet homme semble être exactement ce dont j'ai besoin.

Kathleen a été transférée à la Nouvelle-Orléans quelques semaines plus tard et je n'ai pas eu de ses nouvelles. Je sais que si elle s'en est tenue à sa résolution et a demandé aux anges de l'aider à surmonter son perfectionnisme, elle aura trouvé d'ici là l'âme sœur parfaite pour elle, selon les anges.

Prescription

. . . .

Ne retenez pas votre souffle en attendant quelqu'un qui est absolument parfait. Quelqu'un pourrait être l'âme sœur pour vous et avoir encore quelques imperfections.

Prescription pour ceux et celles qui ne trouvent personne

Le dicton «Aide-toi et le ciel t'aidera» dit vrai quand on cherche l'âme sœur. Vous ne pouvez pas vous attendre à ce que Dieu vous mette une âme sœur dans les bras si vous n'êtes pas là où elle pourrait se trouver. Les anges veulent répondre à vos aspirations amoureuses, mais vous devez les aider à mettre le processus en marche en apportant d'abord un minimum de foi et d'efforts. Les anges peuvent ensuite commencer à travailler pour mener à bien vos désirs d'une manière des plus étonnantes. Au lieu d'être une activité passive, comme certaines personnes le pensent, les anges disent que de demander l'aide du Ciel nécessite la participation des humains.

Trop de personnes décident qu'elles veulent une âme sœur, puis se détendent et attendent que Dieu et les anges fassent le reste. Elles gardent les mêmes habitudes, qui ont échoué auparavant à les mettre en contact avec une âme sœur, et elles attendent un miracle. Quand rien ne se produit, elles se sentent abandonnées et déçues. Elles déplorent le destin qui les condamne à la solitude. Elles commencent même à perdre la foi en Dieu et les anges : «J'ai tellement prié pour rencontrer une âme sœur», me disent-elles, «mais où est mon âme sœur? Je pensais que vous disiez que Dieu et les anges répondaient toujours à nos prières. Est-ce que les anges sont prêts à m'aider? Ou est-ce que tout cela est une imposture?»

Cela me rappelle la vieille plaisanterie où un homme prie chaque semaine pour gagner à la loterie. Il s'assoit près du téléphone tous les vendredis attendant l'appel qui annoncera qu'il a gagné le gros lot. Après des semaines de déception, il lève les yeux au ciel en colère et se plaint : «Dieu, qu'est-ce qui ne va pas? Je te prie chaque semaine, mais je n'ai jamais gagné à la loterie». Et Dieu de répondre : «Commence par acheter un billet.»

Vous ne pouvez vous attendre à trouver votre âme sœur à moins que vous ne soyez activement impliqué dans la recherche, vous aussi. Que voulez-vous que les anges fassent? Qu'ils déposent votre âme sœur au seuil de votre porte? C'est bien si vous voulez épouser le livreur de pizza ou le facteur. Mais si l'un ou l'autre avait été votre âme sœur, vous seriez déjà réunis.

Si vous avez prié pour trouver l'amour et que personne ne semble répondre à vos prières, vous vous cramponnez peut-être à des habitudes qui limitent peut-être vos chances et créent des barrières qui vous empêchent de rencontrer l'âme sœur. Après tout, un homme seul qui ne sort jamais avec une femme plus grande que lui, ou une femme seule qui passe tout son temps à nettoyer son appartement, pourrait bien gaspiller ses larmes sur son statut de célibataire. Ils ont simplement besoin de faire un effort pour rencontrer les anges à mi-chemin et s'aventurer hors de leur routine habituelle. Les deux pourraient se priver de l'occasion unique qui les mènerait à la relation de leurs rêves. C'est ce que les anges ont dit à mon client, Emmanuel.

Pendant notre séance, Emmanuel, un contremaître célibataire de 38 ans, s'est plaint que son problème n'était pas de trouver l'âme sœur, mais de trouver d'abord une femme. Emmanuel, un homme tranquille, réservé et intéressé par le domaine spirituel, a expliqué qu'il avait cherché une compagne potentielle pendant des années sans succès. Il ne semblait pas trouver quelqu'un avec qui sortir.

— Je pense vraiment que je ferais un bon mari et un bon père, a-t-il fait remarquer, mais dernièrement je me suis demandé si Dieu entendait mes prières ou si je ne suis tout simplement pas destiné à avoir une femme et une famille. Je n'ai pas eu de rendez-vous depuis des années et je ne rencontre jamais de femme.

Après quelques instants, les anges lui ont répondu : *Cela fait des années que nous entendons tes prières à l'aide et nous essayons de t'aider. Nous t'avons vivement conseillé de quitter ta maison plus souvent quand tu n'es pas au travail pour que nous puissions arranger une rencontre. Cependant, tu as résisté à ces conseils. Tu rentres directement chez toi après le travail et tu regardes la télévision, après tu te demandes pourquoi tu es seul. Quand le week-end arrive, tu t'assois en face de la télé et tu te fais livrer ton repas à domicile. Quand des collègues de travail t'invitent à des sorties, tu te dis toujours que tu seras présent, mais ensuite tu décides que tu es trop fatigué et tu hibernes de nouveau chez toi. En fait, nous croyons que tu es peut-être trop timide et craintif pour aller de l'avant, de crainte d'être rejeté par une personne dont tu aimerais beaucoup avoir l'amour. De cette façon, tu as manqué la rencontre d'un certain nombre de femmes qui auraient pu te rendre heureux pour la vie. Nous ne pouvons pas t'aider, à moins que tu nous aides en suivant les conseils que nous t'envoyons.*

Emmanuel est resté bouche bée et il a écarquillé les yeux alors qu'il écoutait les anges.

— C'est incroyable. J'ai vu un dépliant au sujet d'un cours de conditionnement physique dans mon quartier. Deux ou trois fois, j'ai failli m'y rendre pour m'inscrire, et chaque fois que j'y pensais, j'y ai renoncé.

Tu ne seras pas seul longtemps, ont prescrit les anges, *mais tu dois faire des changements dans ta routine afin de rencontrer l'âme sœur que nous aimerions amener dans ta sphère. Nous te demandons d'assister à ce cours ; nous nous sommes arrangés pour que tu reçoives ce dépliant. Oui, c'était nous qui te conseillions vivement d'y aller. Nous désirons aussi que tu donnes suite aux invitations de tes collègues. Autrement, tu ne te placeras jamais en position de rencontrer l'amour que tu recherches.*

Emmanuel m'a appelée plusieurs jours plus tard, se demandant où « elle » était.

— Je me suis inscrit aux cours de conditionnement physique, mais je n'ai pas encore rencontré qui que ce soit, a-t-il dit.

J'ai ri et lui ai conseillé de donner du temps aux anges. Après tout, ça ne faisait qu'une semaine qu'il s'était décidé à sortir. Les anges travaillaient vraiment, tirant toutes les ficelles nécessaires pour placer son âme sœur sur son chemin. Ils ont ajouté : *Tu ne dois pas seulement quitter ta maison, tu dois aussi aller vers les autres en établissant des contacts visuels chaleureux, en leur souriant et les saluant. La femme que tu recherches est sensible et timide comme toi. Elle ne t'approchera pas, surtout avec ton attitude distante actuelle. Il te faut dégager une certaine chaleur humaine. C'est facile de le faire si tu penses que chaque personne que tu rencontres possède Dieu en elle. Ressens ton amour pour Dieu chaque fois que tu vois ou parles avec quelqu'un et ta chaleur irradiera immé-*

diatement. Tu attireras plusieurs amis, y compris la femme que tu recherches.

Emmanuel a promis d'être plus patient et de faire un plus grand effort pour sortir et se mélanger aux autres. Apparemment, c'est tout ce qu'il devait faire, parce que quand j'ai entendu parler de lui la fois suivante et il a annoncé fièrement qu'une femme qui l'inspirait beaucoup avait rejoint son cours récemment. Ils étaient sortis ensemble, semblaient mutuellement se plaire et avaient beaucoup de choses en commun, et tout portait à croire que les choses pouvaient devenir sérieuses.

— Je suppose que les anges savent vraiment de quoi ils parlent, a admis Emmanuel.

Prescription

. . . .

Si vous échouez à rencontrer une âme sœur, ne restez pas dans votre vieille routine. Trouvez une manière d'être là où vous êtes le plus susceptible de trouver le genre de personne avec qui vous aimeriez être.

CHAPITRE 4

Prescriptions pour l'amour : s'associer avec l'âme sœur

Si vous êtes comme la plupart des gens, vos difficultés en amour ne se terminent pas quand vous avez trouvé l'âme sœur. En fait, elles ne font que commencer. Une fois que vous vous êtes engagé dans une relation qui vous définit, vous et votre partenaire, comme un couple — que la relation soit non officielle, un accord tacite ou un engagement formel — vous vous retrouvez souvent face à des conflits que vous n'avez jamais imaginés quand vous avez commencé à sortir ensemble.

Plus vous apprenez à vous connaître tous les deux, plus vos susceptibilités risquent de ressortir et de créer de la friction. Vous pouvez également voir votre âme sœur chez tous ceux que vous rencontrez et consacrer votre temps à tenter d'en faire une relation engagée, alors que ce n'est souvent qu'un agrément sexuel ou émotionnel pour l'autre personne. Certaines personnes perdent même des années de leur vie à essayer de changer un partenaire dont elles se sont « contentées » afin qu'il réponde à l'âme sœur de leurs rêves. Elles peuvent également se « réveiller » quand il est trop tard et se retrouver dans une relation avec un amant destructeur qui les maltraite. Pour plusieurs, le problème n'est pas tant de trouver quelqu'un avec qui vivre, que de trouver quelqu'un qui s'engagera. Pour quelques rares personnes, la difficulté se situe dans le fait de découvrir trop « d'âmes sœurs » et d'avoir à gérer les conflits qui en résultent.

Quand il est question d'amour, suite à la découverte d'une âme sœur, les risques de chagrin et de souffrance sont décuplés. Après tout, vous avez maintenant dépassé le stade d'une relation informelle et vous avez investi beaucoup de ce que vous êtes, ou ce que vous espérez être, et tout votre cœur dans ce que vous voyez maintenant comme un partenariat. Quand quelque chose menace votre relation amoureuse, cela menace non seulement une chose qui signifie tellement pour vous, mais également les aspects les plus profonds de vous-même. Ceux et celles qui ont expérimenté cela — et ça inclut presque tout le monde — savent à quel point une telle menace peut être horrible et dévastatrice.

Je ne peux assez mettre l'accent sur le fait que le travail des anges de l'amour ne s'arrête pas une fois que les gens ont trouvé l'âme sœur. Cela continue pendant toute la relation jusqu'à ce que la mort les sépare, que ce soit la mort d'une relation ou d'un des deux partenaires. Les anges disent que chaque personne dont vous tombez amoureux ou qui tombe en amour avec vous est là pour vous apprendre une ou plusieurs leçons importantes (et vice versa). Si la leçon est simple et rapidement assimilée, il est possible que vous ne passiez que temporairement dans la vie de l'autre, même si vous ressentez un amour passionné. S'il y a plusieurs leçons, ou des leçons plus difficiles à assimiler, vous et votre partenaire pourriez être ensemble pendant des années. Les anges demeurent à vos côtés, tentant de vous guider tous les deux vers le maximum de guérison et d'harmonie possibles.

Prescription contre les conflits au cœur d'une relation

Combien de fois cela vous est-il arrivé ? Votre recherche d'une âme sœur est terminée. Vous avez enfin trouvé la bonne personne. Vous vous installez tous les deux et commencez une vie ensemble. Puis les conflits surviennent. Vous et votre partenaire êtes comme l'eau et le feu. Vous découvrez que vous avez tous les deux des habitudes, des façons de communiquer et des besoins qui sont très différents. Dans certains cas, il s'agit simplement d'incompatibilité, mais dans d'autres, les différences deviennent destructrices.

Les conflits issus de telles relations provoquent des disputes inutiles, des cris, des mots haineux, de la souffrance et de la culpabilité. Cela aboutit souvent à des ruptures explosives et douloureuses. À l'occasion, quand les passions sont intenses et que les partenaires ne permettent pas aux anges d'intervenir, elles explosent en violence physique. Plusieurs personnes pensent que l'évolution d'une relation entre deux âmes sœurs se fera toujours aisément, qu'il ne devrait jamais y avoir de friction, de conflits ou de querelles. Les anges disent que cette illusion est basée sur l'idée erronée qu'on se fait d'une relation avec l'âme sœur.

Pensez à une âme sœur comme à un ange terrestre (une personne qui a été choisie sans le savoir pour une mission divine). Si vous vous disputez avec votre âme sœur, elle vous apparaîtra comme tout, sauf angélique. Mais peu importe que cela vous exaspère ou vous rende fou, le Ciel vous a envoyé cet ange terrestre pour effectuer une certaine mission. Il peut vous aider à grandir, vous guérir, vous montrer comment trouver votre force intérieure ou vous apprendre le sens véritable de la patience, de la bonté, de la loyauté et de l'amour (parfois en ayant ces qualités, parfois précisément parce qu'elles lui font défaut).

En ce sens, les âmes sœurs jouent aussi le rôle d'ange gardien en vous aidant à voir à vos priorités, en vous inspirant à être à votre meilleur, en vous aidant à suivre vos passions et à faire une différence dans le monde. La façon dont une âme sœur accomplit cela peut parfois faire que vous souhaiteriez n'avoir jamais rencontré cet ange terrestre. Tout comme cela peut vous irriter quand les anges vous incitent à améliorer votre vie, votre âme sœur peut aussi vous exaspérer quand vous vous sentez contrôlé et tyrannisé par ses efforts à vous motiver.

Mon voisin, Brad, savait que sa femme, Lisa, voulait terminer sa maîtrise à l'université afin d'entreprendre une carrière d'enseignante. Brad voyait Lisa remettre à plus tard ses projets et ajourner son travail sur sa thèse. Il cherchait des façons de la motiver gentiment mais clairement pour qu'elle passe à l'action. Il découpait des photos de diplômés universitaires dans des magazines et les mettait sous l'oreiller de Lisa ; il créait un faux diplôme de maîtrise et l'accrochait sur le réfrigérateur ; il offrait de faire la lessive et la vaisselle pour que Lisa puisse avoir du temps supplémentaire le soir. Lisa disait constamment à Brad de la laisser tranquille. Elle se sentait continuellement poussée à se remettre à son travail d'écriture.

— Ne sait-il pas que je travaillerai là-dessus quand je me sentirai bien et prête ? s'est-elle plainte à moi, alors qu'elle semblait sur le point d'exploser. Ce n'est pas comme si j'étais une enfant. Bien sûr, je passe mon temps à remettre cela à plus tard. Et bien sûr, j'en ai marre de travailler à temps partiel à la bibliothèque. Mais je finirai par le faire. J'ai simplement besoin de plus de temps pour y penser et me retrouver.

Les anges ont été prompts à répondre : *Nous pouvons comprendre ton agacement. Mais mets-toi à la place de Brad. Il sait à quel point tu veux changer ta condition présente et commencer ton travail en tant que professeur. Il t'entend exprimer ce grand désir chaque jour, bien que tu ne sois pas consciente du nombre de fois que tu l'exprimes. Et alors tu es agacée quand il fait tout ce qu'il peut pour t'aider à faire ce qu'il faut pour y arriver. Brad fait ce qu'il fait parce qu'il t'aime et se préoccupe de toi. Tu as tendance à te crisper et tu as peur d'avancer. Un des buts de Brad dans la vie est de te donner l'impulsion nécessaire pour entreprendre ta thèse de maîtrise.*

— Je suppose que c'est une raison pour laquelle j'ai été attirée par lui. Il m'a soutenue dans tout. Je pense que je ne voyais pas ce que je pouvais apprendre de sa présence dans ma vie, a-t-elle répondu soulagée.

Lisa était déterminée à être plus réceptive et à apprécier davantage son âme sœur et son ange terrestre. Quelque chose a dû fonctionner, puisqu'une année plus tard environ, Lisa a terminé avec succès sa thèse et a reçu son diplôme. Peut-être était-elle simplement motivée à la finir parce qu'elle était fatiguée des incitations de Brad. En tout cas, Lisa le serrait dans ses bras publiquement chaque fois que des gens la félicitaient pour son diplôme.

Prescription

. . . .

Avant que vous renonciez complètement à une âme sœur parce que vous vous querellez, cherchez d'abord la leçon que vous pourriez en retirer.

Prescription contre « l'âme-sœurite »

Vous pouvez devenir tellement rempli de l'image de l'âme sœur, dont nous rêvons tous, que vous projetez cette idéalisation sur chaque nouvelle personne avec qui vous sortez. Instantanément, vous êtes persuadé que cet amour est « le bon » et vous l'annoncez à tous vos amis. En faisant cela, vous risquez des tragédies et de la souffrance en consacrant tous vos efforts afin qu'une relation fonctionne. Vous vous êtes fourvoyé en pensant, qu'étant donné que cette personne est votre âme sœur, cela doit en valoir la peine. J'appelle cela de « l'âme-sœurite », une maladie amoureuse pernicieuse qui est la cause de bien des chagrins inutiles.

Quand cela survient, vous agissez impulsivement, poussant l'autre à voir la relation à votre manière et à s'engager bien avant que vous ne puissiez tous les deux vous connaître suffisamment. Vous en subissez les conséquences douloureuses quand vous réalisez que vous vous êtes engagé avec un fantasme de ce que pourrait être potentiellement votre partenaire. Au lieu d'attendre le moment opportun, et que vos anges vous aident à concrétiser une rencontre avec l'âme sœur appropriée, vous vous précipitez dans n'importe quelle relation qui semble facilement disponible. Les ruptures et les divorces sont les résultats douloureux de cet empressement.

Ma cliente, Terri est une jeune et séduisante journaliste pour la télévision qui ne fait pas étalage de sa beauté naturelle. Pendant notre séance, elle m'a regardé intensément et demandé si un mariage était possible avec un homme qu'elle venait de rencontrer.

— Je me sens comme si je connaissais Marcus depuis toujours, même si nous nous connaissons que depuis deux ou trois mois, a-t-elle commencé. Nous pouvons parler de n'importe quoi et nous avons des rapports sexuels formidables. Je suis certaine que cet homme est mon âme sœur. Je l'ai encouragé à ce que nous louions une maison ensemble. Nous voyez-vous vivre ensemble et nous marier éventuellement ?

Guidée par les anges, j'ai demandé à Terri si elle avait déjà eu cette expérience auparavant.

— Oh, oui, a-t-elle répondu. J'ai rencontré un homme merveilleux l'an dernier. Je pensais que nous étions des amants célestes destinés à être ensemble pour toujours. Mais nous sommes devenus comme chat et chien quand nous avons appris à mieux nous connaître. Puis il y a eu ce météorologiste le printemps dernier ; j'aurais juré que nous étions des âmes sœurs. En fait, je pense que je me suis sentie de cette façon une couple de fois auparavant. Est-ce là où vous voulez en venir ? m'a-t-elle demandé en rougissant.

Chère Terri, tu fais tellement d'efforts pour trouver une âme sœur que tu la vois chez tout le monde autour de toi. Tu commences seulement à connaître Marcus. Jusqu'à présent, tu ne peux pas le connaître suffisamment pour être certaine qu'il s'agit bien de ton âme sœur. Au lieu de te convaincre qu'il est l'homme que tu cherches, utilise ces premiers mois de ta relation avec Marcus pour en découvrir davantage à son sujet. Établis une base solide d'amitié, de respect et de confiance mutuelle et permets aux choses d'évoluer lentement pour qu'elles suivent leur cours naturel. Ne force pas la relation, laisse-la se développer naturellement. Si tu forces une rose pour qu'elle s'ouvre, au lieu de lui permettre de fleurir naturellement, tu détruiras sa beauté.

— Je suppose que les anges me disent d'être patiente et d'attendre que le bon partenaire se présente de lui-même. Bref, que je ne peux pas y arriver seule ? a demandé Terri l'air humilié.

Cette relation donne l'impression qu'elle pourrait très bien durer longtemps, ont précisé les anges. Que cette relation soit la dernière et la bonne n'est pas la question. Cette relation t'aidera avec ton estime personnelle, si bien que toutes tes relations futures seront améliorées parce que tu y auras pris part. En effet, Marcus est une de tes âmes sœurs ; cependant, nous devons rappeler que nous avons tous plusieurs âmes sœurs qui servent différents objectifs. Une partie de son objectif est de te permettre de découvrir que tu es aimable. Une raison pour laquelle tu continues à te précipiter dans n'importe quelle relation, est que tu veux désespérément être aimée et que tu es anxieuse de savoir si quelqu'un t'aimera. Nous te disons que Marcus t'aidera à guérir cette peur, mais seulement si tu permets que cela se produise naturellement. Autrement, tu ne croiras jamais que lui, ou un autre, aime vraiment la véritable personne que tu es. Tu penseras toujours que tu les as forcés à entrer dans une relation ou un mariage, et tu n'auras jamais la chance de découvrir à quel point tu es vraiment aimable.

— Les anges veulent-ils dire que ma relation avec Marcus ne sera pas permanente ? a demandé Terri.

Nous ne disons pas cela du tout. L'avenir n'est pas écrit. Les choix que vous faites tous les deux le détermineront. Nous te demandons simplement de profiter maintenant de chaque moment avec cet homme, au lieu d'essayer de capturer l'avenir et de l'enfermer dans une minuscule boîte. Ces actions étouffent tes énergies d'amour et constituent la raison principale pour laquelle les humains se tournent vers un autre partenaire pour recréer la magie qui est perdue une fois qu'une relation est captive Quand tu tentes de rendre une relation captive, tu commences toi-même à te sentir prise au piège. Garde ton esprit concentré sur l'appréciation de chaque moment où vous êtes ensemble et l'avenir s'occupera bien de lui-même.

Les larmes sont montées aux yeux de Terri et elle est restée bouche bée alors qu'elle se rendait compte de la vérité des paroles de ses anges. Terri savait qu'elle avait tenté de voir Marcus comme son âme sœur et focalisé sur son besoin d'être avec lui pour toujours. Elle n'avait pas su apprécier leur temps passé ensemble. Elle a quitté la séance avec une détermination nouvelle de rester dans le moment présent et de ne pas se faire prendre par le fantasme que chaque nouvel homme qu'elle rencontrait devait être son âme sœur.

Prescription

. . . .

Ne forcez pas pour faire de quelqu'un votre âme sœur. Laissez la nature et le travail des anges suivre leur cours. Sans doute que plus tard, vous vous souviendrez que vous aviez senti une sorte de « signe » quand vous avez rencontré votre âme sœur pour la vie ; mais n'oubliez pas que vous avez aussi ressenti un « sentiment particulier » à l'égard de plusieurs personnes que vous avez rencontrées et qui n'étaient pas votre âme sœur.

Prescription quand on a trop d'âmes sœurs

Le dilemme pour certaines personnes, n'est pas tant l'absence d'une âme sœur potentielle que d'en avoir plus d'une et de ne pas savoir laquelle choisir. J'ai découvert que quand vous ne pouvez pas vous décider entre plusieurs amoureux, cela signifie qu'aucun d'eux n'est le bon. Chaque partenaire potentiel incarne certaines des qualités que vous recherchez dans un amour idéal. Vos besoins physiques, par exemple, sont satisfaits par Pierre, mais vous trouvez la conversation avec lui monotone et ennuyeuse. Vous aimez vos rapports intellectuels avec Paul, mais il ne vous inspire pas physiquement. Léonard est un partenaire formidable pour la randonnée et le tennis, mais pas très doué au lit ou pour faire la conversation. Vous finissez par les fréquenter tous les trois, vous demandant lequel vous devriez choisir ou s'il y a un amoureux quelque part qui pourrait satisfaire tous vos besoins.

Cela peut paraître un moindre mal que de ne pas avoir d'âme sœur en vue. Mais quand plusieurs cœurs sont entremêlés à une personne, forcément quelqu'un aura le cœur brisé. Si tous ceux qui sont impliqués sont attentionnés et compatissants, alors chacun éprouvera de la souffrance avant que la situation ne soit résolue. La conséquence la plus dévastatrice pourrait être de marier un de ces candidats, pour se rendre compte que si la relation n'a pas fonctionné c'est qu'il lui manquait les qualités essentielles de votre âme sœur idéale.

Quand vous vous retrouvez déchiré entre deux âmes sœurs potentielles ou plus, chacune avec différentes qualités qui vous touchent, les anges disent de ne pas vous contenter du moindre. Cherchez un partenaire qui satisfasse tous ces besoins. Les anges ont de la difficulté à comprendre pourquoi certaines personnes compromettent leur vie amoureuse avec un partenaire qui est tout juste bon, plutôt que d'en choisir un qui reflète vraiment leurs attentes. Personne ne doit se contenter de ce qui ne lui convient pas, parce que votre héritage divin, en tant qu'enfant de Dieu, signifie que vous méritez ce qu'il y a de mieux.

Carl, trente-trois ans, un jeune architecte brillant, sortait avec trois femmes, Caroline, Deborah et Sui Lee.

— Je suis amoureux de toutes les trois en quelque sorte. Du moins, je pense que je pourrais l'être, m'a dit Carl. Il y a des choses que j'apprécie vraiment chez chacune d'elles. Je pense que toutes les trois feraient des compagnes et des mères formidables. Parfois, je pense que Caroline est la compagne idéale. Puis je pense que non, c'est Sui Lee. Et parfois, je pense que Deborah est la bonne. Je ne parviens tout simplement pas à me décider. Comment puis-je savoir qui est la bonne pour moi ?

J'ai inspiré profondément et j'ai répété mentalement les noms des trois femmes, disant à mes anges de me connecter avec leurs anges gardiens. Mes anges et leurs anges m'ont rapidement transmis beaucoup d'information que j'ai répétée à Carl comme cela m'arrivait.

Aucune ne peut satisfaire les objectifs amoureux que tu recherches. Elles sont faites pour quelqu'un qui cherche ces qualités particulières, mais pour combler tes propres besoins, il faudrait combiner certaines qualités que chacune de ces femmes merveilleuses possède. Cela ne veut pas dire que quelque chose ne va pas avec Caroline, Deborah ou Sui Lee. Le fait est simplement qu'aucune ne possède réunis le style, les attitudes et les buts que tu recherches. Te forcer à t'établir avec l'une d'elles ne résoudrait pas le problème ; cela mènerait seulement à de la souffrance et à de la frustration.

— Alors je dois recommencer ma recherche ? a demandé Carl en soupirant.

Nous ne recommandons pas de poursuivre avec aucune de ces femmes en ce moment. Toutes ont des sentiments sincères pour toi et elles essaieraient de changer pour te garder et te plaire. Cependant, elles ne peuvent pas satisfaire tous les besoins que tu as sur le plan affectif. Tu ne ferais que perdre ton temps et le leur, et vous finiriez par vous causer mutuellement beaucoup de souffrance inutile à la fin.

Éloigne-toi plutôt un peu de ces trois femmes et passe du temps seul dans la nature, qui est si importante pour toi, en méditant sur les qualités de ces trois femmes que tu aimerais voir réunies chez la femme de tes rêves. Nous te conseillons vivement d'écrire une lettre aux anges gardiens de ta future âme sœur. Ne t'inquiète pas — en l'écrivant simplement, tu seras assuré qu'on le livrera aux anges de ton futur amour. Demande-leur de t'aider à vous réunir.

Carl était intéressé par l'idée d'écrire la lettre et a accepté de l'essayer. Je lui ai dit de s'asseoir avec un bloc de papier et d'écrire aux anges gardiens de cette future âme sœur, demandant de les réunir tous les deux. Je lui ai conseillé d'épancher son cœur et de ne pas se formaliser avec la grammaire, l'orthographe ou la formulation, que l'ingrédient le plus important était la sincérité. Je lui ai suggéré la formule qui suit, mais dans ses propres mots :

Cher ange gardien de ma future âme sœur,

Je te prie de m'aider à rencontrer et à reconnaître mon âme sœur. Aide-moi s'il te plait à atteindre la santé et la joie dont j'ai besoin pour être un partenaire compatible à mon âme sœur. S'il te plait, crée les conditions pour que nous puissions nous trouver. Guide-moi très clairement avec des instructions explicites afin que je rencontre mon âme sœur sans tarder. Je te prie de m'aider à être en paix et serein pendant le temps qui me sépare de ma rencontre avec mon âme sœur et aide-moi à rester rempli de paix et de joie intérieure.

Merci.

Carl doit avoir écrit cette lettre, parce que j'ai reçu des nouvelles de lui récemment : il est marié à une femme ayant, se vante-t-il, toutes les qualités qu'il espérait, réunies en seule et même une personne. Il est heureux de ne pas s'être contenté de moins. Et il est le fier père d'un bébé d'un an.

Prescription

. . . .

Quand vous êtes déchiré entre des âmes sœurs potentielles, chacune avec une part de ce que vous cherchez chez votre âme sœur idéale, ne faites pas de compromis dans ce qui est la plus importante de toutes les dimensions de votre vie. Continuez de chercher jusqu'à ce que vous trouviez une personne qui satisfasse tous ces besoins.

Prescription quand on veut changer les gens

Vous êtes-vous déjà brisé le cœur en essayant de façonner quelqu'un pour en faire votre âme sœur idéale, et finir par échouer complètement et perdre cette personne ? Beaucoup de personnes ont fait cela à un moment donné dans leur quête amoureuse. Elles rencontrent quelqu'un avec des caractéristiques à la fois aimables et moins aimables. Elles tombent en amour avec un fantasme de ce que l'autre pourrait être, au lieu de ce qu'il est vraiment. Plongeant la tête la première dans la relation, elles tentent de cajoler, de tyranniser ou de séduire leur partenaire pour qu'il se conforme à leur image idéale.

Si vous souffrez de « l'âme-sœurite », comme nous en avons discuté plus tôt dans ce chapitre, vous fantasmez sur la relation parfaite que vous auriez, si seulement vous pouviez amener votre partenaire à avoir des rapports sexuels plus souvent. Ou bien vous imaginez à quel point votre partenaire pourrait avoir du succès, si seulement il était conscient de toutes ses bonnes qualités et avait un peu plus d'ambition. Ou bien vous croyez que vous et votre partenaire allez parfaitement bien ensemble physiquement et mentalement, et que vous pourriez déménager sur une ferme pour faire pousser du maïs et élever des enfants, si seulement vous pouviez l'aimer suffisamment pour lui faire abandonner le jeu, l'alcool, la tromperie, l'idée de gagner sa vie en tant que pilote de course automobile, la consommation de crack ou une autre habitude de vie indésirable. Quand rien ne change, et que votre partenaire résiste à vos tentatives de le faire céder pour qu'il devienne quelque chose qu'il n'est pas, vous éprouvez de la frustration, de la déception, de la colère, de l'hostilité, du chagrin et même de la peur.

Le problème ici, disent les anges, ne se situe pas chez votre âme sœur récalcitrante, mais dans le fait que votre amour pour votre « âme sœur » est seulement conditionnel. En d'autres mots, votre amour pour l'autre est conditionnel à ce qu'il change afin de vous plaire.

La plupart des gens, cependant, ne veulent pas qu'on les change. Ils peuvent sentir que l'amour de l'autre est conditionnel quand ils découvrent que cette personne essaie de les changer d'une manière significative. Il en résulte inévitablement de la souffrance affective, des ruptures, des discussions et des luttes de pouvoir.

Les anges disent que quand vous essayez de changer l'autre, vous vous faites un tort grave à vous et à votre partenaire. Vous perdez votre temps et vous ratez la chance d'être avec un partenaire qui correspond mieux à vos besoins. Vous privez aussi votre partenaire actuel de la possibilité d'être avec quelqu'un qui pourrait l'aimer inconditionnellement. Il vaut mieux accepter votre partenaire tel qu'il est, ou passer à autre chose, que de vous faire du mal à tous les deux dans un effort stérile pour changer l'autre.

Ce qui attriste les anges, c'est que tandis que tous les êtres humains rêvent d'un amour inconditionnel idéal, ils mettent trop souvent des conditions sur l'amour qu'ils ont pour les autres. C'est ce qui est arrivé à Theresa, une divorcée de 42 ans, qui avait prévu une séance avec moi parce qu'elle voulait savoir comment elle pouvait empêcher son petit ami, Charles, de la tromper. Theresa a choisi de fermer les yeux, au prix d'une souffrance émotionnelle évidente, concernant sa relation. Alors qu'elle parlait, elle a dégagé ses cheveux bruns grisonnants pour les empêcher de tomber sur son visage couvert de larmes.

— Quand nous sommes ensemble, Charles me traite comme si j'étais très spéciale, a-t-elle commencé. Mais il me trompe continuellement avec d'autres. Cela est arrivé à plusieurs occasions. Quand je l'affronte, il pleure et me dit qu'il m'aime et qu'il ne sait pas pourquoi il a fait cela, et il promet qu'il ne le fera jamais plus. Mais ensuite, quelques semaines plus tard, je trouve un numéro de téléphone sur la carte d'affaire d'une femme, un condom dans son portefeuille, ou je sens du parfum sur lui quand il arrive chez moi. Puis, il y a ces mystérieux appels téléphoniques où l'on raccroche toujours quand je réponds et cela arrive à maintes reprises. Je pense qu'il a peut-être eu ce problème avec ses autres petites amies également. J'aime Charles et je sais que nous serions parfaitement bien ensemble sans ce problème. Je savais qu'il était parfait pour moi quand je l'ai vu pour la première fois. À bien des égards, il est la meilleure personne qui est entrée dans ma vie, si seulement il cessait de me tromper. Comment, selon les anges, pourrais-je le garder fidèle ?

Avant que je puisse répondre, Theresa a poursuivi :

— Je l'aime de tout mon cœur et de toute mon âme. Il est le premier homme avec qui je me sens compatible et dont j'apprécie la compagnie. C'est ce qu'il fait quand il n'est pas avec moi qui me tue. Je souffre tellement quand je découvre qu'il me trompe que je veux mourir. Je l'aime, mais parfois je le déteste tant de me tromper de cette façon que je pourrais le tuer. Je sais que je ne devrais pas me sentir comme ça et j'essaie de ne pas avoir de sentiments de jalousie et de colère. Que puis-je faire ?

Theresa a cessé de parler et m'a regardée droit dans les yeux. J'ai passé un moment à soutenir son regard avant de me sentir glisser dans la semi-transe dans laquelle j'entends plus facilement les conseils divins des anges. En quelques secondes, j'ai entendu ses anges commencer à me parler dans mon oreille droite. *Tu as été trop dure envers toi-même, ma chère. Tes sentiments de jalousie face à Charles sont normaux. Il t'a manifesté de la chaleur, de l'amour et de l'acceptation, et ton cœur est gonflé de gratitude et d'amour. S'il te plait, ne te juge pas parce que tu éprouves des sentiments de colère, de jalousie ou de honte par rapport à ses infidélités. Ces réactions sont également parfaitement normales face à une union qui est sacrée pour toi, mais qui a si peu d'importance pour lui. Cependant, Charles te montre qu'il ne peut pas t'être fidèle, ou être fidèle à une autre femme en ce moment. Es-tu prête à accepter cela dans ta relation avec lui ?*

Theresa a répondu par la négative, mais elle voulait savoir comment le changer. Elle était manifestement surprise par le message des anges. Elle s'était attendue à ce qu'ils lui révèlent un moyen pour que Charles soit amoureux d'elle de façon exclusive.

Les anges ont ensuite confronté Theresa quant à la nature conditionnelle de son amour envers sa soi-disant âme sœur : *Tu essaies de changer Charles pour qu'il devienne très différent de ce qu'il est maintenant, quelque chose qu'il ne désire pas être au fond de lui. Rappelle-toi que le véritable amour accepte les personnes telles qu'elles sont. Aimerais-tu avoir quelqu'un qui passe son temps à te demander d'abandonner ta passion pour l'art ? Si tu ne peux pas l'accepter de bon cœur tel qu'il est, alors tu dois chercher ton âme sœur ailleurs.*

Theresa a fondu en larmes.

— Je me sens comme si je venais d'entendre la vérité sincère de mes meilleurs amis. Au fond, je pense que je savais que Charles ne ressentait pas pour moi les mêmes sentiments que je ressens pour lui. Cela me fait mal et il me faudra probablement un peu de temps pour que je l'accepte. Mais au moins, je sais maintenant que je ne devrais plus m'engager dans une relation qui ne va pas me donner ce dont j'ai besoin.

Les anges ont conclu leur prescription ainsi : *Nous savons que ce que tu désires vraiment est une âme sœur qui verra l'amour telle une bénédiction, comme tu le fais, et qui partagera son amour exclusivement avec toi. Quelqu'un qui a les bonnes qualités de Charles, mais qui est capable de la fidélité dont tu as besoin. Si tu devais rencontrer quelqu'un qui te traitait merveilleusement, quelqu'un de compatible et qui voulait être seulement avec toi, cela te rendrait-il heureuse ?*

— Bien sûr, a-t-elle répondu.

Theresa a compris qu'elle avait délibérément fermé les yeux sur tous les signes qui auraient pu lui faire comprendre que Charles n'était pas intéressé par une relation exclusive. Il l'avait peut-être aimée, mais il n'était pas prêt pour quelque chose qui allait au-delà du sexe. Theresa avait vécu un enfer en ne tenant pas compte de ces signaux, jusqu'à ce que ses anges interviennent pour l'aider.

Prescription

. . . .

Si quelqu'un doit changer, alors cette personne n'est pas votre âme sœur. Essayer de changer une personne qui semble en avoir besoin, est toujours une perte de temps. Si vous ne pouvez pas accepter l'autre tel qu'il est, de tout votre cœur, alors ce n'est pas l'âme sœur que vous cherchez.

Prescription pour trouver l'engagement

Pour plusieurs d'entre vous, trouver quelqu'un à aimer n'est pas ce qui empêche l'accomplissement d'une relation avec l'âme sœur. Le problème est que toutes les personnes que vous trouvez s'avèrent soit ne pas vouloir s'engager, soit en être incapables. Elles ne semblent jamais prêtes pour le mariage ou même une relation exclusive. Inévitablement, peu importe combien vous cherchez désespérément, vous finissez toujours par tomber en amour avec des partenaires qui sont déterminés à rester célibataires, sont déjà mariés, ont une orientation sexuelle différente de la vôtre, doivent faire de la prison ou ne sont pas prêts pour le mariage ou une fréquentation, pour une autre raison.

Dieu et nos anges sont inquiets quand vous vous placez dans des situations comme celles-là. Les anges savent que ces chemins sont une route directe vers une souffrance inutile. Les anges doivent attendre et observer pendant que vous vous tourmentez et vous désespérez avec un amoureux qui ne peut pas s'investir pleinement dans une relation. Ils doivent aussi surveiller quand vous gaspillez votre temps et votre énergie dans des relations sans issue, tandis que vous manquez les occasions d'un véritable amour que le Ciel vous envoie. Les anges ne veulent pas que vous souffriez continuellement pour quelqu'un qui ne sera jamais là pour vous. Comme de bons thérapeutes, leur prescription vous exhorte, non pas de faire pression sur un partenaire pour qu'il s'engage, mais sur la raison pour laquelle vous passez votre temps à choisir des partenaires qui ne sont pas compatibles. Le Ciel vous invite à examiner le problème afin de déterminer s'il ne se trouve dans votre propre peur de l'intimité et de la proximité, ou dans la possibilité de les perdre si vous les avez.

Brenda, âgée de 37 ans, m'a consultée à propos de Stephan, son plus récent béguin, même si elle en parlait constamment comme de son petit ami. Stephan avait deux ans de plus que Brenda et n'avait jamais été marié, bien qu'il ait eu une succession de petites amies avec lesquelles il avait eu de longues relations avant de rencontrer Brenda.

Avant Stephan, Brenda a eu une relation avec Drew, un étudiant en médecine qu'elle a aimé passionnément, mais qui avait rompu avec elle parce qu'il n'envisageait pas le mariage avant d'avoir terminé ses études et s'être établi dans la pratique médicale. Brenda est ensuite tombée amoureuse d'un des anciens camarades de chambre de Drew : un garçon vraiment gentil quand il ne buvait pas, mais il s'était retrouvé en prison pour avoir conduit avec les facultés affaiblies. Après cela, elle a eu une longue liaison avec son patron marié, qui jurait qu'il allait divorcer et la marier, mais qui passait son temps à trouver des raisons pour reporter cela. Un jour, il a annoncé à Brenda qu'il mettait un terme à leur relation pour rester avec sa femme. Brenda est ensuite tombée éperdument amoureuse d'Ernest, un célibataire qui cherchait une épouse, mais après six mois, elle a découvert qu'en fait il était déjà marié et qu'il lui avait menti. Ensuite, est arrivé son amour actuel, Stephan, qui avait la phobie de l'engagement, qui lui disait qu'il l'aimait, mais n'était intéressé à rien de permanent et ses relations précédentes étaient là pour le confirmer.

Brenda refusait de prendre au sérieux ce que disait Stephan. Elle était convaincue qu'il était le bon et qu'il avait simplement besoin d'un peu de pression.

— Nous avons tellement de choses en commun, a-t-elle insisté. Je suis la bonne femme pour lui et il est le bon homme pour moi. Mais pourquoi est-ce que je passe mon temps à tomber amoureuse d'hommes qui ne peuvent pas voir cela et s'engager ?

Bien aimée Brenda, crois-le quand il dit qu'il n'est pas prêt pour une relation, ont dit les anges. *Ce que nous espérons que tu com-*

prennes, c'est que ce n'est pas que les hommes qui sont attirés par toi ne veulent pas s'engager. C'est que tu es, sur un plan, attirée par des hommes qui ne sont pas disponibles. Bien qu'une partie de ton cœur cherche l'amour et l'intimité, une autre partie cherche des relations où tu n'as pas à ouvrir complètement ton cœur à l'autre et courir le risque, comme tant d'autres, d'être blessée, rejetée et abandonnée.

J'ai demandé à Brenda si cela pouvait être vrai, s'il y avait quelque chose dans son passé qui pouvait l'avoir rendue craintive de perdre le véritable amour si elle l'avait.

Brenda a expliqué qu'à l'âge de sept ans, ses parents avaient vécu un terrible divorce. Pour Brenda, son père était simplement disparu de sa vie un jour et elle le voyait que rarement. Ce n'est que des années plus tard, devenue adulte, qu'elle avait découvert que sa mère avait tout fait pour empêcher les tentatives constantes de son père de contacter Brenda. À ce moment-là, son père était malheureusement mort. Brenda n'avait jamais pu se défaire des sentiments d'abandon, de dépression et de culpabilité qu'elle portait depuis le divorce de ses parents.

Nous pouvons t'aider à guérir ces blessures afin que tu puisses te libérer de la peur de vivre une relation d'amour véritable. Nous ferons le travail. Tu dois simplement vouloir nous permettre de t'aider à les chasser. Accepteras-tu ?

— D'accord, j'essaierai, a-t-elle dit en inspirant profondément. Que suis-je censée faire ?

Tout ce que nous demandons, c'est que tu veuilles te libérer de ce qui t'empêche de pardonner à tes deux parents. Il faut te libérer de la souffrance associée à ton amour pour eux. Sois prête aussi à te libérer de la peur de donner ton amour, y compris la peur que tu puisses être blessée d'une quelconque façon. Et il faut te libérer de la peur d'être aimée, y compris la peur d'être abandonnée, rejetée ou qu'on te trouve peu aimable. Sois prête à échanger toutes tes souffrances reliées à l'amour pour de la paix.

Alors que les anges parlaient et accomplissaient un travail de purification, j'ai vu Brenda se détendre et sa respiration ralentir et devenir plus profonde.

— Je me sens plus légère maintenant, a-t-elle dit. Puis elle a froncé les sourcils, comme si elle pensait intensément à quelque chose. Mais n'y a-t-il aucune une chance avec Stephan? a-t-elle supplié. Ne pourrait-il pas changer d'idée? Je veux dire, nous sommes tellement bien ensemble.

Fille bien-aimée, l'ont rassurée les anges, *nous t'assurons que les aspects que tu apprécies de cette relation, tu les retrouveras chez un autre homme qui peut s'engager avec toi et t'aimer. L'attitude de Stephan n'a rien à voir avec le rejet de ta personne ou le fait que tu n'es pas attrayante; il manque simplement de maturité pour entrer dans quelque chose d'aussi sérieux que le mariage et il le sait. Son histoire passée devrait te montrer qu'il voit juste dans cette évaluation de lui-même. Il t'aime autant qu'il puisse aimer quelqu'un actuellement. Cependant, Stephan est encore loin de pouvoir faire un époux fidèle, fiable et aimant dans une union de mariage. Tu attendrais longtemps avant qu'il soit prêt et, pendant ce temps, tu manquerais la chance de développer une relation avec un homme prêt pour le mariage et l'engagement. Est-ce vraiment ce que tu désires?*

Brenda a admis que ce n'était pas le cas. Elle et moi avons parlé un peu plus longuement, et à la fin de notre séance, elle semblait déterminée dans son intention de mettre fin à sa relation avec Stephan. Elle éprouvait aussi de la gratitude face à l'honnêteté des sentiments de Stephan à son égard; en fait, elle réalisait que c'est elle qui avait été malhonnête envers elle-même.

Prescription

. . . .

Si vous êtes prêt à libérer les peurs qui vous retiennent et vous empêchent de trouver un partenaire disposé à s'engager, vous faites tomber les barrières qui vous empêchent de trouver l'âme sœur qui cherche également une relation permanente.

Prescription contre l'amour destructeur

Pour certaines personnes, malheureusement, la recherche d'une âme sœur devient un cauchemar permanent. Au lieu de trouver l'amour et la joie, elles se retrouvent souvent dans des relations qui les remplissent de frustration et de souffrance. Elles choisissent des partenaires incompatibles, qui ne sont pas disponibles, qui sont indifférents, injurieux, destructeurs ou qui les exploitent. Si bien qu'elles se retrouvent souvent en thérapie ou, dans les cas extrêmes, à l'hôpital ou dans un refuge pour femmes battues. Elles blâment leur partenaire, elles-mêmes et même Dieu, se demandant pourquoi elles sont tellement perdantes en amour et pourquoi elles ne peuvent pas trouver une relation convenable.

Quand cela arrive, disent les anges, le problème se situe — pour paraphraser le barde — non pas tant dans la bonne étoile de cette personne que dans son goût pour les partenaires incompatibles. Des âmes sœurs merveilleuses, attentionnées ont été tout le temps autour de ces personnes, mais elles les ont dévisagées sans même les remarquer. Au lieu de cela, ces personnes sont attirées et excitées par des qualités qui sont nocives pour elles.

Le résultat est le même : ces personnes semblent uniquement excitées et inspirées par les partenaires les plus inappropriés et souvent nuisibles. Ce pourrait être quelque chose d'aussi simple que de tomber en amour avec quelqu'un qui ne veut pas d'enfants, quand c'est la chose la plus importante au monde pour elles. Ou ce pourrait être quelque chose d'aussi grave qu'être obsédées par des partenaires qui s'avèrent être toxicomanes ou d'autres individus dangereux ou violents.

Les anges de l'amour disent qu'ils essaient toujours de répondre aux prières pour trouver une âme sœur, mais certaines personnes sont prises dans un schéma qui les mènera à rejeter constamment des partenaires idéaux pour elles, à moins qu'elles ne changent leur préférence pour des âmes sœurs incompatibles. C'était la situation de Renée, une adjointe à la direction d'une maison d'édition, qui est venue me voir en larmes. Renée avait demandé à Dieu et à ses anges de la guider vers l'homme aimant de ses rêves. Mais chaque fois qu'elle s'était retrouvée dans les bras d'un homme qui lui faisait croire qu'il pouvait être le bon, il s'avérait plutôt être un homme violent et souvent un alcoolique.

— Je passe mon temps à chercher mon âme sœur, a-t-elle dit en sanglotant, mais tout ce que je semble toujours attirer, ce sont des ratés et des profiteurs. Mes copains ont été à la fois violents physiquement et mentalement envers moi. Je passe mon temps à tomber sur des hommes qui semblent prometteurs à première vue, mais quand j'apprends à les connaître, ils ont un côté violent, boivent ou sont toxicomanes ou joueurs invétérés et ils trichent et me trompent. Quand j'y pense, je crois que les signes sont là au début de la relation, mais la chimie entre nous est toujours tellement forte que je ferme les yeux sur ces évidences. Qu'est-ce que je fais de mal ? Je veux un homme convenable qui me traitera bien et à qui je peux faire confiance pour qu'il reste fidèle quand nous aurons des enfants. Pourquoi est-ce que je passe mon temps à tomber sur des abrutis ?

Je lui ai transmis la réponse des anges de l'amour : *En ce qui concerne ton choix de l'âme sœur, à plusieurs reprises, tu as eu l'occasion de choisir un partenaire. Nous t'envoyons constamment des hommes que nous pensons être des partenaires parfaits pour toi, mais tu continues de les ignorer. Nous essayons de t'aider à revoir ta préférence pour les hommes problématiques, mais tu nous résistes. Tu dois guérir cette tendance avant d'être en mesure de reconnaître ta véritable âme sœur quand elle se présentera.*

Renée a reconnu qu'elle avait toujours été attirée par ce qu'elle appelait le type d'homme sexy macho, le dur à cuire. Le simple fait de les regarder l'excitait et leurs rapports sexuels étaient formidables. Cependant, ils finissaient toujours par se révéler contrôlants et violents.

Les anges lui ont dit : *Nous travaillons avec toi pour concilier ces différences, parce que ce que nous voulons pour toi chez un partenaire est un peu différent de tes désirs.*

Les anges savaient que Renée, étant elle-même une âme sensible, ne pourrait être heureuse et comblée que dans une relation avec un homme plus sensible qui manifestait et exprimait son affection. Cependant, chaque fois que les anges s'arrangeaient pour qu'elle rencontre des âmes sœurs potentielles convenables, Renée avait été aveugle à leur existence. Elle se laissait attirer par le mauvais type d'homme et se fermait aux autres.

Renée m'a dit qu'elle avait eu des intuitions semblables à ce que les anges lui avaient dit. Je lui ai expliqué que ces sentiments signifiaient qu'elle recevait des conseils angéliques via son intuition. J'ai ajouté que les anges avaient besoin qu'elle soigne d'abord son attirance irrépressible pour les hommes machos avant qu'elle ne soit ouverte à un amour épanouissant, qu'ils étaient impatients d'arranger pour elle.

Les anges ont ajouté : *Ton père, qui était rigide, exigent, a été violent verbalement à ton égard. Tu as fini par croire qu'il avait raison et que tu méritais ce mauvais traitement. Tu as bientôt grossi toutes tes petites imperfections, comme il le faisait, et tu t'es convaincue que la manière dont tu étais traitée était justifiée. Cela t'a conduite à attirer d'autres personnes qui ont également abusé de toi. Finalement, tu t'es sentie mal à l'aise dans une relation avec tout homme qui n'était pas violent, pensant qu'il devait être un idiot ou un incapable s'il ne voyait pas combien tu méritais son mauvais traitement. Alors, quand nous t'avons présenté une âme sœur qui te convenait, tu l'as dédaignée.*

— Demande aux anges de t'aider à changer, parce qu'en ce moment, ils me disent que tu n'es pas prête à renoncer à l'image de virilité qui t'excite. Alors, il n'y a rien qu'ils puissent faire pour t'aider. Tu leur as lié les mains. Tu comprends cela, n'est-ce pas ? lui ai-je demandé.

— Oui, je comprends, a-t-elle répondu, mais le sexe ? Je connais le genre de type dont parlent les anges, c'est comme Moshe ; il est du type stable et casanier. Tout le monde dit que nous serions bien assortis, et il m'a demandé de sortir avec lui plusieurs fois. Mais je ne sais pas. Il ne me t'attire tout simplement pas. Je préférerais sortir avec Ralphie du département du marketing. Il est davantage mon genre. Mais je suppose que je découvrirais à mes dépens qu'il est un autre abuseur ou un alcoolique, lui aussi. Mais si je marie quelqu'un comme Moshe, je vais me condamner à une vie monotone dans le lit, n'est-ce pas ? Comment puis-je être excitée par le genre d'homme qui m'ennuie ?

J'ai dit à Renée que ce n'était pas une affaire de tout ou rien. Les anges ne voulaient pas la priver d'une vie sexuelle intense et satisfaisante, et il y avait une prescription céleste pour son dilemme. Elle pouvait avoir le genre d'homme avec qui elle pourrait partager une vie heureuse et en sécurité, tout en profitant de rapports sexuels intenses.

— Donc, si je développe des goûts plus sains concernant les hommes, alors je finirai par être attirée par ce genre d'hommes? Je vais m'enflammer pour eux? a demandé Renée.

Bravo, Renée, ont applaudit ses anges. *Quand tu seras prête pour ce genre d'hommes, ils provoqueront la passion que tu désires et te traiteront avec la bonté aimante que tu mérites. Mais tu dois d'abord cesser, ou diminuer de façon significative, l'autocritique qui t'a fait croire que tu méritais les mauvais traitements que tous ces hommes t'ont infligés. Ce n'est qu'à ce moment-là que tu ne seras plus attirée par des relations aussi destructrices.*

Nous te demandons d'être plus consciente de ce genre de pensées en les remarquant chaque fois que tu ressens une forme de souffrance, qu'elle soit physique, émotionnelle, spirituelle ou intellectuelle. Chaque fois que tu te sens mal, commence par remarquer à quoi tu penses. Nous te demandons d'écrire cette pensée dans un journal et de te demander : « Quelle pensée positive pourrais-je choisir pour la remplacer? » Avec le temps, tu commenceras à reconnaître les pensées où tu te détestes et tu les remplaceras par des pensées d'amour pour toi-même. Il est possible que ton journal ne te serve que pour un certain temps, mais au début, utilise-le comme un outil pour te propulser et propulser ta vie vers une nouvelle expérience d'amour.

J'ai ajouté :

— Rappelle-toi, tes anges ne veulent pas te contrôler. Ils veulent t'aider à répondre à ton véritable désir; une relation à long terme, heureuse et harmonieuse, et avec un attrait sexuel plus sain que les turbulences que tu as connues dans ta vie amoureuse auparavant. Est-ce que cela a du sens?

Renée a hoché la tête. La dernière fois que j'ai eu de ses nouvelles, elle prenait son remède divin à cœur. Elle avait quitté son petit ami violent et écrivait ses pensées dans un journal quotidiennement. Renée a rapporté qu'elle se sentait plus heureuse, plus libre et plus légère. Elle commençait à se sentir mieux avec elle-même et avec le fait qu'elle puisse être séduite par un genre d'homme différent. Renée se sentait tellement mieux qu'elle n'a pas ressenti un besoin particulier de se précipiter dans une autre relation. Alors que je lui parlais au téléphone, j'ai entendu ses anges me dire qu'elle avait déjà suscité l'intérêt d'un homme apte à devenir sa véritable âme sœur. J'ai le sentiment que Renée verra bientôt des étincelles exactement avec le genre d'homme qu'elle aurait qualifié « d'ennuyeux » auparavant.

Prescription

. . . .

Vous attirez le genre de partenaire que vous croyez mériter. Si vous croyez que vous méritez les mauvais traitements, le manque de respect et l'indifférence, c'est le genre de relation que vous aurez. Si vous croyez que vous méritez l'amour, le respect et le fait d'être chéri, c'est le genre d'amour que vous trouverez.

CHAPITRE 5

~∞~

Prescriptions pour le mariage et les relations sérieuses

Si chercher et trouver l'amour est périlleux, rempli des écueils du rejet, de la tristesse et de la souffrance, alors il est facile de comprendre combien la douleur peut être pire quand un mariage ou une relation à long terme se retrouve en eaux troubles. Il n'y a rien comme la joie et le contentement d'un engagement amoureux quand tout va bien, mais il n'y a rien comme la souffrance et l'angoisse de l'amour quand les choses vont mal. Il n'est guère surprenant que les malentendus, les conflits de la vie à deux, les actes blessants provenant du côté sombre de chaque partenaire et les menaces extérieures — telles que les pressions financières et l'infidélité — causent aux gens plus d'inquiétude face à leur union que tout autre aspect de la vie.

La souffrance et la culpabilité dues à un divorce et la rupture d'une relation remplissent davantage les bureaux des thérapeutes que tout autre problème. Elles sont aussi une des causes principales du suicide et, malheureusement, même du meurtre, comme en témoignent les titres des nouvelles chaque soir. Elles sont si déchirantes que souvent nous préférons endurer une relation cauchemardesque plutôt que d'y mettre fin.

C'est pourquoi les anges sont si prompts à apporter leur aide quand vous la leur demandez concernant les relations intimes. Votre couple fonctionne peut-être bien actuellement, mais vous êtes sans doute intéressé de découvrir ce que les anges prescrivent pour les problèmes conjugaux courants que vous pouvez rencontrer en cours de route. Vous et votre partenaire commencez peut-être à entrer en eaux troubles et vous voulez arranger les choses avant qu'elles ne soient trop agitées pour constituer une menace à votre relation. Vous pouvez également affronter une crise conjugale importante que seule une prescription du Ciel pourrait guérir. Que vous fassiez face à l'ennui conjugal, à l'infidélité, aux problèmes sexuels, aux disputes récurrentes ou à un autre défi au sein de votre relation, les anges possèdent des solutions pratiques pour vous et votre partenaire.

À de nombreuses reprises, les anges ont démontré leur aptitude à donner à mes clientes des conseils qui ont littéralement sauvé leur mariage qui semblait impossible à rétablir. Les anges sont profondément intéressés à sauver les engagements amoureux et les mariages pour plusieurs raisons. Par exemple, les anges, qui ont probablement contribué à vous réunir en premier lieu, peuvent savoir que vous et votre partenaire avez été unis dans un but thérapeutique qui vous rendra tous les deux plus forts et plus heureux au bout du compte. Également, les anges interviennent souvent pour prescrire de meilleures approches concernant le partage des pouvoirs conjugaux, de même que la communication entre parents qui se disputent et qui traumatisent les enfants.

Bien que les anges fassent de leur mieux, les deux partenaires veulent parfois partir ou ne sont pas prêts à changer. Quand un mariage se dissout, les anges peuvent aider à rendre la transition plus harmonieuse, chassant le ressentiment pour les partenaires, leurs enfants et d'autres membres de la famille. Même si je crois que toute relation puisse guérir sur le plan spirituel, j'ai vu également plusieurs situations où les deux partenaires n'étaient manifestement plus destinés à être ensemble. Quand ils ont divorcé ou se sont séparés, leur vie s'est significativement améliorée. Tant et aussi longtemps que nous suivons les conseils divins, il n'y a pas de raison de se sentir coupable lorsqu'un divorce survient. Ce n'est pas un signe d'échec; c'est une occasion pour apprendre et grandir. Bien sûr, quand des enfants sont impliqués, les divorces deviennent plus problématiques à cause des répercussions que ces derniers subissent. Cependant, j'ai vu aussi des enfants bénéficier des conséquences d'un divorce en les mettant à l'abri des crises conjugales.

Mes expériences personnelles, tant cliniques qu'avec les anges, m'ont appris que chaque mariage et chaque famille ont leur propre ensemble de règles, plutôt qu'une directive sur une carte blanche. Je sais effectivement que quand les gens demandent à Dieu et aux anges conseils et guérison pour leurs relations, les choses s'améliorent inévitablement, même si cela doit aboutir à une rupture. Leur remède divin pour un syndrome de «devrais-je rester ou partir?» est de demander à l'ange gardien de votre partenaire de guérir la situation. Mais ils avertissent de ne pas spécifier comment vous voulez que la situation guérisse. Laissez cela à Dieu et aux anges; ils sauront quel sera le meilleur dénouement pour vous deux.

(Si votre relation nécessite une aide encore plus profonde, il faut faire appel à l'archange de la guérison émotionnelle, Uriel (voir l'appendice A). Uriel guérit les cœurs blessés pour que les couples puissent communiquer sans que les blessures d'amour propre ne faussent leurs perceptions. Il dirige également les couples perturbés vers des ressources humaines appropriées, telles que des conseillers matrimoniaux qualifiés, des groupes de soutien ou des amis aimants.)

Prescription pour le lâcher-prise

Quand une relation est terminée, vous savez qu'il est injuste pour vous et l'autre personne de s'accrocher à des sentiments de culpabilité ou d'obligation. Cependant, une partie de vous-même est blessée et dévastée à l'idée de perdre un amour qui a été tellement important pour vous. Votre instinct est de vous cramponner à tout prix, ne voulant pas lâcher prise ou reconnaître qu'il ne reste rien entre vous deux. Vous continuez de vous cramponner à la relation, peut-être même après que votre partenaire y ait renoncé, niant tous les signes, espérant que ce ne soit pas aussi grave que vous le pensez, que la relation puisse se rétablir d'une manière ou d'une autre ou que vous puissiez être réunis de nouveau. Au lieu de cela, en s'accrochant trop fort à ce qui est terminé, vous souffrez davantage et vous vous faites souffrir mutuellement. Résultat : la situation s'envenime et vous posez des gestes et prononcez des paroles regrettables.

Les anges ne veulent pas vous voir souffrir ni l'un ni l'autre. Quand il reste encore quelque chose de positif pour les deux parties dans une relation, les anges prodigueront des prescriptions divines pour la guérir. Mais parfois, malgré l'amour entre les deux, la relation ne peut simplement plus être fructueuse ou épanouissante. Quand cela arrive, les anges peuvent vous montrer la meilleure façon de lâcher prise et de sauver ce qui reste de positif et d'aimant entre vous.

Elyse, directrice d'un site virtuel d'éducation aux adultes, vivait un mariage malheureux depuis plusieurs années. Quand ses enfants sont devenus adultes et qu'elle a choisi de s'engager sur la voie spirituelle, Elyse a eu très envie d'un mariage plus profond et significatif. Elle s'était détournée de l'enseignement universitaire pour s'intéresser à ce qu'elle percevait comme un travail plus épanouissant : faire du coaching pour aider les gens à réaliser leurs buts dans la vie. Toutefois, son mari, un professeur d'ingénierie, n'avait pas d'intérêt pour la spiritualité et désapprouvait la perte de revenus causée par le changement de carrière d'Elyse. Il refusait aussi de lire les livres qui influençaient sa femme ou d'assister aux cours qui l'intéressaient. Les deux sont devenus de plus en plus distants, argumentant violemment et régulièrement.

Avant de me consulter, Elyse avait essayé d'autres approches traditionnelles pour faire face à la situation. Elle avait suggéré le counselling à son mari, mais il avait refusé. Elyse avait également soulevé l'idée d'un divorce, puisque tous les deux semblaient malheureux, mais son mari s'y était fortement opposé.

Un soir, Elyse a assisté à une conférence où je discutais de la façon dont les anges envisageaient le divorce et les ruptures amoureuses. J'ai dit à mon audience que les anges croyaient que tous ceux et celles qui entrent dans votre vie le font dans un but thérapeutique. Au bout du compte, chaque personne devient votre guide et traducteur des messages célestes. Telle personne pourrait vous transmettre un message angélique spécifique, vous enseigner une leçon durement apprise comme la patience, ou vous offrir une occasion de vous rapprocher de votre but. Certaines de ces personnes entreront dans votre vie pour une courte période, puis en sortiront. D'autres feront partie de votre vie pendant des années.

Quand votre travail a été accompli avec l'autre et que le but a été rempli, parfois vous ne sentez plus cette force d'attraction vers l'autre. Les anges disent qu'il est important, une fois que vous soupçonnez qu'une relation est finie, de faire une pause pour un moment de paix. Ils affirment : *De grâce, ne vous étiquetez pas vous-même ou votre partenaire comme étant bon, mauvais, juste ou injuste. Non seulement les étiquettes sont injustes, mais elles créent aussi des sentiments douloureux pour vous et l'autre personne. Si vous vous sentez coupable de renoncer à un engagement, vous vous causerez de la souffrance. Après tout, la culpabilité s'attend toujours à une punition et la provoque, telle une prophétie qui s'accomplit. Au lieu de cela, gardez une pensée et une attitude de reconnaissance pour les bons moments que vous et l'autre personne avez partagés. Dites mentalement à l'autre : « Je te pardonne, je me pardonne et je te libère maintenant sans obligation ». Puis, laissez l'assistance divine prendre soin de ce qui arrivera par la suite.*

J'ai conclu en offrant la prescription divine des anges aux personnes qui se demandaient s'ils devaient rester dans une relation malheureuse ou la quitter. Je leur ai conseillé de parler à l'ange gardien de leur partenaire et de lui demander un éclaircissement quant à l'avenir de leur relation. Je leur ai également suggéré de solliciter l'aide des anges afin de résoudre la situation ou qu'elle se termine paisiblement.

Elyse m'a décrit sa réaction pendant cette séance quelques semaines plus tard.

— Ce que j'ai demandé à l'ange gardien de mon mari était très clair : une guérison qui n'impliquait pas nécessairement la décision de sauver le mariage à tout prix. Je demandais quelque chose de bien plus grand : une guérison de tous les sentiments négatifs et de la souffrance entourant notre relation.

— J'ai donc suivi les conseils angéliques et j'ai parlé à l'ange gardien de mon mari, même si je ne voyais aucun ange et que cela donnait plutôt l'impression que je me parlais à moi-même. Je lui ai fait part de ma souffrance et j'ai demandé sa bénédiction. J'ai également dit aux anges que je ne pouvais plus accepter de rester coincée dans cette relation sans âme et que j'étais déterminée à vivre une union plus spirituelle. Il me fallait ou bien un nouvel engagement de la part de mon mari, ou bien qu'il me laisse partir. J'ai finalement abandonné l'idée de rester ou de partir et je me suis concentrée sur la guérison de notre relation.

Elyse a continué de prier afin que son mariage se rétablisse, sans s'attacher à la façon d'y parvenir. Elle a parlé quotidiennement à l'ange gardien de son mari. Moins de deux mois plus tard, Elyse m'a dit qu'un miracle était arrivé.

— Mon mari m'a dit clairement et avec chaleur : « Je vais toujours t'aimer dans mon cœur. Tu prends un chemin différent du mien, et j'ai beaucoup réfléchi à ce que cela voudrait dire pour moi si je décidais de te suivre. Et j'ai compris que ce n'est pas juste pour moi. Il est temps que nous lâchions prise. » J'étais sidérée. Nous n'avions jamais parlé à un tel niveau auparavant. J'étais sous le choc qu'il puisse avoir atteint un tel niveau de clarté et de paix sans l'influence extérieure d'un conseiller. C'était comme parler à une autre personne qui aurait effectivement entendu ma conversation avec son ange gardien.

— Depuis ce moment, mon mari et moi nous sommes séparés à l'amiable et nous nous traitons bien mieux maintenant que pendant les dernières années de notre mariage. Nous avons négocié un accord de divorce inspiré des conseils angéliques que j'avais demandé à Dieu. Nos enfants vivent la transition admirablement, parce que nous avons retrouvé de l'amour l'un envers l'autre, en nous aimant mutuellement suffisamment pour lâcher prise.

Prescription

. . . .

Faites appel à votre propre ange gardien ou à celui de votre partenaire. Cherchez la guérison sans être attaché à un résultat ou à une forme de guérison spécifique.

Prescription contre le syndrome
de « l'herbe est plus verte chez le voisin »

Après avoir vécu ensemble quelques années, il est fréquent qu'un partenaire ou les deux tombe dans le piège de « l'herbe est plus verte chez le voisin », dans lequel un nouveau partenaire potentiel semble mieux que l'actuel. J'ai conseillé plusieurs personnes engagées dans une relation ou un mariage, qui croyaient qu'elles avaient récemment trouvé leur âme sœur, qui n'était ni leur mari ni leur conjoint actuel. Elles voulaient toutes des conseils quant à ce qu'elles devaient faire par la suite. Plusieurs d'entre elles espéraient secrètement que je leur confirme que leur nouvelle flamme était le seul véritable amour pour lequel elles étaient destinées, et que je leur dise qu'il est spirituellement convenable qu'elles plaquent leur ancien amour pour cette nouvelle flamme.

Cependant, le plus souvent ce que ces personnes ont fait, c'est de regarder cette nouvelle flamme à travers des lunettes roses, projetant leurs fantasmes sur cette personne de la même manière qu'elles l'avaient fait sur leur partenaire actuel quand elles l'ont rencontré pour la première fois. Si elles devaient vivre avec cette nouvelle flamme chaque jour, leur nouvel amour finirait également par tomber de son piédestal.

Une cliente mariée depuis longtemps, Ursula, rédactrice publicitaire, s'est retrouvée dans cette situation. Elle se demandait si son conjoint actuel était un obstacle qui l'empêchait d'être avec l'amour idéal, quand elle a rencontré ce qu'elle a appelé son ange : « un homme merveilleux qui a complètement changé ma vie. »

Le problème était que son ange, Victor, un cadre commercial, était également marié et il n'était pas heureux, lui non plus. Les deux avaient également des enfants. Aucun ne se sentait à l'aise dans cette situation et leur relation n'avait pas encore été consommée. Néanmoins, ils se rencontraient fréquemment pour des déjeuners et des dîners secrets, et Ursula savait qu'elle ne pourrait pas reporter plus longtemps la dimension physique de sa relation avec Victor.

— J'ai essayé de cesser de penser à Victor, mais je crois vraiment qu'il est parfait pour moi. Je ne veux pas faire de mal, mais je me demande ce qui est mieux : rester dans un mariage sans amour ou être avec Victor. Mon mari est une bonne personne et mérite de trouver l'âme sœur, lui aussi. Je nous ferais peut-être une faveur à tous les deux si je lui rendais sa liberté, m'a expliqué Ursula.

Ursula a ensuite posé la question qui l'avait conduite à me consulter :

— Est-ce que Victor fait partie de ma vie future ? Devrais-je demander le divorce et quitter mon mari pour lui ?

Je savais qu'Ursula voulait une sorte de permission divine pour quitter sa famille, marier cet autre homme et vivre heureuse comme dans un conte de fée. Je suis généralement très consciente de ce que mes clientes veulent que je leur dise et ce n'est jamais agréable de leur transmettre ce qu'elles ne veulent pas entendre.

J'étais déjà dans un état de demi-transe quand les anges ont communiqué avec moi pendant qu'Ursula me parlait. Plusieurs fois pendant mes séances, je dois séparer ma conscience entre ce que ma cliente me dit dans le monde physique et ce que les anges me disent dans le monde spirituel.

Quand Ursula a posé sa question, j'ai inspiré profondément et senti les anges donner leur réponse, comme s'ils avaient pris un haut-parleur et parlaient directement à Ursula à travers moi. Les anges lui ont dit : *Permets-nous de t'aider à prendre une décision fondée sur l'amour au fond de toi, non pas sur la peur ou la culpabilité. Tu sens que tes besoins ne sont plus satisfaits dans ton mariage. Tu as très envie d'un grand amour et d'être soutenue et appréciée. Nous savons cela.*

Tu apprécies le sentiment d'amour inconditionnel que tu reçois quand tu es avec cet homme, mais il est important de se rappeler que la source de l'amour n'est pas une autre personne — c'est ton esprit intérieur. Bien que plusieurs aient une âme sœur, tu n'as pas nécessairement besoin de marier ton âme sœur pour bénéficier de la relation et l'apprécier. Certaines relations avec l'âme sœur sont mieux si elles ne sont pas consommées, puisque le sexe peut parfois compliquer ou même ruiner une relation merveilleuse avec une âme sœur.

En tant que psychologue, j'ai senti le besoin de confronter Ursula, et je l'ai fait avec amour.

— À présent, c'est moi qui parle Ursula. Je me sens guidée pour te dire ceci : avant que tu ne prennes une décision, tu dois être sûre et très claire avec toi-même. J'attendrais trois jours avant que tu ne prennes une décision, simplement pour t'assurer de tes sentiments face à Victor. Fréquenter un homme marié est souvent la route la plus rapide vers le chagrin. Très peu d'hommes mariés laissent leur épouse, surtout si des enfants sont impliqués. Les anges et moi arrivons à la conclusion que ton meilleur choix serait peut-être de garder cet homme comme un bon ami et de chercher d'autres options pour combler tes besoins affectifs.

Ursula a paru soulagée. J'ai eu le sentiment qu'elle se souciait de faire la bonne chose sur le plan moral et spirituel. Ursula se sentait en droit de quitter son mari, puisqu'elle était malheureuse dans son mariage. Mais elle s'inquiétait également des répercussions d'une telle décision pour les deux conjoints et leurs enfants. Et, bien sûr, elle se préoccupait des perspectives à long terme que sa nouvelle relation pourrait avoir. Cette solution semblait lui donner le meilleur des deux mondes sans faire de mal à qui que ce soit.

Nous ne t'apporterions pas une relation où tu aurais à compromettre ta moralité, ont expliqué les anges. *Cependant, nous t'aiderons à affronter la vérité à ton sujet et au sujet de ton mariage actuel.*

En entendant cela, Ursula s'est tortillée inconfortablement sur son siège. Néanmoins, elle avait compris et accepté la vérité de la prescription des anges. Elle avait acquis une nouvelle force pour faire face aux problèmes de son mariage au lieu d'éviter la chose en sautant dans une liaison inconsidérée et risquer un divorce. Elle ne savait pas encore si elle voulait être avec son mari ou avec Victor. Mais elle savait maintenant qu'elle avait le choix de garder Victor dans sa vie sans avoir une relation physique.

Les anges ne font jamais la morale, mais ils discutent des questions de bon sens quand il s'agit de problèmes moraux. Ils disent que si quelqu'un enfreint son propre code de valeurs, il éprouvera une culpabilité douloureuse. Dans le cas d'Ursula, ils ne l'ont jamais réprimandée pour avoir envisagé une liaison extraconjugale. Ils ont simplement exposé brièvement leur remède pour que ses besoins soient satisfaits d'une manière qui ne ferait de mal ni à elle ni aux autres.

Prescription

. . . .

Assumez pleinement votre relation actuelle avant de sauter la clôture pour entrer dans un pâturage où l'herbe semble plus verte.

Prescription contre les personnes contrôlantes

Quand nous essayons de résoudre nos problèmes ou d'améliorer une situation difficile, nous essayons parfois tellement fort que nous empirons les choses à la place. Vouloir contrôler exagérément une situation est aussi dangereux que de prendre un virage à toute vitesse en voiture. Plutôt que d'aller en ligne droite et sans heurts, le cours des choses dévie dangereusement d'un côté à l'autre.

Une fois que vous prenez l'habitude de trop contrôler les choses, il peut être difficile de s'en défaire. Même quand vous demandez l'aide des anges pour transformer les choses, vous pouvez encore continuer à faire beaucoup trop d'efforts pour améliorer la situation, ce qui gêne les efforts que les anges font pour vous. Une fois que vous demandez l'aide des anges, vous devriez vous retirer du chemin pour qu'ils puissent faire leur travail. Les anges comparent cela à être membre d'une équipe sportive : vous devez passer le ballon avant que vos coéquipiers puissent vous aider. C'est la raison pour laquelle les gens demandent souvent de l'aide spirituelle, mais ne permettent pas vraiment qu'elle leur parvienne parce qu'ils craignent de perdre le contrôle de la situation.

Ma cliente Patricia est venue me voir concernant son mariage avec Keith, son mari depuis 15 ans.

— Nous ne faisons que nous disputer, m'a-t-elle dit. Mon mari et mon fils se battent constamment. Quand j'essaie d'intervenir pour garder la paix, Keith et moi finissons par nous disputer.

Elle a expliqué que même si Keith n'était jamais violent, elle sentait qu'il poussait leur fils un peu trop fort.

— Keith dit qu'il essaie de motiver Bradley pour qu'il améliore ses résultats scolaires, mais je pense qu'au lieu de le harceler constamment, il pourrait trouver d'autres façons de l'inspirer. J'ai essayé de prier, mais ça ne semble pas fonctionner. Que puis-je faire pour créer le foyer paisible dont j'ai si désespérément envie ?

À travers moi, les anges lui ont dit : *Détache-toi, Patricia. Tu essaies trop de contrôler la situation. Tu dois te libérer de la situation pour que nous puissions intervenir afin d'apporter l'harmonie que tu souhaites. Si tu te détaches, il y aura harmonie et guérison.*

Les anges voyaient que le trop grand engagement de Patricia empirait en fait la tension. Keith pouvait sentir que Patricia ne faisait pas confiance à son jugement, et Bradley pouvait sentir que ses parents ne s'entendaient pas. La situation était exacerbée en raison du stress additionnel, et les anges de Patricia lui disaient que la seule solution était qu'elle lâche prise.

— Les anges te demandent de leur permettre de t'aider, Patricia, lui ai-je dit. Elle m'a regardée incertaine, ayant peur de faire confiance, mais aussi avec la peur de ne pas faire confiance. Elle a dit qu'elle pouvait comprendre ce les anges voulaient dire, mais qu'elle avait peur de laisser faire parce qu'elle craignait que sont mari ne soit complètement accaparé et qu'il domine émotivement son fils.

Le front de Patricia s'est plissé, indiquant sa tension, alors qu'elle luttait pour renoncer à contrôler ce conflit familial. Une fois de plus, les anges sont intervenus. *Nous te demandons d'inspirer profondément Patricia.* Elle l'a fait et elle s'est nettement détendue.

Les anges l'ont rassurée concernant la sécurité émotive de son fils et Patricia a accepté d'essayer leur approche. C'est à ce moment qu'elle a heurté une autre barrière.

— Mais *comment* arriver à me détacher de la situation ? a-t-elle demandé.

Elle ne savait vraiment pas comment se détacher émotivement d'une situation dans laquelle elle était si profondément empêtrée.

Un grand ange masculin est apparu au-dessus de l'épaule de Patricia et m'a donné des signes visuels pour expliquer comment gérer la situation, comme s'il tenait un écran en face de moi avec une vidéo montrant un dénouement heureux de sa situation familiale. Je l'ai regardé me donner des instructions par le langage des signes et l'imagerie de la clairvoyance, puis j'ai traduit ces signes visuels en instructions verbales.

— Patricia, demande à ton ange de t'aider à te détacher de la situation.

Patricia a hoché la tête, contente que son ange comprenne son dilemme mental et elle a clairement articulé les mots suivants :

— S'il te plait, aide-moi à remettre la situation de ma famille entre les mains de Dieu.

J'ai observé le corps de Patricia tressaillir, un signe certain de l'intervention angélique. Son corps s'est détendu et elle a respiré lentement et profondément. Puis, elle m'a confié que quelque chose venait de se produire.

— Ton ange gardien te demande maintenant de visualiser symboliquement ta situation, comme si tu voyais une image mentale de Keith, Bradley et toi-même pendant une de vos altercations, ai-je poursuivi.

L'ange a hoché la tête, indiquant que je l'entendais avec exactitude. Il a continué de me transmettre ses instructions.

— L'ange place un grand seau en face de toi et te demande de te visualiser en train de mettre l'image de la situation dans ce seau.

Patricia a froncé les sourcils un instant pendant qu'elle suivait ces instructions. Soudain, elle a souri et on aurait dit qu'elle venait d'être libérée d'un grand poids.

— Je pense que ça fonctionne, a-t-elle dit, se sentant manifestement mieux.

Quand j'ai vu Patricia quelques mois plus tard, elle n'a pas pu attendre pour me donner de ses nouvelles.

— J'ai pu me détacher, tout comme toi et les anges l'aviez suggéré. Et devine ce qui est arrivé ? Mon mari et mon fils ont commencé à s'entendre. En premier lieu, je sais qu'ils étaient un peu méfiants, attendant que maman intervienne dans leurs disputes. Quand ils ont vu que je ne le faisais pas, je pense que l'énergie de leur dispute s'est éteinte parce qu'ils ne se sont guère querellé depuis. C'est vraiment un miracle que notre foyer soit maintenant aussi paisible après seulement une séance de prescriptions angéliques.

Prescription

. . . .

Détachez-vous de la situation. Si vous avez de la difficulté à lâcher prise, demandez aux anges de vous aider à céder le contrôle.

Prescription contre la mauvaise communication conjugale

La mauvaise communication peut causer plus de problèmes conjugaux et de ruptures que tout autre facteur. Seuls les thérapeutes peuvent savoir combien de disputes et de séparations ont eu lieu parce qu'un partenaire a mal interprété ou mal compris les paroles ou les gestes de l'autre. Chaque fois que deux personnes explorent ensemble leurs convictions et sentiments les plus profonds, il est certain qu'il y aura des différences et des malentendus. Quand la mauvaise communication et le malentendu deviennent assez graves, les partenaires se mettent souvent à avoir peur de partager leurs véritables sentiments l'un pour l'autre. Même s'ils vivent sous le même toit, ils deviennent davantage comme des gens vivant en colocation que comme des complices amoureux.

Au fil des années, j'ai vu les anges guérir des relations où il y avait de graves problèmes de communication, ou bien là où la communication était complètement rompue. Leur remède divin consiste à encourager les partenaires qui sont en froid à partager mutuellement leurs sentiments vulnérables d'amour et de peur — en d'autres mots, à être totalement honnêtes. C'est de cette manière qu'ils ont ressoudé le mariage de mon amie Mary Ellen, auteure de *Expect Miracles*.

Mary Ellen était mariée à Howard depuis plus de 20 ans. Il y a huit ans, ils ont commencé à développer des intérêts opposés et se sont éloignés l'un de l'autre. Quand ils discutaient de sujets importants, chargés d'émotions tels que l'argent, les enfants, la sexualité ou leur vie future, ils commençaient à avoir des avis différents de plus en plus souvent. Finalement, tout ce qu'ils semblaient faire, c'était de se disputer. Ils ont fini par se blesser mutuellement, chacun étant convaincu que l'autre ne l'aimait plus ; et même s'ils continuaient de partager la même maison, leur mariage n'en avait plus que le nom. Les deux s'étaient repliés dans le mutisme.

Pendant les six années suivantes, Mary Ellen et Howard ont vécu une relation chaste dans des chambres séparées et ils communiquaient peu ensemble. Mary Ellen a décidé que c'était ainsi que leur mariage allait être. Elle a essayé de ne pas tenir compte du fait que ses besoins de communication intime n'étaient pas satisfaits et a finalement canalisé son besoin de communication en écrivant des nouvelles, de la poésie et un livre.

Mary Ellen a assisté à un week-end de retraite pour concentrer son esprit sur les messages d'amour et de guérison des anges. Le lendemain de son retour chez-elle après sa retraite, elle s'est réveillée avec la devise suivante : « N'enseigne que l'amour » dans son esprit. Elle a pensé : « Ça alors, comment puis-je enseigner l'amour si je n'ai pas une vie aimante dans ma propre maison ? »

Tout en faisant l'enseignement de l'amour, les anges lui ont demandé de vivre avec intégrité et d'agir comme elle enseignait aux autres à le faire. Elle a appelé Howard au travail et lui a dit la vérité. Elle a expliqué combien elle l'aimait et combien il lui manquait. Howard s'est mis à pleurer et a répondu qu'il l'aimait et qu'elle lui manquait aussi.

Mary Ellen attribue aux conseils des anges le rétablissement de son mariage.

— Nous sommes de nouveau un couple maintenant. Howard est revenu dans notre chambre à coucher après presque six ans. Il est si gentil et doux en parlant et partageant avec moi. Suite aux prescriptions angéliques, nos deux cœurs se sont totalement ouverts afin d'être honnêtes l'un envers l'autre, m'a-t-elle confié.

À cet effet, les anges disent : *La vérité guérit de plusieurs façons. Par exemple, si vous vous sentez troublée ou en colère contre les mots ou les actions de votre partenaire, demandez immédiatement à ce dernier de clarifier ce qu'il veut dire. Ne présumez pas des sentiments négatifs de sa part, alors qu'il peut très bien ne pas y en avoir. En même temps, laissez-lui savoir comment vous êtes émotivement affectée par ses mots ou actions. Si vous êtes blessée ou si vous avez peur, exprimez immédiatement ces sentiments. Retenir ces sentiments ne fera que provoquer d'autres malentendus, de la souffrance et de la confusion supplémentaires.*

Commencez en disant à votre partenaire tout ce qui est vrai pour vous en ce moment. Demandez la vérité pour vous-même et n'imputez-pas votre vérité à un autre. Dans ce processus de partage et de compréhension, deux partenaires peuvent guérir d'une colère et d'une rage longtemps contenues. Si vous le souhaitez, demandez-nous de vous aider à guider vos mots afin qu'ils soient en phase avec votre vérité. Nous vous ferons savoir si vous déviez de votre chemin de vérité.

Prescription

. . . .

Communiquez vos sentiments d'amour et de peur afin que votre relation avec votre partenaire soit honnête.

Prescription contre le déclin de la passion

Au commencement de chaque relation intime et romantique, vous et votre partenaire partagez mutuellement des sentiments passionnés intenses et un lien profond. Vous êtes intensément attirés l'un par l'autre, vous voulez tout le temps être ensemble et pouvez à peine garder vos mains loin l'une de l'autre, ou prendre une pause du lien émotionnel profond des rapports sexuels. Chaque partenaire est bel et bien préoccupé par les besoins et le bonheur de l'autre.

Plus tard, cependant, à moins que vous sachiez quoi faire ou éviter, l'ennui, le désintérêt et le mécontentement peuvent s'installer. C'est comme si chaque partenaire devenait fatigué de la relation. La passion passée, vous restez ensemble par habitude, pour des raisons financières, pour les enfants ou par obligation.

Quand vous restez dans un couple, une fois qu'il n'y a plus de passion, vous commencez souvent à vous en vouloir mutuellement, passant des remarques désobligeantes, ménageant votre affection, ou agissant de façon passive-agressive. Vos rapports sexuels deviennent routiniers et sans intérêt, si vous en avez encore. Vous pouvez même vous livrer à des liaisons extraconjugales ou rêver d'en avoir une.

Les anges disent qu'il est naturel que la passion passe à travers des fluctuations périodiques. Quand elle est au plus bas, vous pouvez cependant augmenter son niveau par votre volonté et intention consciente. Ce désir d'élever votre esprit et votre cœur au-dessus des situations difficiles et de rallumer votre ardeur, est ce que les anges prescrivent dans le cas d'une relation en déclin. Le secret, c'est de vouloir intensément que la passion revienne.

Vous pouvez également demander aux anges de vous aider à augmenter le niveau d'énergie de votre relation. Les anges interviendront directement dans votre cœur et votre esprit, chassant tout ennui ou désabusement propre à amoindrir votre passion, en vous inondant de leur propre passion divine. Les anges peuvent aussi vous donner des conseils directs qui élèveront votre énergie, comme pardonner à votre partenaire pour les offenses dont vous pensez avoir souffert ou en ayant une nouvelle perspective de la relation.

Quand Janie et Lynda se sont rencontrées pour la première fois, les étincelles de passion volaient. Toutes leurs amies ont remarqué que ces deux femmes semblaient destinées l'une pour l'autre. Janie, 37 ans, n'avait jamais été dans une relation sérieuse auparavant. Lynda, 40 ans, avait divorcé quatre ans plus tôt et venait de découvrir son homosexualité quand elle a rencontré Janie. Quand elles ont emménagé ensemble et se sont offert des bagues symbolisant leur engagement, tout semblait merveilleusement nouveau pour le couple. Elles étaient follement amoureuses et faisaient tout pour vivre pleinement leur romance.

Deux ans plus tard, quand le couple est venu me voir pour une consultation, elles étaient sur le point de rompre. Janie m'a dit qu'elle voulait fréquenter d'autres personnes et Lynda se sentait blessée et troublée, ne sachant pas si elle voulait que la relation continue ou pas. Les deux partenaires étaient très désireuses d'entendre l'opinion des anges sur ce qu'elles devaient faire.

Les anges de Janie ont commencé à parler en premier. Son principal guide était son grand-père maternel décédé. C'était un homme franc qui avait réussi en affaires, principalement en raison de son côté sociable. Il m'a dit : « *Janie a toujours été encline à s'ennuyer et en ce moment elle a envie d'une vie plus excitante.* »

Janie et Lynda ont hoché la tête toutes les deux en signe d'assentiment. Puis, il a adressé son message à Janie : « *Tu rêves de nouvelles fréquentations comme si c'était une panacée qui allait t'apporter de nouvelles excitations. Mais ma chérie, tu t'ennuieras* bientôt de cela. *Selon moi, toi et Lynda avez encore de bonnes choses à partager.* » Malgré les efforts de Janie pour rester stoïque, elle a essuyé une larme au coin de son œil.

À ce moment-là, les anges de Lynda sont intervenus : *Nous aussi, nous voyons que cette union possède plusieurs avantages pour les deux. Nous demandons que vous lui donniez une autre chance en lui insufflant un nouvel élan amoureux. Nous voyons que vous avez succombé toutes les deux à une routine qui est monotone et sans vie où vous vous concentrez que sur les choses basiques, ce qui pour toi, Lynda, revient essentiellement à payer les factures. À quand remonte la dernière fois que tu es sortie pour une soirée ? Serait-il possible pour vous de recommencer à neuf, comme aux premiers temps de votre fréquentation ? D'après ce que nous voyons, la réponse est oui. Il y a encore un amour considérable au sein de votre relation et nous voyons qu'avec un minimum d'efforts vous attiserez cette flamme une fois de plus.*

Avec l'aide des anges, Lynda, Janie et moi avons établi des plans pour donner un nouveau souffle à leur relation. Tous les mercredis et samedis soirs seraient consacrés aux sorties, et Lynda et Janie se relaieraient afin de planifier chaque sortie. Ces sorties n'avaient pas besoin d'être élaborées : faire un pique-nique, une balade ou voir un film ferait l'affaire. Étant donné que Janie s'ennuyait de ne plus écouter de concert dans la boîte de nuit où elles s'étaient rencontrées pour la première fois, les deux ont convenu d'assister à des concerts au moins une fois par mois. Janie a accepté de rester fidèle à Lynda, et Lynda a accepté d'étendre ses champs d'intérêts au-delà des préoccupations terre-à-terre.

J'ai reçu un courriel de Janie et Lynda six mois plus tard, signalant qu'elles avaient ravivé leur passion. « C'est différent d'auparavant », a écrit Lynda. « Nous sommes sans aucun doute de nouveau amoureuses, mais d'une façon plus mature et stable que je préfère à l'amour éperdu que nous éprouvions au commencement. Je pense que nous avions besoin toutes les deux d'être confrontées par les anges pour nous rappeler de faire des efforts dans notre relation si nous voulions recevoir ce que nous désirons. »

(À propos, ma clientèle gay et lesbienne, de même que des hétérosexuels, demandent souvent ce que les anges pensent de l'homosexualité, puisque certains individus et groupes religieux ont une vision négative sur les unions de même sexe. Ils sont souvent surpris quand je leur dis que les anges sont complètement neutres à cet effet. Ils ne font aucune distinction entre une relation hétérosexuelle et une relation homosexuelle et ne portent jamais de jugements négatifs sur l'homosexualité. Tant et aussi longtemps qu'il y a deux partenaires consentants et que personne n'est blessé, les anges sont toujours heureux que deux personnes soient dans une relation spirituelle aimante et engagée.)

Prescription

. . . .

Désirez un accroissement de la passion et faites un effort pour rallumer les sentiments qui vous ont réunis à l'origine.

Prescription contre l'impatience

Comme presque tout le monde, vous avez sans doute déjà voulu quelque chose à un point tel que vous avez trop forcé pour l'obtenir, ruinant la situation au bout du compte. Vous visez un objectif, puis vous mettez toute votre concentration et votre énergie pour obtenir ce que vous voulez aussi rapidement que possible. Lorsque vous étiez enfant, vous avez peut-être tellement voulu un chiot que vous avez finalement détourné vos parents de l'idée. Ou, en tant qu'adulte, vous avez peut-être ressenti un tel empressement à vous marier et à fonder une famille que vous êtes tombé dans le piège de vous engager avec le mauvais partenaire.

Quand vous trépignez d'impatience pour obtenir ce que vous voulez de votre partenaire, le seul résultat est de creuser un fossé s'élargissant toujours entre vous. Plus vous faites pression, plus l'autre se repliera sur lui-même. Plus vous êtes émotive, plus il sera froid. Vous commencez à lui en vouloir de ne pas satisfaire vos besoins, et il vous en voudra parce que vous passez votre temps à faire pression pour quelque chose dont il ne se sent manifestement pas à l'aise de vous accorder.

Les anges, d'autre part, ne précipitent jamais les choses ni ne deviennent impatients. Ils savent qu'il y a un rythme naturel et un moment idéal dans l'accomplissement de chaque événement et ils sont prêts à attendre jusqu'à ce que ce moment arrive. En fait, aider à synchroniser les événements, parfois appelés le « timing divin », est une partie de leur travail. Au lieu de faire pression pour que les choses arrivent quand *vous* le voulez, les anges affirment que la meilleure progression vers votre but est lorsque vous êtes patient, focalisé et que vous permettez aux événements de se manifester dans l'ordre naturel des choses — qui est souvent plus lent. Cela est particulièrement vrai quand une relation intime ou un mariage est impliqué. C'est ainsi que les anges ont conseillé mon client Gregor.

En premier lieu Gregor a dissimulé les problèmes qu'il avait dans son mariage. Il a dit humblement :

— Ma femme et moi, d'habitude on s'entend bien et, le plus souvent, les choses vont plutôt bien.

Mais les anges de Gregor m'ont fait une toute autre description, me disant qu'il y avait de la tension. Gregor a eu la gorge serrée, réalisant qu'il ne pouvait pas duper ses anges.

— Mais durant les dernières semaines, nous nous sommes pas mal disputés, a-t-il admis. Je ne sais pas d'où cela provient, parce qu'en fait je me sens optimiste par rapport à ce qui s'en vient dans nos vies et carrières. Nous avons décidé tous les deux de développer une entreprise à domicile après le travail, à temps partiel. Ce qui est excitant, c'est que nous allons tous les deux faire ce que nous aimons. Nous espérons que d'ici un an, nous pourrons quitter notre emploi respectif et travailler à plein temps à la maison. Nous éprouvons peut-être de la tension face à ce changement.

Cependant, les anges de Gregor ont vu clair et ils ont été on ne peut plus précis. *Ce différend entre vous provient d'un désaccord dans votre désir d'avoir des enfants. Tu veux des enfants et ta femme n'en veut pas.* (Les anges ne trahissaient pas la confiance de Gregor, mais ils aidaient pour rétablir la vérité.)

Gregor a hoché la tête et a expliqué comment il se sentait réellement.

— Oui, c'est vrai. Nous avons eu de la tension par rapport à cela. Nous sommes mariés depuis sept ans et je commence réellement à ressentir le désir d'avoir des enfants. Je veux vraiment, vraiment, en avoir un maintenant. Katherine ne semble pas en vouloir, ni ne sait si un jour elle sera prête. Cela s'est rajouté à nos problèmes conjugaux.

Les anges lui ont conseillé ceci : *Ce ne serait pas un bon moment pour fonder une famille. Quand on est au milieu d'une transition de carrière, on ne veut pas de stress financier additionnel, et le fait d'avoir un enfant en serait un pour vous en ce moment. Il faut que vous soyez prêts pour cela. Dès que vous atteindrez un niveau confortable avec votre nouvelle carrière, dans deux ans et demi environ, alors vous serez prêts tous les deux.*

J'ai regardé Gregor pour voir sa réaction. Il semblait curieux de savoir quand sa situation financière allait se stabiliser, et aussi s'il y aurait un moment où lui et sa femme s'accorderaient pour avoir un enfant. Il a griffonné des notes sur un petit bloc de papier.

Gregor s'est détendu considérablement, se sentant plus confiant en sachant que lui et sa femme négocieraient le meilleur moment pour fonder une famille. Le fait que Gregor soit reparti plus confiant et détendu a eu un résultat positif sur sa relation, si bien que les querelles ont commencé à s'atténuer. En attendant, les deux concentrent joyeusement leurs énergies sur leur nouvelle entreprise.

Prescription

. . . .

Détendez-vous et laissez les choses arriver au moment propice. Mettre de la pression impatiemment ne fait que les retarder plus longtemps.

Prescription pour ceux qui se sentent pris au piège

La plupart des relations atteignent un stade où même si les deux partenaires aimeraient rester ensemble ils savent que les fautes, les petites manies et le côté sombre de chacun sont suffisants pour se demander s'ils ne seraient pas mieux seuls ou de trouver un nouveau partenaire. Cette étape est souvent atteinte après qu'un long conflit conjugal non résolu, que la colère et des mots haineux aient créé une telle souffrance que le couple se détruit. Le résultat est le tristement célèbre «je ne peux plus vivre avec toi, mais je ne peux pas vivre sans toi». Cela mène à la douleur de se sentir piégé dans une relation malheureuse avec une personne qui vous a blessé. Vous ne voulez pas rester, mais vous ne voulez pas partir non plus. (Il est rare qu'un seul partenaire dans une relation voie les choses de cette manière. Si un partenaire est malheureux, nous le sentons toujours. Cependant, en tant que thérapeute, j'ai découvert qu'à moins que les partenaires aient l'occasion de comparer leurs notes personnelles, comme dans une thérapie, chacun croit qu'il est le seul à ne plus pouvoir vivre avec l'autre.)

Lucy, une propriétaire d'entreprise de 45 ans, a fait appel à la guidance angélique quand elle a commencé à se sentir piégée dans son mariage. Elle craignait qu'elle et son mari aient enduré trop de souffrance pour sauver leur relation de 12 ans, jadis heureuse.

— Nous avons eu plusieurs problèmes. Mon mari, Chandler, et moi avions déjà été mariés auparavant, m'a-t-elle raconté.

Au départ, le couple avait eu la garde de tous les enfants de leur mariage précédent. Après que Chandler et Lucy se soient mariés, ils avaient eu deux autres enfants ensemble. Tout semblait parfait jusqu'à ce qu'ils commencent à avoir des problèmes avec l'ex-femme de Chandler, Ally.

— Ally était très jalouse pendant le temps que les garçons vivaient avec nous, même si elle avait choisi de les quitter, a expliqué Lucy. Elle nous rendait la vie misérable avec ses mensonges et crises incessantes. Mon mari avait peur de lui tenir tête parce qu'elle déformait tout en s'adressant aux garçons pour qu'ils aient pitié d'elle. Je suis devenue pleine de ressentiment envers elle et mon mari. Ses garçons sont tous partis maintenant, mais pas la souffrance. Mon mari et moi avons eu aussi beaucoup de problèmes dans notre relation personnelle, et ce problème en particulier est devenu une situation de tension qui m'a causé beaucoup de souffrance et je n'arrive pas à lui pardonner.

Lucy a fermé les yeux, la mâchoire et les poings crispés de colère.

— Je pense que je cherche des conseils pour savoir quelle voie je dois prendre. En ce moment, je me sens piégée et je ne sais pas quoi faire. J'ai envisagé le divorce, mais je ne suis pas encore certaine que ce soit la bonne chose à faire. Je l'aime et je le déteste en même temps. Peut-être que si je pouvais lui pardonner, je trouverais la paix et je pourrais l'aimer une fois de plus. Je ne peux tout simplement plus voir en lui l'homme que j'ai épousé.

Alors qu'elle parlait, j'ai souri en moi-même. C'était merveilleux d'entendre Lucy utiliser le mot *pardonner* puisqu'il s'agit d'un aspect capital de la guérison sur lequel les anges mettent l'accent. Pour les anges, *pardonner* signifie « *libérer la souffrance associée à un événement. Vous n'avez pas à pardonner le geste, seulement la personne. Le fait de pardonner permet de vous guérir, on ne pardonne pas parce que c'est quelque chose qu'on s'attend à ce que vous fassiez.* »

J'ai retransmis le message des anges à Lucy.

— Tu as bien compris ce que tes anges voulaient te communiquer. Cependant, tout ce que tu peux voir de Chandler en ce moment, ce sont ses points faibles et ses défauts. En fait, tu as des anges très explicites et c'est un plaisir de travailler avec eux parce qu'ils sont si précis.

Lucy a rayonné en réalisant qu'elle avait correctement saisi le remède de ses anges.

En effet, le pardon est très important pour toi en ce moment, ont continué les anges. *Tu ne dois pas pardonner les actions ou les fautes de Chandler, mais lui pardonner tout simplement en tant que personne. Il est dans une situation délicate en ce moment parce qu'il te voit malheureuse et cela le rend mal face à lui-même. Même s'il n'est pas responsable de tes sentiments, il en prend la responsabilité.*

*Si tu nous en donnes la permission, nous t'aiderons à lui pardonner et à pardonner à son ex-femme. Nous pouvons t'aider à vou-*loir *leur pardonner, et c'est ce que tu devrais nous demander.*

À travers moi, les anges ont ensuite clairement dit à Lucy qu'ils préféraient qu'elle préserve son mariage pour un certain nombre de raisons. Premièrement, l'amour existait encore entre Chandler et Lucy. Deuxièmement, un divorce les détournerait de leur but et voie spirituelle. Enfin, les enfants souffriraient émotivement et cela les affecterait profondément et négativement jusqu'à l'âge adulte. Cependant, les anges ont rajouté en haussant les épaules : *Nous ne pouvons pas vous forcer à rester ensemble et nous ne voulons pas exercer notre volonté au détriment de la tienne, mais nous te demandons au moins de faire une tentative.*

Lucy a hoché la tête pensivement. Je pouvais voir que ce qu'elle entendait était suffisamment en phase avec ses propres convictions pour qu'elle soit prête à essayer. Lucy a accepté de prendre en considération la prescription de ses anges pour sauver son mariage.

— Je veux prendre soin de mon mari et de mon mariage, a-t-elle confessé, et je réalise que j'aurai besoin de l'aide de Dieu, de Jésus et des anges pour nous délester de tout ce fardeau que lui et moi avons porté. Fardeau qui nous a sans doute épuisés de tout, y compris de l'autre.

Prescription

. . . .

Guérissez-vous en pardonnant non pas les mots ou les actions, mais la personne.

Prescription contre le manque d'intimité

À un moment donné, un couple se retrouve séparé des deux côtés d'un fossé apparemment infranchissable. Si vous et votre partenaire savez comment vous réconcilier, vous pouvez combler ce fossé et retourner à votre intimité d'avant. Quand vous ne savez pas comment faire, le fossé peut s'agrandir, la relation peut se refroidir, et vous et votre partenaire risquez de dériver dans des directions différentes. Malheureusement, l'égocentrisme humain est tel que chaque partenaire ressent souvent que c'est l'autre qui s'est éloigné. Les anges disent que vous ne perdez jamais votre connexion intime avec l'autre, à moins que vous ayez posé des gestes ou prononcé des mots qui ont provoqué cette césure, comme Carolyn l'a découvert.

Après 20 ans de mariage, Carolyn se plaignait qu'elle et son mari ne se connaissaient plus.

— Nous avons changé tous les deux, a-t-elle expliqué ; et moi plus que lui. Nous ne semblons plus avoir quoi que ce soit en commun. Il n'y a presque plus d'étreintes ou de baisers entre nous et on ne fait plus l'amour. Nous pourrions aussi bien être des étrangers, et je ne peux pas imaginer vieillir à ses côtés.

Quelques semaines plus tôt, l'employeur de Carolyn avait annoncé le transfert de leur société. Carolyn a souligné qu'elle n'avait pas à déménager avec la société, puisqu'elle avait d'autres possibilités d'emploi dans la région. Cependant, elle se demandait si elle ne devrait pas utiliser ce transfert comme prétexte pour se séparer de son mari, puisqu'elle rêvait de vivre en célibataire depuis un certain temps.

— Les enfants sont assez grands à présent, et je suis certaine qu'ils s'adapteraient à un nouvel environnement. J'aimerais recommencer à zéro : un nouvel endroit, une nouvelle vie, a-t-elle dit avec impatience, comme si elle quémandait ma bénédiction.

— Dans mon entreprise, je rencontre tellement de personnes intéressantes qui ont bien plus en commun avec moi et, parfois, je déteste devoir rentrer à la maison. J'ai besoin d'une âme sœur et d'un partenaire, non pas d'un arrangement légal, financièrement stable, qui est tout ce que je sens que j'ai maintenant avec mon mari.

— Vous avez raison, ai-je dit en scrutant le niveau d'énergie de son couple. Les anges me montrent que l'énergie dans votre mariage est vraiment basse maintenant. Le transfert de ta société provoque aussi beaucoup d'émotions dans votre couple et épuise la nouvelle énergie. Es-tu certaine de vouloir prendre une décision aussi importante concernant ton mariage au beau milieu de cet autre changement stressant ?

Carolyn m'a dit qu'elle avait peur de perdre son courage si elle n'acceptait pas sa mutation de travail. Elle exprimait une attitude qui semblait dire « c'est maintenant ou jamais », et je savais que ceci provenait de ses peurs et non pas des véritables prescriptions divines. Les conseils des anges recommandent toujours aux gens d'éviter l'impatience et les avertissent d'attendre le « timing divin », afin de leur apporter ce dont ils ont besoin au moment opportun de leur développement. De plus, Carolyn n'avait pas encore pris une décision ferme : elle demandait conseils.

Un grand ange féminin au-dessus de la tête de Carolyn m'a montré un film via les yeux de mon esprit. L'ange semblait mesurer un mètre quatre-vingt-cinq et ses yeux et son sourire débordaient de tant d'amour que j'ai craint qu'il n'éclate par la force de l'émotion. Dans ce film mental, j'ai vu l'enfance de Carolyn passée en revue. Le père de Carolyn avait établi de hauts standards d'éducation, lui faisant toujours clairement savoir lorsqu'elle échouait à les remplir (ce qui est fréquent et normal chez les enfants). Carolyn sentait que son père ne l'aimait pas parce qu'elle n'était pas à la hauteur. Elle a fini par se détester et a supposé que les autres en feraient autant. Elle a commencé à passer plusieurs heures seule dans sa chambre, lisant et écrivant. Elle était plutôt timide et seule et mal à l'aise parmi les autres enfants.

J'ai senti la douloureuse profondeur de sa solitude. Carolyn s'était involontairement éloignée des autres durant sa vie entière, ne sentant pas qu'elle méritait leur amitié et leur compagnie. Elle sentait que même si elle se dénichait des amis, ils la rejetteraient au bout du compte, une fois qu'ils la connaîtraient mieux et qu'ils auraient découvert combien elle n'était pas digne de leur affection. En même temps, comme nous tous, Carolyn mourait d'envie d'un sentiment d'amour et de connexion avec les autres.

Quand Carolyn s'est mariée avec Harold, elle a pensé que sa solitude se terminerait. Mais après un certain temps, elle a remarqué une froideur entre eux. Ils ne communiquaient pas aussi souvent et chacun passait de plus en plus de temps dans son bureau personnel, Carolyn travaillant sur son doctorat, son mari s'occupant de son travail administratif. Carolyn se sentait aussi isolée qu'elle l'était pendant son enfance.

Cependant, une lueur d'espoir lui a remonté le moral quand elle a appris qu'elle était enceinte. Après la naissance de son enfant, elle a pensé qu'elle se sentirait mieux. Carolyn a vraiment trouvé du réconfort en étant mère, non pas d'un mais de trois enfants, deux fils et une fille. Elle a développé des relations très étroites avec ses enfants dans lesquelles elle s'est enfin sentie aimée et acceptée. À présent que les enfants étaient presque adultes, Carolyn craignait de se retrouver seule avec Harold. Elle savait que cela ne ferait que les distancier encore plus et augmenterait son propre sentiment d'isolement.

Ses anges lui ont dit à travers moi : *Considérer ta solitude comme étant une condition provoquée par les circonstances extérieures ne fera qu'empirer la situation. Rappelle-toi ceci : nous vivons avec toi quotidiennement et nous voyons au fond de toi la bonté que tu recherches. Les qualités mêmes que tu n'es pas prête à explorer au fond de toi-même, tu les recherches plutôt dans ton monde extérieur. Et puisque tu ne peux pas les reconnaître en toi-même, tu ne peux pas les reconnaître chez les autres. Mais nous te disons que si tu t'arrêtes, remarques et apprécies ces aspects de ton monde intérieur, tu les trouveras bientôt dans ton monde extérieur. Toutes tes relations vont s'approfondir et grandir au fur et à mesure que tu te concentreras sur ce qui grandit au fond de toi.*

J'ai observé Carolyn frissonner, alors qu'elle réalisait que ce n'était pas son mari ni les autres qui s'étaient éloignés d'elle :

elle s'éloignait d'elle-même. Elle m'a dit qu'elle voyait maintenant comment son sentiment de ne pas se sentir digne d'être
aimée et la peur du rejet l'avaient finalement conduite à s'éloigner de son mari pendant les premières années de leur
mariage. Elle s'était convaincue qu'il s'éloignerait très vite
d'elle. L'appréhension même du rejet avait créé l'expérience
qu'elle craignait le plus et, par conséquent, Carolyn se sentait
seule et indésirable la plupart du temps.

Les anges l'ont consolée : *Le niveau d'énergie en toi-même et
dans ton mariage augmentera substantiellement alors que tu te per-
mettras de t'aimer. Nous te demandons de chercher ce qui est digne
d'intérêt et aimable en toi ; et tu en verras encore plus chez les autres
également. Nous te demandons aussi de chercher l'amour en toi-
même pour ton mari. Alors que tu le trouveras, tu commenceras à
remarquer son amour pour toi. Sors de ta chambre et va dans la
sienne pour passer quelque temps avec lui. Tu seras surprise du
changement. Il a attendu que tu fasses cela pendant toutes ces années.
Ta vie revêtira un tout nouveau sens.*

— Vous avez probablement raison, a-t-elle répondu en
essuyant ses yeux. Je ne veux vraiment pas divorcer. Je veux
seulement me rapprocher de mon mari. Je suis prête à
essayer.

J'ai parlé avec Carolyn un mois après notre séance. Le
changement était remarquable. Elle m'a dit qu'elle avait effectivement cessé de se cacher dans son bureau et avait commencé à avoir des discussions avec son mari quand ils s'étaient
retrouvés ensemble dans la cuisine, dans la salle de séjour et
même la chambre à coucher. Il avait répondu, et bientôt il a
cessé de passer toutes ses soirées enfermé avec son travail
administratif.

— En premier lieu, je m'attendais à ce qu'il me rejette. Mais
j'ai essayé de croire que j'étais aimable et sympathique et j'ai
commencé à découvrir des traits positifs que je n'avais jamais
réalisé que je possédais. Et vous savez quoi ? Mon mari

m'aimait déjà. Et j'ai vu tellement de merveilleuses qualités en lui que j'avais oubliées. Nous sommes tellement plus détendus et plus heureux tous les deux, et nous aimons vraiment passer du temps ensemble. Et c'est un miracle, laissez-moi vous dire.

Un an plus tard, j'ai vu Carolyn et son mari à un de mes ateliers. Je l'ai à peine reconnue. Elle rayonnait de joie intérieure et elle avait également perdu plusieurs kilos, qu'elle attribuait à sa paix toute nouvelle. Pendant tout le séminaire, j'ai pris plaisir à observer le couple assis, main dans la main. Sa volonté de s'aimer et d'aller vers son mari avait été le remède divin qui avait ramené l'intimité dans leur mariage en difficulté.

Prescription
. . . .
Redécouvrez ce qui est bon et aimable en vous-même et vous découvrirez ce qui est bon et aimable chez votre partenaire.

Prescription contre l'infidélité

Sans doute n'y a-t-il rien de plus douloureux que de découvrir qu'un partenaire que vous croyiez fidèle a eu une liaison. Vous vous sentez trahie et vous vous demandez ce qui ne va pas avec vous qui vous a rendue indésirable. Les niveaux de colère et de souffrance font exploser l'échelle de Richter. Vous éprouvez le sentiment dévastateur que quelque chose d'extrêmement important pour votre vie et votre bien-être est détruit et ne peut être réparé.

La souffrance d'une liaison extra conjugale est souvent une route à double sens. La personne qui a trompé l'autre souffre également. Il y a le remords d'avoir blessé sa partenaire, ses parents et ses enfants, de même qu'une énorme culpabilité pour avoir triché et s'est laissé dominer par sa libido.

Yolanda et José étaient mariés depuis sept ans et tout semblait bien aller dans leur relation. Puis Yolanda a remarqué quelques faits étranges qu'elle ne pouvait pas expliquer. Par exemple, José a commencé à travailler jusqu'à des heures indues, mais son chèque de paie ne reflétait pas de montant supplémentaire. Également, il revenait du travail et ne voulait pas dîner alors que, normalement, il était affamé. José avait également acheté de nouveaux sous-vêtements, chose qu'il n'avait jamais faite auparavant. Yolanda soupçonnait une liaison, mais n'était pas prête à admettre cette éventualité.

Un samedi après-midi, Yolanda a remarqué que le fil du téléphone traînait jusque dans la salle de bains. En écoutant à la porte, elle a entendu José parler à voix basse. Yolanda a cru entendre José dire : « Mais je t'aime vraiment, chérie. » Son cœur a failli s'arrêter et elle s'est précipitée vers un autre appareil en soulevant doucement le combiné à temps pour entendre José et une femme avoir manifestement une querelle d'amoureux.

Yolanda était hors d'elle-même et n'a pas pu affronter José pendant plusieurs jours. Il a immédiatement admis sa liaison quand Yolanda lui a demandé directement. Il pleurait et la suppliait de le pardonner, promettant que cette liaison était terminée. Yolanda voulait désespérément croire José, mais elle était trop blessée et troublée pour savoir ce qu'elle devait penser de tout cela. Elle est venue me voir pour une consultation, espérant des réponses et des conseils.

Les anges de Yolanda m'ont demandé d'enregistrer notre séance. *Elle n'écoutera pas vraiment ce que nous lui disons à moins qu'elle n'écoute la cassette à plusieurs reprises*, ont-ils expliqué. Cela m'a prévenue que cette séance allait probablement être intense sur le plan émotionnel. J'ai saisi une boîte de mouchoirs et j'ai mis l'enregistreuse en marche.

D'abord, nous te demandons de regarder ta situation à partir de notre point de vue, ont dit les anges. Il y avait autour de Yolanda beaucoup de gens pour lui transmettre son message, y compris Jésus avec qui elle avait un lien très étroit et qui se trouvait derrière elle, le visage rayonnant d'amour. J'ai vu aussi la grand-mère maternelle de Yolanda, une personne coriace, mais aimante et spirituelle. Ce groupe m'a parlé conjointement d'une voix unie. Cependant, Jésus parlait parfois seul, tout comme la grand-mère de Yolanda.

Les anges ont expliqué que José l'aimait beaucoup et qu'il ne désirait pas consciemment laisser ou tromper sa femme. Sans justifier la situation ou reconnaître la responsabilité, les anges ont expliqué que la liaison de José était le dérivé de deux facteurs : son estime personnelle qui fluctuait et leur mariage qui stagnait. *Tu dois être consciente que tu as aussi un contrôle et un droit de parole dans cette situation. Ne perçois pas ton mariage comme étant sous le contrôle complet de José ou d'une autre femme. Toi, aussi, tu joues un rôle important pour déterminer l'avenir de ton mariage.*

Yolanda n'avait pas réalisé qu'elle avait encore un contrôle sur la situation. *Tu veux également une garantie t'assurant que José ne te trahira jamais plus et nous ne pouvons pas te donner cela. Cependant, si tu souhaites que ton mariage reste intact et redevienne une union heureuse et gratifiante, alors vous devrez tous les deux faire de grands changements dans votre vie. Ce n'est pas seulement José qui devra changer; toi aussi tu devras réexaminer ta vie intérieure si tu souhaites que ta vie extérieure change.*

— Je ne comprends pas ce que vous entendez par changement, a dit Yolanda en les interrompant. Quel genre de changement dois-je faire?

Les anges ont répondu en termes on ne peut plus clairs. *Premièrement, de notre point de vue, nous voyons que ton mariage est dépourvu de plaisir et centré sur la peur. Tes peurs personnelles, Yolanda, sont doubles : tu te fais du souci concernant les travaux ménagers, même si tout est propre et impeccable; et tu te fais du souci pour l'argent, même si vous n'en manquez pas. Ta relation avec José a fini par se concentrer sur ces deux peurs, la plupart de vos conversations tournent autour de ces deux sujets.*

Étant donné que José partage tes peurs au sujet de l'argent, c'est devenu un sujet de conversation important entre vous deux. Cependant, tu dois savoir qu'il se voit comme un pourvoyeur qui n'est pas à la hauteur et ce sentiment l'empêche de s'aimer pleinement. Sa relation avec une autre femme était davantage axée sur son désir de stimuler son estime personnelle que sur le sexe en tant que tel. Il ne souciait pas de l'argent quand il était avec elle.

— Merci, mon Dieu, s'est exclamé Yolanda en essuyant ses yeux. Cela rend les choses plus faciles à supporter. Je pensais qu'il ne m'aimait plus ou qu'il me blâmait pour nos problèmes d'argent.

Nous vous voyons poursuivre votre mariage, puisque vous y accordez une grande importance tous les deux Vous évoluerez considérablement quand vous commencerez à vous parler à cœur ouvert, et non pas constamment avec votre intellect. Tu dois moins te soucier de ta maison et davantage de l'aspect humain de la vie. Il faut prendre le temps de rire et d'aimer Yolanda. Cela fera de toi une meilleure amante et une mère potentielle. Fais savoir à José que tu as abandonné tes craintes face à l'argent. Cela lui enlèvera la pression qui a provoqué son égarement. Fais-nous confiance quant à ta sécurité physique et matérielle. Sois prête à pardonner à José, à l'autre femme et à toi-même. Nous te demandons de nous permettre de t'aider, et de te réengager dans un vrai mariage.

J'ai vu ensuite les esprits de deux bébés autour de Yolanda. Grâce à clairvoyance, j'ai vu qu'avant leur naissance, les enfants s'attachent à leur mère comme des ballons à l'hélium, rivalisant pour pouvoir naître de cette mère. L'esprit des enfants n'apparait pas, à moins qu'il y ait une chance de naître. J'ai mentionné ma vision des enfants à Yolanda et elle a confirmé qu'elle avait toujours rêvé d'avoir deux enfants.

Yolanda et José sont venus me voir près d'un an plus tard. Ils se tenaient la main et affichaient une exubérance juvénile. José a caressé le ventre de Yolanda et a annoncé qu'ils attendaient un enfant. Le couple et leurs anges m'ont appris que grâce aux efforts de Yolanda pour changer et l'amour de son mari, ils ont finalement retrouvé leur intimité d'antan et guéri les blessures causées par l'infidélité de José. Il était à présent fidèle et Yolanda était moins préoccupée par le ménage de la maison et les soucis financiers.

Prescription
. . . .
Pardonnez à votre partenaire et examinez les changements que vous devez faire en vous-même si vous voulez aller de l'avant ensemble.

Prescription contre les disputes au sujet de l'argent

Comme dans l'histoire de José et Yolanda, des conflits concernant l'argent peuvent être terriblement destructeurs pour une relation. Dans plusieurs sondages, on considère que l'argent est la première cause de tension et de disputes dans les relations intimes. On a qualifié l'argent comme étant « la source de tous les maux », mais on pourrait aussi dire qu'il est la source de la plupart des conflits conjugaux.

Étonnamment, même si plusieurs personnes ont appris à penser à l'argent comme étant le contraire de la spiritualité, ni Dieu ni les anges ne veulent que quiconque souffre du manque d'argent. Ils voient l'argent comme un outil qui, utilisé à bon escient, peut aider les gens à réaliser leurs missions divines sur Terre. Inversement, les anges comprennent que quand les gens sont fauchés ou dans le besoin, ils sont trop occupés à s'inquiéter de leur survie pour concentrer leur attention sur les questions spirituelles.

En même temps, les hôtes célestes se sentent doublement malheureux quand des couples, au lieu d'utiliser l'argent comme une ressource pour le bonheur, ce qu'il est destiné à être, se disputent plutôt à ce sujet. Raymond et Selma étaient mariés depuis six mois, mais avaient vécu ensemble pendant deux ans avant leur mariage. Les deux occupaient des postes de cadre dans de grandes sociétés dans la région de la Baie de San Francisco, lui dans le domaine de l'assurance et elle en informatique. Ils étaient tous les deux bien vêtus et très instruits, le genre de couple avec deux bons revenus et pas d'enfants.

Alors que je regardais le couple, les anges m'ont montré des images qui m'ont fait grimacer. Je les ai vus crier et se jeter des choses par la tête lors de véhémentes disputes.

— Les anges me montrent que vous vous disputez fréquemment concernant l'argent, leur ai-je dit, alors que les deux opinaient de la tête.

— C'est Selma, a laissé échapper Raymond. Elle dépense tout ce que nous gagnons pour des choses dont nous n'avons pas besoin. Regardez-la, en ce moment, par exemple. Le tailleur qu'elle porte nous a coûté 1 000 dollars et ses souliers valaient plus de 300 dollars. Je ne vous parlerai même pas de ce que coûtent ses bijoux. Voilà où nous en sommes, alors que j'essaie de créer un portefeuille d'investissements, elle...

— Tu veux dire, *tu* essaies de créer un portefeuille d'investissements, a dit Selma en l'interrompant avec colère. Ce n'est pas mon idée de risquer notre argent à la Bourse. Pourquoi ne pouvons-nous pas avoir un plan d'épargne retraite et une maison comme tous les autres ?

— Parce que tu as pris le maximum sur tes cartes de crédit, au point où tout ce que nous faisons, c'est de payer les intérêts, a crié Raymond.

Je pouvais voir que nous n'allions nulle part et je les ai fais taire. Il était temps d'introduire les anges dans cette discussion pour avoir un point de vue plus sain face à cette situation.

Aucun des deux n'a écouté l'autre parler, a murmuré un ange à mon oreille. Je savais intuitivement ce que l'ange voulait dire : Raymond et Selma se cachaient tous les deux derrière un mur d'invectives au lieu d'écouter l'autre. Les anges m'ont guidée pour savoir comment aider le couple.

Vous avez tous les deux jugé l'autre comme étant dans l'erreur. Nous vous demandons de renoncer à cette tendance, puisqu'aucun ne mérite de blâme. Vous avez des façons différentes de percevoir l'argent; c'est tout. Votre seule erreur a été de manquer de tolérance envers l'autre. Nous recommandons donc que vous voyiez la situation à travers les yeux de l'autre.

Raymond et Selma m'ont regardée avec des yeux sans expression. Ils étaient manifestement tellement absorbés par leurs propres opinions qu'ils ne pouvaient pas comprendre ce que les anges leur disaient. Raymond a finalement demandé :

— Comment puis-je voir les choses avec les yeux de Selma ? Est-ce possible ?

— Vous avez sollicité l'aide des anges, leur ai-je dit, et je vais avoir besoin de votre confiance et coopération pour y parvenir. Les deux ont approuvé avec véhémence, et l'idée qu'ils étaient en compétition pour être le « meilleur » client m'a traversé l'esprit. J'ai eu ensuite recours à une technique que j'avais apprise lors de ma formation en psychothérapie.

— Raymond, j'aimerais te demander d'imaginer que tu es Selma pour un instant. Du point de vue de Selma, pourrais-tu nous parler de sa conception de l'argent ?

— Bonjour, je suis Selma et j'aime dépenser tout l'argent que mon mari et moi gagnons en vêtements griffés. Et, bien sûr, je dois acheter tous les nouvelles chaussures Nordstrom, même si j'ai atteint la limite de ma carte de crédit, a-t-il répondu en souriant.

J'ai mis la main sur l'épaule de Raymond et je lui ai demandé d'inspirer profondément. J'ai vu Selma, les bras croisés sur la poitrine, prendre un air renfrogné contre Raymond. J'ai prié mentalement les anges pour recevoir de l'aide supplémentaire.

— Essayons cela de nouveau, même si ça semble difficile ou stupide. S'il te plait Raymond, essaie d'imaginer que tu es Selma et parle-nous encore d'argent, ai-je demandé, rassurée par les anges que cette méthode fonctionnerait.

Raymond s'est éclairci nerveusement la voix. Comme un acteur utilisant la méthode Stanislavski, il a bougé les muscles de ses épaules et de son cou pour se détendre. Il a jeté un coup d'œil à Selma et s'est visiblement détendu alors qu'elle lui souriait d'un air approbateur.

— Mon nom est Selma et je travaille pour une société qui est sur la liste *Fortune 500* en tant que cadre intermédiaire, a-t-il repris en prenant plaisir à ce nouveau rôle. Ce sont surtout des hommes qui travaillent dans mon département et je me demande parfois si je vais avoir une promotion. Même si j'ai une excellente formation en administration des affaires et en sciences informatiques, la société semble promouvoir davantage les hommes vers la haute direction. J'ai besoin qu'on me prenne au sérieux si je veux avoir de l'avancement, alors je m'habille en conséquence. Dans mon entreprise, il n'y a que deux femmes qui sont dans la haute direction et elles se mettent sur leur 31. J'ai appris à m'habiller en les observant. Autrement, je serai toujours déclassée et j'aurai l'air de venir du département des secrétaires.

Raymond et Selma sont restés tous les deux silencieux pendant un long moment, plongés dans leurs pensées. Finalement, Raymond a dit à Selma :

— Considères-tu vraiment ta garde-robe comme un investissement ?

— C'est ce que j'ai essayé de te dire, a-t-elle répondu sèchement, mais en s'excusant aussitôt. Tu penses que je veux m'habiller de cette façon ? a-t-elle demandé alors qu'elle soulevait l'ourlet de son tailleur en tricot. Je préfère de beaucoup les jeans et un tee-shirt, mais je ne gravirai pas les échelons dans ma société à moins que je ne m'habille en conséquence.

— Les anges vous demandent à tous les deux de considérer le point de vue de l'autre, leur ai-je dit pour m'interposer. Selma, pourrais-tu maintenant faire semblant d'être Raymond et parler de sa conception de l'argent ?

— D'accord, a-t-elle dit avec empressement. Je suis Raymond et j'ai hérité d'un petit fonds en fidéicommis, mais les taux d'intérêt de la banque ne sont rien comparés à ce que je pourrais faire à la Bourse. Mon père et son père avant lui ont tous les deux fait fortune dans le marché boursier. Je me sens presque comme si je trahissais mon père en n'investissant pas dans le marché boursier. Si j'avais pu agir à ma guise, j'aurais coupé tout le superflu de notre budget mensuel et je l'aurais utilisé pour acheter des cotes à la Bourse. Ça me rend fou de lire le journal chaque matin et de voir que les marchés boursiers dans lesquels j'aurais dû investir sont à leur maximum. Les 2 000 dollars que Selma dépense en vêtements et en chaussures pourraient être doublés facilement grâce à un investissement prudent. Nous pourrions tous les deux prendre une retraite confortable et vivre avec les intérêts dans moins de dix ans, si nous jouions nos cartes correctement.

De la même façon que lorsque Raymond imitait Selma, je savais que Selma était ébranlée par les mots qui étaient sortis de sa bouche.

— Je suis désolée de t'avoir mal jugé, Ray, a-t-elle dit en se tournant vers lui.

Les anges ont parlé de nouveau. *En commençant dès aujourd'hui, ajustez votre attitude face à l'argent en écoutant attentivement le point de vue de l'autre et en promettant d'apaiser tous les mots et gestes acrimonieux. Il serait bien de prier avant d'entamer une conversation sur ce sujet. Nous suggérons que vous conserviez votre propre argent dans des banques différentes et que vous ne mettiez qu'une partie de vos revenus dans un compte commun. De cette façon, chacun de vous sera responsable de ses propres dépenses et épargnes, et chacun consacrera une somme fixe qui sera utilisée dans des investissements prudents.*

Ils se sont étreints bien fort l'un l'autre. Raymond ne cessait de dire à Selma qu'ils pouvaient y arriver.

Prescription
. . . .
Essayez de comprendre comment votre partenaire se sent face à l'argent, en essayant de voir les choses de son point de vue. Ce n'est qu'à ce moment que vous pourrez commencer à résoudre vos différends financiers.

Prescription contre les conflits reliés au sexe

Tout de suite après l'argent, le sexe est mentionné comme étant la principale cause de désaccord conjugal. Même si les gens ne s'engagent pas dans des relations intimes seulement pour le sexe, ceci constitue néanmoins une partie importante de la relation. Quand des partenaires ont des besoins et des désirs sexuels différents, les deux se sentent frustrés et lésés. Par exemple, un partenaire voudra expérimenter différentes techniques et positions, tandis que l'autre ressentira de la réticence et peut-être même de l'aversion. Les deux finissent par être en colère et malheureux, blâmant l'autre partenaire, si bien qu'on commence à paver le sentier de la rupture.

Dans un autre exemple, un partenaire ressentira une envie beaucoup plus forte que l'autre pour le sexe et voudra faire l'amour beaucoup plus souvent. Les thérapeutes appellent cela la «divergence du désir sexuel». Typiquement, le désir de l'homme pour les rapports sexuels dépasse celui de la femme, mais ce n'est pas toujours vrai. J'ai vu le contraire, dans lequel la libido de l'homme est basse et c'est la femme qui est la partenaire mécontente, frustrée. Peu importe quel partenaire est le plus en manque de sexe, cependant, la divergence du désir sexuel crée des malentendus, de la tristesse et de la colère qui peuvent ébranler les fondements d'une relation.

Chantal est venue me voir pour une consultation au sujet de sa relation avec son petit ami, Felipe, avec qui elle vivait. Elle voulait savoir s'il était l'homme qu'elle était censée marier. Felipe avait fait deux fois sa demande en mariage, mais à chaque occasion Chantal avait demandé un temps de réflexion, en me confiant que le problème concernait leur vie sexuelle.

Chantal m'a expliqué que Felipe avait des besoins sexuels beaucoup plus grands que les siens.

— Je serais satisfaite de faire l'amour deux ou trois fois par semaine, a-t-elle expliqué, mais Felipe veut faire l'amour chaque jour, parfois deux ou trois fois. Je l'aime, mais il m'épuise. Quand je dis non, nous entrons dans d'énormes disputes, qui prennent plus de temps et d'énergie que si j'avais cédé. Je veux savoir ce que les anges ont à dire au sujet de notre relation.

Il y a bien de l'amour dans cette union, m'ont dit les anges ; ce que j'ai transmis à Chantal. *Ce dont il est en question ici, c'est sa façon d'exprimer son amour. Nous constatons que Felipe exprime la profondeur de son amour par des gestes et non par des mots. Mais en s'exprimant par sa sexualité, le message qu'il t'envoie est un signal déroutant. Il veut te montrer son amour et sa passion par l'amour physique. Felipe est un homme de grande passion et cela le frustre de retenir ces émotions à l'intérieur. Pour lui, l'expression physique est un exutoire et une manière de te transmettre ses messages, Chantal bien-aimée.*

La différence de désir sexuel entre Chantal et Felipe montrait la différence dans la façon dont chacun communiquait ses sentiments d'amour envers l'autre. Felipe essayait d'exprimer son amour par des gestes qu'il considérait comme aimants (le sexe). Quand Chantal le repoussait, il sentait que son amour était rejeté et il se refermait. De la même façon, Chantal essayait d'exprimer son amour en lui disant combien elle l'aimait. Et quand cela ne satisfaisait pas les besoins de Felipe, elle ressentait de la pression et ne savait que faire.

J'ai raconté tout cela à Chantal pendant qu'elle s'assoyait avec les bras croisés et un air renfrogné.

— Alors, est-ce que cela veut dire que je devrais le marier et m'accommoder tout le temps de son harcèlement sexuel, ou pas ? a-t-elle demandé.

Selon notre poste d'observation, nous voyons que vous vous marierez et aurez des enfants, tout comme tu le désires. Nous t'avertissons, cependant, de ne pas te précipiter dans une telle union. Faire cela ne serait ni bénéfique pour toi, ton mari ou tes enfants éventuels.

— Alors, vous me dites de ne pas marier Felipe ? a-t-elle demandé avec impatience.

Pas en ce moment. Ce n'est pas recommandé, non. Vous devez d'abord vous asseoir et parler avec une tierce personne qui pourra vous conseiller, quelqu'un qui puisse traduire l'amour que vous éprouvez l'un pour l'autre dans un langage que vous pourrez partager et comprendre, et en ressentir l'amour. Étant donné l'état actuel des choses, Felipe fait la sourde oreille à tes expressions verbales d'amour et tu es aveugle à ses expressions physiques d'amour. Vous parlez des langages différents, vous avez donc besoin d'un interprète avant de passer un contrat de mariage.

— Je ne suis pas sûre que Felipe soit ouvert à recevoir de l'aide. Ne pouvons-nous pas simplement discuter de cela ensemble, tous les deux, seuls ? a demandé Chantal.

Étant donné ton sentiment d'urgence pour résoudre ce problème, à nouveau nous te recommandons une tierce personne pour amorcer une conversation entre vous deux : conversation que vous finirez par avoir, certes, mais que vous aurez plus rapidement dans le cadre d'une assistance.

Je suis partiellement sortie de mon état de demi-transe et j'ai dit :

— Tes anges recommandent fortement que toi et Felipe consultiez un conseiller, et je vais vous donner les noms de thérapeutes agréés qui traitent les relations par l'approche à la fois spirituelle et psychothérapique.

Plusieurs mois plus tard, j'ai reçu des nouvelles de l'une de ces conseillères. Elle avait vu Felipe et Chantal séparément et en couple sur une base régulière. Elle m'a raconté qu'ils apprenaient comment gérer efficacement leurs divergences sexuelles. Certains couples peuvent apprendre comment traduire le mode de communication de l'autre à travers les essais et les erreurs. Dans le cas de Felipe et de Chantal, grâce au counseling, chacun a appris l'importance de reconnaître l'expression d'amour unique de l'autre. Une fois que Felipe a senti que son amour était reconnu, son besoin d'être rassuré de l'amour de Chantal par le sexe a diminué. En même temps, moins Chantal ressentait de pression pour le sexe, plus grand était son désir pour Felipe. Elle a bientôt vu le sexe comme étant une autre façon d'exprimer son amour pour Felipe. Le couple a finalement trouvé un mode d'expression à la fois émotionnel et sexuel qui était satisfaisant pour les deux. Chantal m'a dit plus tard qu'ils prévoyaient se marier d'ici un an si les choses continuaient à bien aller.

Prescription

. . . .

Apprenez le langage de l'amour de l'autre en discutant de vos différentes façons d'exprimer l'amour, et pourquoi vous voyez cela comme une façon de montrer votre passion. Essayez de traduire l'amour que vous ressentez l'un envers l'autre dans un langage que vous pouvez partager et comprendre.

Prescription contre les relations spirituellement déséquilibrées

Aux environs de 1990, dans ma pratique privée en psychothérapie, les principaux sujets de dissension au sein des couples étaient l'argent, le sexe et l'éducation des enfants. Mais en moins de deux décennies, il y a eu dans la société une renaissance spirituelle, si bien qu'une des causes fréquentes de conflits au sein des relations est devenue les divergences spirituelles. Cela apparaît quand des personnes mariées sont en cheminement spirituel ou vivent avec un partenaire qui n'est pas dans un tel cheminement.

Typiquement, une personne sensible au domaine spirituel se sent incapable de discuter de ses intérêts véritables avec l'autre, et ses tentatives d'évoquer le sujet sont souvent accueillies avec scepticisme et mépris. Elle va donc combler à l'extérieur ses besoins spirituels via des groupes d'études, des conférences et ateliers. Quand elle revient chez elle, elle doit demeurer silencieuse si elle veut éviter une dispute. Elle ne peut pas partager ses pensées et opinions avec son partenaire sceptique, ce qui crée un sentiment de solitude et de ressenti-ment qui fait qu'elle se détache progressivement de son partenaire.

La situation est également difficile pour un partenaire qui n'a pas de vie spirituelle. S'il a été élevé dans une religion conservatrice, on peut lui avoir appris de craindre et de se méfier de la métaphysique et de la spiritualité comme étant des choses sombres et mauvaises qui frôlent la démonologie. Même si un partenaire sceptique n'est pas rempli de préjugés concernant une démarche spirituelle, il peut avoir des peurs fréquentes comme :

Et si ma partenaire était impliquée avec un gourou de secte ?

Et si elle subissait un lavage de cerveau ?

Et si son estime personnelle s'élevait au point de vouloir divorcer ?

Ces relations, je les appelle spirituellement déséquilibrées. Si vous êtes actuellement dans une telle relation, vous êtes probablement malheureux et frustré. Le fossé d'incompréhen-sion entre vous et votre partenaire peut sembler presque impossible à franchir. Vous pouvez envisager le divorce, vous demandant si vous devez échanger votre partenaire actuel pour quelqu'un de plus intéressé par le domaine spirituel. J'ai rencontré des centaines de personnes dans des situations semblables.

Une de mes étudiantes, Sue, a commencé à s'intéresser aux anges et aux phénomènes psychiques suite à la mort de sa mère. Élevée dans un foyer chrétien traditionnel, Sue avait toujours été une personne conservatrice. Par conséquent, elle n'avait jamais accordé beaucoup d'intérêt à la vie après la mort ou d'autres préoccupations hautement philosophiques. Sue était bien trop concentrée sur ses responsabilités quotidiennes pour penser au Ciel, à une vie après la mort, ou à d'autres sujets ésotériques.

Sue avait sombré dans le désespoir quand sa mère était morte à la suite d'une maladie soudaine. Une nuit, elle s'est réveillée d'un sommeil profond. Là, au pied de son lit, se trouvait une lueur blanche bleuâtre. Sa mère se trouvait au milieu de la lumière. Elle s'est frotté les yeux et a pensé qu'elle rêvait, mais sa mère était aussi vraie que dans la vie réelle. Via la télépathie, elle a parlé à sa fille en lui transmettant un sentiment de paix et de calme qui a guéri immédiatement une grande partie de son chagrin. Après que l'apparition de sa mère soit disparue, Sue a jeté un coup d'œil à son mari endormi, Dan. Il dormait encore à poings fermés. Le lendemain matin, au petit déjeuner, Sue a voulu parler à Dan de sa rencontre, mais elle craignait ce que Dan, qui s'était toujours moqué de telles notions, dirait. Rassemblant son courage, Sue a abordé avec ménagement le sujet de la vie après la mort et Dan a levé les yeux au ciel.

— Écoute, a-t-il dit en déposant son journal, quand une personne meurt, elle s'en va. Désolé de te faire part de la nouvelle, chérie. Mais la vie est douce, courte, puis tout est terminé.

Il s'est levé, a marché vers Sue et a mis les mains autour de ses épaules.

— Si cela concerne ta mère, va chercher de l'aide, d'accord ? Je sais qu'elle te manque terriblement.

Alors que Dan s'éloignait de la table de la cuisine, Sue s'est sentie comme si elle avait été rejetée. Elle se posait encore des questions concernant cette apparition, mais cela avait été si réel, non pas comme dans les autres rêves qu'elle avait faits auparavant. Alors qu'elle s'habillait, elle s'est demandé si on avait déjà écrit sur le sujet. Une heure plus tard, Sue achetait trois livres sur la vie après la mort. Elle a trouvé un grand réconfort en lisant les études de cas de personnes qui avaient eu des expériences de mort imminente et des gens qui avaient vu des apparitions de personnes chères décédées. Elle a caché les livres pour que Dan ne les trouve pas, sachant qu'il ne lui ferait que des remarques cinglantes parce qu'elle les lisait. Puis, elle a trouvé une librairie du quartier qui offrait différents cours liés à son nouvel intérêt pour la métaphysique, y compris un cours où j'enseignais.

Le seul problème était qu'elle ne pouvait pas partager ses intérêts et expériences avec le mari dont elle avait été si proche pendant tellement d'années. Sue se sentait coupable, comme si elle menait une double vie, sortant furtivement pour aller à ses cours de métaphysique à l'insu de son mari. Alors, elle a commencé à se demander si le divorce pouvait être la solution.

Sue a finalement rassemblé son courage pour venir me voir. Les anges lui ont dit : *Vois ton partenaire comme une personne spirituelle, puisque tout le monde est un enfant de Dieu. Évite les pensées qui créent une séparation et des différences entre vous comme : « Il n'est pas aussi spirituel que moi ». Qu'il le sache ou non, ton mari est aussi spirituel que toi, et si tu peux voir cette qualité en lui, ce sera plus facile pour lui de le reconnaître également.*

— Je n'ai jamais pensé à lui comme à un être spirituel auparavant, a songé Sue. Mais cela correspond bien à ce que j'ai appris : nous sommes tous des êtres spirituels.

Les anges lui ont ensuite dit : *Confie ta relation au Ciel. Demande à Dieu de t'aider à te distancier émotivement de la situation. À moins que tu ne lâches prise et permettes à Dieu et à nous-mêmes de t'aider, nous ne pouvons pas intervenir. Cependant, si tu as l'intention de remettre au Ciel ta vie amoureuse, cela permettra à la lumière divine d'entrer à flot et d'illuminer la situation. Soit la relation se rétablira de façon miraculeuse, imprévue, soit elle se terminera harmonieusement et une nouvelle relation la remplacera quand tu seras prête émotivement.*

— J'aimerais lâcher prise par rapport à la situation, mais comment puis-je faire cela ? a demandé Sue inquiète.

Les anges ont offert la prescription divine suivante (vous pouvez l'essayer pour vous-même) : *Imaginez-vous tenant la relation dans votre main dominante. C'est votre main de libération. À trois, ouvrez votre main et visualisez un ange transportant votre relation vers la lumière, où un traitement de guérison pourra s'ensuivre. Ressentez le sentiment de soulagement et de légèreté qui naît en disant à Dieu : « Tenez, je vous remets la situation entière. S'il vous plaît, saisissez-vous de ma situation pour que je puisse enfin libérer mon esprit, qui est fatigué de toujours penser et chercher quelle est la bonne chose à faire. » Sue, une fois que tu auras prononcé ces mots, sois confiante que la situation est déjà rétablie et que tu expérimenteras bientôt les preuves de cela. Attends-toi à un miracle.*

Sue a pris ce conseil à cœur. Au lieu de se désespérer parce qu'elle se sentait coincée dans une relation spirituellement déséquilibrée, elle s'est mise à guérir ses propres pensées et sentiments au sujet de la situation et a fait confiance aux anges pour établir le bon équilibre spirituel dans sa vie. Finalement, elle et son mari se sont séparés, mais à l'amiable. Sue a depuis rencontré un homme en cheminement spirituel et ils envisagent le mariage.

Prescription

. . . .

Comprenez que même si votre partenaire n'est pas en cheminement spirituel, il est néanmoins un être spirituel. N'ayez pas de pensées discriminatoires. Il découvrira peut-être la spiritualité avec le temps, ou vous irez chacun votre chemin. Ainsi, cela ouvrira la voie à une nouvelle rencontre qui partagera votre cheminement spirituel.

Prescription pour traiter avec les ex désagréables

Aujourd'hui, plusieurs conflits conjugaux proviennent de relations ou de mariages précédents. Avec tous ces mariages et unions libres qui se terminent souvent en séparation ou divorce, la famille recomposée est devenue une nouvelle réalité sociale. Outre les angoisses typiques et les tensions qu'entraînent le mariage, ces familles — composées de beaux-parents, d'enfants d'un autre lit, de demi-sœurs et demi-frères — font face à un stress considérable concernant la garde des enfants, les visites, en plus des disputes avec les ex conjoints ou partenaires.

Kirsten, 33 ans, est venue me consulter pour tenter de régler un problème survenu après un second mariage. Elle et Kirk étaient déjà mariés quand ils se sont rencontrés pour la première fois et qu'ils sont tombés amoureux. Kirsten était malheureuse depuis qu'elle avait découvert que son mari consommait secrètement de la cocaïne et qu'il avait refusé de se faire traiter. Kirk était lui aussi malheureux parce qu'il voulait avoir d'autres enfants et que sa femme n'en voulait pas. Ni Kirsten ni Kirk n'avaient reçu beaucoup d'affection dans leur couple depuis un bon moment, et c'est pourquoi ils étaient émotivement vulnérables et assoiffés d'amour quand ils se sont rencontrés. Leur union était pratiquement inévitable et a rapidement abouti à une relation stable.

Les deux ont décidé de divorcer pour pouvoir vivre ensemble. Le divorce de Kirsten s'est rapidement conclu, mais la femme de Kirk a fait preuve de mauvaise volonté en signant les papiers du divorce.

— Nous nous aimons tellement, m'a confié Kirsten. Franchement, je n'ai pas éprouvé une telle sérénité avec qui que ce soit. Mais notre plus grande inquiétude est l'amertume de son ex-femme. Elle essaie constamment d'empoisonner l'esprit de leur fille de neuf ans pour la monter contre son père et moi.

Elle appelle à toutes heures pour crier contre moi et contre Kirk. Elle entre précipitamment dans notre maison chaque fois qu'elle vient chercher sa fille et provoque une dispute avec moi. Cela a un effet horrible sur nous, ainsi que sur la relation de Kirk avec sa fille. Nous avons besoin de conseils spirituels en ce moment. Que pouvons-nous faire pour résoudre cela avant que ça nous détruise tous ?

J'ai inspiré profondément et je me suis concentrée sur le message des anges à l'intention de Kirsten. Et en effet, les anges me montraient une résolution pacifique de la situation en ces termes :

Tu peux accélérer le processus de guérison en écrivant une lettre aux anges gardiens de l'ex-femme de Kirk. Demande-leur de t'aider à avoir une résolution pacifique, et ses propres anges gardiens murmureront à son oreille et lui rappelleront l'importance d'agir dans l'esprit de l'amour divin pour le bien de son enfant.

— D'accord, je suis prête à essayer cela, a-t-elle dit en notant la prescription des anges dans son carnet.

Les anges ont poursuivi leur prescription divine : *C'est important que tu gardes un esprit aimant à l'égard de l'ex-femme de Kirk. Si tu t'attends à ce qu'elle se comporte mal, tu lui enverras de l'énergie négative qui se manifestera en agissements négatifs de sa part.*

— Cela a du sens. J'ai ressenti un fort sentiment que je devais pardonner à son ex-femme. Je pense que j'ai bien compris mes anges, a-t-elle dit surprise par cette déclaration.

Dans bien des situations semblables, à l'instar du problème de Kirsten, c'est la prescription que les anges m'ont transmise. Le remède principal est de garder un esprit aimant à l'égard de vos anciennes relations, que ce soit votre ancien amant, conjoint ou anciens beaux-parents. Si vous continuez de blâmer ou de ne pas vouloir pardonner, vous nourrissez des sentiments toxiques qui intensifient toute hostilité que ces derniers pourraient nourrir contre vous. Les anges ont vu que l'ex-femme de Kirk pouvait sentir l'énergie et les appréhensions négatives de Kirsten, ce qui a provoqué encore plus de comportements négatifs de sa part.

Un an plus tard, Kirsten a eu une séance de suivi avec moi, cette fois concernant le bébé qu'elle et Kirk attendaient. J'ai vu combien le changement d'attitude de Kirsten envers l'ex-femme de Kirk avait éliminé beaucoup de stress dans leur foyer et avait aidé la jeune fille de Kirk à s'ajuster au divorce. Les anges ont rajouté que le bébé qu'elle attendait se faisait une joie de naître dans une famille aussi aimante.

Prescription

. . . .

Gardez des pensées aimantes envers l'autre. N'envoyez pas d'énergie négative qui pourrait revenir contre vous sous forme de problèmes additionnels et de maux de tête inutiles.

CHAPITRE 6

∽

Prescriptions pour les enfants, la famille et les êtres chers

L es anges ont plus que des conseils pertinents sur la façon de résoudre vos défis personnels et vos relations amoureuses. Ils ont aussi des prescriptions efficaces pour les problèmes avec les enfants, les parents, les frères et sœurs et d'autres être chers. La rivalité entre frères et sœurs, les problèmes des familles recomposées, les disputes conjugales, les conflits parent-enfant... Il semble néanmoins que les conflits à l'intérieur des familles soient inévitables. Cependant, selon les anges, vous pouvez grâce à leur aide jouir d'interactions pacifiques avec chaque membre de votre famille.

De temps en temps, tout le monde a des difficultés à communiquer avec les autres, en particulier ceux qui sont le plus près d'eux. À moins que ces malentendus ne soient tués dans l'œuf, ils causent rapidement des déchirements familiaux qui empirent au fil du temps. Heureusement, quand les gens apprennent à écouter et à prêter attention aux suggestions angéliques, les anges peuvent leur apprendre comment avoir des relations familiales honnêtes et aimantes. Le plus grand souhait des anges pour les êtres humains est la paix, et leur grand plaisir est de briller sur toutes les interactions humaines.

Prescription pour les enfants malheureux et renfermés

Quand un enfant, normal et heureux, devient soudainement renfermé et distant, le parent se sent paralysé par la peur que quelque chose ne va pas. Cette peur peut en elle-même empirer la situation et rendre l'enfant encore plus malheureux et solitaire.

Les anges disent que les attentes positives des parents créent des résultats positifs chez leurs enfants. D'autre part, l'anxiété est une forme de prière négative qui crée des problèmes qui finissent par arriver. Les anges rappellent que les enfants sont sensibles et peuvent sentir quand un adulte est inquiet. Les enfants réagissent ensuite négativement par le simple fait de savoir que leurs parents sont inquiets, ce qui les rend également craintifs et insécures.

Ilona était inquiète de sa fille ainée, Kim, qui avait 15 ans. Elle se demandait pourquoi Kim, qui avait toujours été une enfant enjouée et heureuse, était devenue récemment renfrognée et distante. Ilona s'imaginait le pire : activités sexuelles, grossesse, consommation de drogue, et le reste.

— Kim passe son temps à me repousser chaque fois que j'essaie de parler avec elle, m'a confié Ilona désespérée. Nous étions si proches jusqu'à ces derniers mois. Maintenant, elle me répond à peine quand je lui parle et passe la plus grande partie de son temps à la maison, enfermée dans sa chambre. Que me disent les anges ? Que Kim me hait soudainement pour une raison ou une autre ? Ou a-t-elle commencé à consommer de la drogue ? Je dois savoir pourquoi elle a changé et est devenue si distante.

Pense à la façon dont tu avais l'habitude de visualiser Kim en ton for intérieur, ont répondu les anges. *Tu la tenais en haute estime et tu t'attendais à ce qu'elle en fasse autant. Tu t'attendais à une amitié et un respect mutuels, et c'est effectivement ce que tu as reçu. Vois les choses de cette façon : ne te sens-tu pas à l'aise avec les gens qui sont comme toi ? Cela ne fait-il pas ressortir le meilleur en toi quand tu perçois que quelqu'un te porte en haute estime ?*

— Bien sûr, a répondu Ilona.

Et inversement, ne te comportes-tu pas maladroitement avec quelqu'un qui semble te désapprouver ?

— Oui, je suppose que c'est ce que je fais, a admis Ilona.

Ta fille, Kim, réagit simplement à tes appréhensions. Tu as pris cela personnellement quand elle a commencé à avoir besoin d'une plus grande solitude et intimité lorsqu'elle est devenue adolescente. Et tu as changé la façon dont tu la percevais et interagissais avec elle. Tout comme une situation évolue au fil des jours, de la même façon, les attentes que tu projettes sur ta fille l'obligent à se refermer encore plus sur elle-même.

— Vous voulez dire que c'est *moi* qui incite Kim à se comporter de cette façon ? a demandé Kim dubitative.

Ultimement, chaque personne est une extension de toi et est affectée par tes appréhensions positives ou négatives. Tout comme tu te comportes différemment avec quelqu'un de positif ou de méfiant, il en va de même avec Kim.

Nous savons que tu désires une relation plus profonde et plus étroite avec ta fille. Nous te demandons de voir et de sentir la relation que tu aimerais avoir avec Kim, chaque fois que tu parles avec elle ou que tu penses à elle. Imagine que vous allez toutes les deux au cinéma, que vous faites les courses ensemble, que vous parlez et avez une merveilleuse amitié mère-fille. Quand tu te laisses envahir par des appréhensions négatives, demande nous de corriger tes pensées pour qu'elles soient alignées avec tes désirs et non pas avec tes peurs.

— Je peux faire cela, a répondu Ilona.

Deux semaines plus tard, j'ai eu une séance de suivi avec Ilona.

— Au début, ça été difficile de rester optimiste quand Kim m'a tenue à l'écart, a-t-elle commencé, mais j'ai prié pour recevoir de l'aide et cela a semblé me donner de la force. J'ai refusé d'abandonner parce que j'aime tellement ma fille. Je me suis forcée à nous visualiser toutes les deux ayant du plaisir ensemble comme nous en avions l'habitude. Cela semble avoir un effet assez positif sur Kim. Je sais que je me sens un peu mieux ; optimiste, je suppose.

Environ un mois après cette conversation, j'ai reçu un coup de fil animé de la part d'Ilona.

— Vous ne devinerez jamais d'où je reviens, a-t-elle dit en haletant. Kim et moi sommes allées au cinéma et avons eu beaucoup de plaisir. C'était exactement comme je l'avais visualisé et elle commence vraiment à changer et à me traiter comme si elle m'aimait de nouveau. Elle a cessé de passer autant de temps seule dans sa chambre et on s'entend bien à présent.

Il est important de mentionner ici que quand un enfant se retire pour s'isoler, cela *pourrait* être un signe d'avertissement de quelque chose de plus grave, comme l'usage de stupéfiants, dont je vais parler plus loin. Si vous soupçonnez qu'il y a usage de stupéfiants, demandez immédiatement de l'aide professionnelle. Cependant, dans l'histoire de Kim, la cause essentiellement était sa réaction face aux attentes d'Ilona.

Prescription
. . . .

Gardez une attitude positive envers votre enfant et ayez des attentes positives à son égard. Votre énergie positive fera en sorte qu'il se sente plus proche de vous, et il réagira également positivement.

Prescription pour aider les enfants
à s'adapter à un déménagement

Un déménagement de la famille dans une ville éloignée peut être dévastateur pour les enfants. Le déracinement émotionnel que provoque le fait d'être séparés de leur environnement familier et de leurs amis est assez douloureux. Ajoutez à cela l'incertitude reliée à l'adaptation d'une nouvelle école, de nouveaux camarades de classe et d'une autre ville; donc sans un bon soutien des adultes, les enfants peuvent souffrir, une fois adultes, de traumatisme.

Les anges savent que les enfants ont souvent de la difficulté à s'adapter à un déménagement important. Ils comprennent aussi qu'un déménagement est souvent inévitable et bénéfique pour la famille à long terme. À cet effet, ils ont une prescription divine pour les parents en mesure d'aider leurs enfants à mieux s'adapter.

C'est ce remède qu'ils ont partagé avec Betty, une veuve de quarante-quatre ans, mère de trois enfants. Depuis la mort accidentelle de leur père deux ans plus tôt, les enfants de Betty, âgés de sept, neuf et onze ans, s'étaient adaptés lentement à la vie sans leur père. À ce moment-là, Betty avait accepté un emploi en tant que chef de bureau dans une autre ville. Ce nouvel emploi offrait un revenu substantiel et des bénéfices généreux, ce qui rendrait la vie beaucoup plus facile pour Betty et ses enfants. Au départ, Betty était enchantée; puis la réalité s'est imposée. Quand ses enfants ont appris qu'ils devraient déménager à 400 kilomètres de leur ville natale et de leurs amis, ils ont fondu en larmes. Betty ressentait une culpabilité atroce et c'est ce qui l'a amenée chez moi.

— Je sens que j'ai pris la meilleure décision pour nous tous. Mais maintenant, je suis inquiète du tort que ce déracinement pourrait causer à mes enfants à ce moment-ci de leur vie. Ils ont déjà traversé tellement de choses avec la perte de leur père. À présent, je leur demande de renoncer à leurs amis et à leur environnement familier, s'est confiée Betty désemparée.

J'ai vu un groupe de beaux anges entourant Betty et son époux décédé, Ed. Les anges m'ont montré un film de Betty avec ses enfants dans un avenir rapproché, et les enfants souriaient joyeusement.

Les anges ont rassuré Betty : *Tes enfants réagiront bien au déménagement. Cependant, au départ, ils auront besoin d'une attention additionnelle de ta part, le temps qu'ils s'ajustent. Étant donné qu'ils n'auront plus l'attention de leurs amis, c'est vers toi qu'ils se tourneront ; donc sois prête à passer plus de temps à jouer avec eux, ce qui facilitera leur transition.*

— Ed avait l'habitude de jouer beaucoup avec les enfants. Cela avait le don de les calmer, et moi aussi. Je suis parfois tellement occupée que j'oublie de prendre le temps de jouer avec eux. Alors, j'ai tendance à les envoyer dehors ou à les placer devant la télé et à leur dire de se distraire eux-mêmes. Je pense que je dois passer plus de temps avec eux, a-t-elle avoué doucement en baissant la tête.

J'ai rassuré Betty en lui disant que ses anges n'essayaient pas de la rendre coupable. Ils lui offraient plutôt un remède divin qui pourrait aider ses enfants à s'ajuster. Les anges ont insisté sur le fait que si elle allouait plus de temps à ses enfants, ils se sentiraient davantage en sécurité, aimés et rassurés. Ainsi, ses enfants partiraient à l'école plus confiants, et leur attitude positive attirerait de nouveaux amis et les aideraient à surmonter leurs sentiments de déracinement et la nostalgie de leur ville natale.

Prescription

· ·

Donnez du temps et de l'amour additionnels à vos enfants jusqu'à ce qu'ils se fassent des amis et s'adaptent à leur nouvel environnement. Étant donné qu'ils ont perdu l'attention de leurs anciens camarades d'école, ils auront besoin de plus d'attention que d'habitude de votre part.

Prescription pour les enfants hyperactifs

Au cours des dernières années, le nombre d'enfants chez qui l'on a diagnostiqué un trouble d'hyperactivité avec déficit de l'attention (THADA, anciennement connu sous le nom de trouble de déficit de l'attention ou TDA) est monté en flèche. Ces enfants ont des quantités démesurées d'énergie qui fait qu'ils passent continuellement d'un jouet, d'un jeu ou d'une pensée à l'autre, qu'ils parlent sans arrêt ou qu'ils interrompent tout le monde autour d'eux. Les parents d'enfants souffrant du THADA peuvent ne plus savoir que faire, si bien qu'ils deviennent vite frustrés face à leur incapacité à communiquer avec eux. Résultat : ils sont épuisés et n'arrivent plus à les suivre.

Dans certaines écoles des États-Unis, on a diagnostiqué le THADA chez 20 pour cent des élèves. Le plus troublant, c'est que ce nombre continue d'augmenter. La réponse médicale traditionnelle pour traiter le THADA est le méthylphénidate (Ritalin). Un chercheur médical a estimé qu'à l'aube du XXIe siècle, « quelques huit millions d'élèves américains » étaient traités avec le Ritalin.

C'était le cas d'un jeune garçon, dont la mère, Maria, était venue me consulter pour un problème différent. Mais les anges avaient autre chose à l'esprit ce jour-là. Au lieu de répondre à la question qu'elle posait, ils m'ont montré l'image du jeune garçon qui vivait avec elle. Quand je le lui ai décrit — un grand adolescent, mince, aux cheveux bruns, avec des lunettes — Maria a répondu avec surprise que c'était son fils, Ricardo, Ricky pour les intimes.

Tout d'un coup, j'ai senti l'énergie intense des anges de Ricky, alors qu'ils parlaient à Maria à travers moi. Ils étaient très volubiles et désireux de se faire entendre.

— Est-ce que ton fils possède un excès d'énergie, est-il hyperactif ? lui ai-je demandé, parce que c'est ce que les anges me montrent.

— Oui, sans aucun doute. Le psychologue de l'école a diagnostiqué de l'hyperactivité chez lui et l'a mis sur le Ritalin. Je suis très inquiète de l'effet de cette drogue sur lui, mais je ne sais pas quoi faire d'autre, a-telle répondu désemparée.

Les anges lui ont dit : *Ricky est nourri par de grandes ambitions. Même s'il ne le montre pas au fond de lui, il est très concerné par son avenir. Permets à son côté artistique de s'épanouir. C'est un message très fort sur lequel nous insistons. Il a de l'avenir dans le domaine artistique. Encourage-le à dessiner, à faire des croquis ou à jouer de la musique comme un exutoire pour libérer son surplus d'énergie. Il est sur la bonne voie pour occuper un rôle de direction et de gestion dans le futur. Ne t'inquiète pas pour ton fils.*

Maria a effectivement confirmé que Ricky avait des intérêts et des talents musicaux et qu'il jouait du piano. Elle a ajouté qu'elle encouragerait et soutiendrait les perspectives artistiques de Ricky et qu'elle prierait également pour être conseillée quant aux autres activités qu'il pourrait apprécier. Les anges ont dit que si Ricky canalisait son énergie dans ces exutoires, il deviendrait plus calme et plus concentré à la maison et à l'école.

Nous te demandons de ne pas traiter le trop plein d'énergie de Ricky avec des drogues, mais que tu l'aides plutôt à découvrir comment concentrer son jeune esprit. Nous voyons que ces jeunes qui ont des exutoires dans des passe-temps créatifs, comme la musique ou les arts, ont tendance à calmer leur esprit du tourbillon de l'activité mentale. Impliquez vos enfants dans des projets qui les intéressent vraiment et tout le monde en bénéficiera.

J'ai vu le corps éthéré et l'esprit d'un grand homme apparaître près de Ricky. J'ai demandé :

— Il y a avec lui un parent masculin décédé qui est grand et mince. Est-ce l'arrière-grand-père de Ricky ?

— Oui, ça semble être lui, a répondu Maria.

— L'arrière-grand-père de Ricky me montre sa bouche édentée en me signifiant que c'est une façon de vous aider à reconnaître que c'est bien lui, ai-je rajouté en décrivant ce que je voyais.

En effet, il n'avait pas de dents. C'est bien lui! a répondu Maria ébahie.

— Ton grand-père est très, très proche de ton fils, si bien que ton fils est sous l'emprise d'une forte influence masculine, ai-je poursuivi. Il me montre que Ricky ne t'écoute pas toujours, ni ses anges, ni lui. En fait, il me montre que ses oreilles sont souvent bouchées, comme s'il y avait de la cire. De toute façon, il conseille de laisser Ricky rêvasser, parce que c'est sa façon de résoudre ses problèmes. Ne t'inquiète pas pour lui. Tout ira bien. Il est entre les mains de Dieu.

— J'avais aussi ce sentiment qu'il était entre les mains de Dieu, a répondu Maria en soupirant avec soulagement.

J'ai vu Maria et Ricky, un an plus tard, quand ils ont assisté à un de mes ateliers. J'ai trouvé que Ricky semblait un jeune homme calme et mature. Sa mère m'a prise à part et m'a informée qu'elle avait inscrit Ricky à des cours de musique et qu'il avait également commencé à faire de la photographie. Il avait complètement cessé le Ritalin, à peine quelques mois après s'être concentré sur ses talents artistiques, et ses résultats scolaires s'étaient grandement améliorés.

Ce que les anges ont prescrit à Ricky correspond aux suggestions de la prestigieuse *National Foundation for Gifted and Creative Children*. «On étiquette faussement plusieurs enfants surdoués comme ayant un THADA», dit la fondation. «Et plusieurs parents ignorent que leur enfant pourrait être potentiellement surdoué.» En effet, les enfants surdoués possèdent les caractéristiques typiques décrites chez Ricky et les autres enfants chez qui l'on a diagnostiqué le THADA. Ceci inclut : une hypersensibilité à leur environnement; des niveaux d'énergie excessifs; le fait de s'ennuyer rapidement ou d'être facilement distraits à cause de l'hyperactivité de leur cerveau; d'être facilement frustrés en raison d'un manque de ressources pour réaliser les idées qu'ils ont; et l'incapacité à rester tranquilles à moins d'être absorbés par quelque chose qui constitue un grand intérêt pour eux.

Prescription

. . . .

Les enfants chez qui l'on a diagnostiqué le THADA sont souvent très créatifs et s'assagissent lorsqu'on les aide à trouver un exutoire créatif pour canaliser leur énergie.

Prescription pour les enfants colériques

Les parents sont horrifiés quand leur enfant heureux et aimant devient subitement colérique ou destructeur. L'intimité de la famille est perturbée par les accès de colère continuels de l'enfant et l'atmosphère aimante du foyer est marquée par de grands cris, des portes qui claquent ou des objets lancés. Tout le monde est blessé : les parents se blâment; les frères et sœurs sont victimes de ces crises émotionnelles; et les camarades de classe, même le système scolaire lui-même, en souffrent. Si les efforts initiaux pour transformer un tel comportement échouent, les parents peuvent s'affoler, blâmer l'autre et même divorcer.

Le royaume angélique prescrit des exercices physiques aux enfants colériques, comme une façon de canaliser leur niveau excessif de colère. Les anges recommandent particulièrement les formes orientales d'exercices, comme le yoga et le tai chi, puisque ces mouvements enseignent comment concentrer l'esprit aussi bien que le corps. C'est la prescription qu'ils ont donnée à Diana, dont le comportement de sa jeune fille était devenu un problème sérieux.

La fille Dianna, Teri qui avait 10 ans, a commencé à avoir des problèmes à l'école et à exploser de colère à la maison.

— Le professeur de Teri dit qu'elle essaie d'être le centre d'attention et, quand les choses ne vont pas comme elle le souhaite, elle devient très contrariée et blesse physiquement et verbalement les autres jeunes, a commencé Dianna. Ils ne veulent plus avoir rien à faire avec elle. Quand nous essayons de lui en parler, elle nous fait la même chose. Un accès de colère commence parfois sans raison apparente. Mon mari dit que c'est de ma faute parce que je l'ai gâtée. Je pense que c'est la sienne parce qu'il a été trop dur avec elle. Nous nous sommes beaucoup disputés. Qu'est-il arrivé à la douce petite fille affectueuse qu'elle avait l'habitude d'être? Est-ce que les anges peuvent me dire d'où provient sa colère et comment nous pouvons l'aider à la contrôler?

J'ai vu immédiatement une image mentale de Teri dans laquelle elle passait rapidement d'une activité à l'autre. Les anges m'ont fait entrer à l'intérieur de son processus de pensées et d'émotions pour que je puisse vraiment la comprendre. J'ai vu que ses pensées allaient et venaient aussi rapidement qu'une comète. Les émotions de Teri étaient si volatiles, surgissant constamment à un degré tel, qu'elles annihilaient sa capacité à écouter et à se concentrer.

Un autre groupe d'images a suivi, dans lequel Teri prati-quait les arts martiaux. Loin des films d'arts martiaux violents d'Hollywood, ce film représentait Teri dans des poses de yoga. Je l'ai vue étirer les bras et les jambes avec sérénité, se sentant vraiment en contrôle de sa posture et de ses muscles. À l'inté-rieur de son esprit et de son cœur, je sentais une énorme diffé-rence : Teri était concentrée et extrêmement sereine, presque tranquille.

— Les anges me montrent que ta fille a beaucoup d'énergie et que ce n'est pas seulement de la colère qu'elle a en excès. Ils me montrent que ta fille a vraiment besoin d'un moyen phy-sique pour concentrer son énergie, comme le tai chi ou une autre pratique orientale, ai-je recommandé à Dianna.

Les anges ont ajouté : *Ta fille est très forte et énergique et nous ne voulons pas voir son énergie s'éteindre ou être réprimée. Elle a besoin de se sentir en phase avec sa nature énergique, parce qu'elle sera une dirigeante énergique à l'âge adulte. Les pratiques orientales sont préférables aux sports d'équipe, puisque ta fille a besoin d'apprendre à centrer son esprit et son énergie. Les sports compéti-tifs exacerberaient trop son agressivité.*

— J'avais justement pensé inscrire Teri à des cours de tai chi, c'est extraordinaire ! s'est exclamée Dianna.

Les anges avaient manifestement déjà essayé de faire passer le même message à Dianna, mais pour une raison ou une autre, elle n'avait pas suivi leurs conseils.

Dianna était déterminée à inscrire immédiatement sa fille à des cours de tai chi. Elle m'a téléphoné deux semaines plus tard pour signaler un changement remarquable chez Teri.

— Pour la première fois depuis son jeune âge, c'est un plaisir d'être en sa compagnie, a lancé Dianna. Ses professeurs à l'école disent qu'elle s'entend mieux avec tout le monde et ils voient une nette amélioration dans ses travaux scolaires et ses notes. Je pense que Teri se sent beaucoup mieux face à elle-même et ressent de la fierté pour son travail maintenant. Merci, les anges.

Prescription

. . . .

Essayez l'exercice physique comme exutoire pour les enfants très colériques, particulièrement les formes orientales, comme le yoga, le tai chi et l'aïkido, puisqu'ils aident à concentrer aussi bien le corps que l'esprit.

Prescription contre les dépendances
chez les adolescents

Plusieurs disputes familiales surviennent à cause de l'usage de drogues, de cigarettes ou d'alcool chez les adolescents. L'utilisation de ces substances chez les adolescents est devenue astronomique. Naturellement, les parents craignent que l'abus de drogues n'affecte négativement les résultats scolaires de leur ado et, plus tard, les opportunités d'emploi. En outre, ils craignent que cela mène à un comportement mortel ou à une activité criminelle, comme conduire avec les facultés affaiblies, le vandalisme, les gangs de rue, le vol ou pire.

Ce que peu de parents comprennent, c'est la *cause* de l'abus de drogues chez l'adolescent. Les anges expliquent que l'abus de substances provient précisément des sentiments de vide et de peur. C'est ce qu'ils ont dit à ma cliente, Loretta, au sujet de son fils qui fumait de la marijuana.

Pendant notre première séance, Loretta, une femme au foyer et mère de trois enfants, a confessé :

— Je suis inquiète au sujet de mon fils, Lester. Il fume beaucoup de marijuana. J'ai peur qu'il soit dépendant.

J'ai répété le nom de Lester plusieurs fois. Je trouve plus facile d'accéder à l'information d'une personne, autre que ma cliente, en disant le nom de cette personne à maintes reprises. Quand je me suis connectée à l'énergie de Lester, j'ai entendu ses anges dire : *Il est bien trop dur envers lui-même. Il s'esquinte mentalement.* J'ai transmis ce message à Loretta en ajoutant qu'il éprouvait également de la colère.

Loretta semblait surprise, comme si elle s'attendait à ce que les anges dénoncent fortement la dépendance de son fils et l'incitent à agir immédiatement. Les anges ont expliqué que ceux qui sont dépendants sont en quête d'un sentiment d'amour divin. Les dépendants se sentent vides à l'intérieur et croient qu'ils ne sont pas aimés et pas aimables. Ils commencent ensuite à chercher leurs désirs (l'amour de Dieu) à l'extérieur d'eux-mêmes. Espérant se connecter à Dieu à travers l'essence contenue dans les substances, ils mangent à l'excès, boivent, consomment des drogues, jouent, fument ou dépensent excessivement dans une tentative de s'infuser du sentiment de plénitude d'être aimé.

Les anges disent : *Il est terrifié à l'idée d'abandonner son habitude en raison de ses peurs du vide. Demander à ton fils d'abandonner la marijuana est comme lui demander d'abandonner le centre de son univers. Il a eu certains problèmes avec son père; il s'est fait malmener et maintenant il se malmène. Nous éprouvons de la compassion pour ce jeune homme. Il ne sait pas comment s'aimer en ce moment et il masque donc ces sentiments. Cela n'a rien à voir avec toi.*

— Mais que puis-je faire? a supplié Loretta. J'ai peur qu'il ne se laisse prendre par des drogues plus dangereuses s'il continue comme ça.

Les anges ont offert cette prescription : *Le tenir loin du stress de la ville et de ce genre de choses l'aiderait. S'il pouvait vivre sur une ferme ou quelque part à l'extérieur, dans la nature, cela l'aiderait à abandonner ses habitudes malsaines et à percevoir la vie autrement.*

Une lumière a semblé clignoter au-dessus de la tête de Loretta.

— Mon frère possède un ranch et Lester adore aller là-bas, a-t-elle dit avec agitation. Nous avions prévu l'envoyer là-bas cet été.

C'est exactement ce que venaient de confirmer les anges : que vivre sur un ranch aiderait Lester à guérir son esprit. Je suis toujours enchantée quand je rencontre des personnes qui sont prêtes à écouter et à suivre les prescriptions de leurs anges.

— Alors, tu avais déjà reçu des conseils divins quant à la façon dont ton fils peut guérir. Les anges te conseillent de continuer simplement à prier pour lui, ai-je dit pour la rassurer.

Les anges m'ont ensuite montré un dénouement heureux, sous forme d'un arc-en-ciel autour de Loretta et de son fils, si leur prescription était suivie. Ils m'ont ensuite montré le mot *inquiétude* dans un cercle avec une barre dessus, pour signifier à Loretta de ne pas s'inquiéter.

Loretta a emmené Lester me voir un an plus tard. Il avait cessé de consommer de la marijuana pendant qu'il était au ranch de son oncle. Cependant, une fois revenu chez lui, ses amis lui en ont offert et il a été tenté d'en consommer à nouveau. Lester a avoué cela à sa mère et lui a demandé quoi faire. Il a commencé à décrire le même sentiment de vide que les anges avaient décrit pendant ma séance avec sa mère. Loretta a donc compris qu'il serait bien que tous les deux viennent me consulter ; ce que Lester a accepté avec empressement.

Lester, la seule façon de chasser ce sentiment de vide et d'éprouver un sentiment de plénitude et d'amour est d'être pleinement conscient de ton unité avec Dieu, ont dit les anges. *Cela peut se faire de plusieurs façons : par la méditation, du temps passé seul dans la nature, un encadrement religieux aimant, ou en nous demandant de t'aider. Si tu nous le demandes, nous entrerons dans ton esprit, tes émotions et tes cellules et nous t'infuserons de ce que tu recherches ultimement : le sentiment d'être profondément aimé.*

L'amour de Dieu est partout, puisque le Créateur est omniprésent. Par conséquent, toute chose possède en elle-même l'essence de l'amour de Dieu. Tu dois créer des moments de tranquillité pour sentir vraiment cet amour divin. Après tout, le tumulte quotidien peut effacer notre présence de ta conscience. C'est la raison pour laquelle nous, les anges, avons été si catégoriques envers ta mère quant à ton besoin de passer du temps à l'extérieur. Cela ressemble beaucoup à l'adage qui dit : « On est plus près de Dieu dans un jardin que nulle part ailleurs sur Terre ».

Lester a confirmé qu'il s'était senti rempli d'une merveilleuse énergie positive sur le ranch de son oncle, et que lorsqu'il éprouvait cette sensation, il ne ressentait plus le besoin de drogue. Sa mère a demandé à Lester s'il voulait qu'elle écrive à son oncle pour lui demander s'il pourrait passer tout son temps à son ranch. Lester s'est immédiatement illuminé. Aujourd'hui, il vit à plein temps sur le ranch de son oncle et passe ses étés avec sa mère. Pour Lester, comme pour plusieurs enfants, le grand air était le cadre idéal pour guérir son sentiment de vide.

Quand je parle aux parents, dont les enfants pourraient souffrir d'une dépendance, j'indique que les anges mettent l'accent sur l'importance de la prière d'intercession quand on fait face aux dépendances d'êtres chers. Le terme *intercession* signifie intervenir sur le comportement d'un autre. Des études scientifiques montrent que les personnes pour qui l'on prie ont des taux de rétablissement plus élevés lors d'opérations, de maladies ou de maux, que ceux pour qui on ne prie pas.

Prescription

. . . .

Demandez aux anges de vous aider à diriger votre enfant vers la méditation, passer du temps seul dans la nature, faire une activité qui lui est chère, ou lui trouver un enca- drement religieux bénéfique.

Prescription contre les conflits avec les parents

Alors qu'un enfant devient adulte et se prépare à quitter le nid familial, arrive le temps où ce dernier est prêt à exprimer ce qu'il voit comme la meilleure orientation pour son avenir. Et souvent, la conception du parent à cet effet et celle du jeune sont diamétralement opposées. Le parent éclairé, qui écoute ses anges, va résoudre le conflit sainement et paisiblement, laissant son jeune prendre son envol avec amour et soutien.

Cependant, certains parents et enfants ne trouvent pas immédiatement la voie vers une solution harmonieuse. Au lieu de cela, ils se disputent et cela fait des étincelles, créant de la rancœur là où il ne devrait y avoir que de l'amour. Quand cela se produit, les anges sont désireux d'intervenir si nous les laissons faire, et ils offrent plusieurs suggestions pour résoudre le conflit.

Allysa, une étudiante universitaire de 19 ans, traversait une crise majeure. Elle aimait les arts visuels et voulait devenir artiste professionnelle. Son père refusait d'envisager cette possibilité et avait insisté pour qu'elle s'inscrive plutôt à l'école de commerce. Il avait même refusé de payer pour sa scolarité si elle ne se soumettait pas à son désir.

— Je me sens terriblement attirée par les arts, a-t-elle expliqué, mais mes parents insistent sur le fait que j'ai besoin de quelque chose de sûr. Ils paient pour mes frais de scolarité, alors je n'ai aucun mot à dire sur mon programme d'études. Mon père m'oblige à obtenir un diplôme universitaire en administration des affaires parce qu'il dit que c'est pratique. Chaque fois que j'aborde mon goût pour les arts, mon père pète les plombs.

Allysa a ensuite avoué le prix épouvantable que les exigences de son père lui avaient coûté. Pendant le deuxième semestre de sa première année, elle a commencé à boire beaucoup, a pris plus de 10 kilos, et a eu des relations abusives avec des hommes. Sa relation avec ses parents, déjà tendue avant l'université, est devenue une zone de combat chaque fois qu'elle leur rendait visite.

Pendant notre discussion, Allysa a demandé conseil à ses anges. Voici ce qu'ils m'ont dit : *Cette situation est une occasion inespérée pour grandir, puisqu'Alyssa n'a fait que repousser sa vieille peur d'avoir une conversation ouverte et honnête avec son père. Mais il a une âme plus évoluée qu'elle ne le croit, et il est ouvert à la discussion.*

J'ai parlé avec Allysa du conseil de ses anges, la questionnant sur la façon dont elle discutait avec son père de ce sujet. Plus elle m'en disait, plus je comprenais ce que les anges avaient voulu dire. Les tentatives d'Allysa pour communiquer avec son père ressemblaient davantage à un match d'escrime, où elle plaçait son père devant une exigence inflexible, puis se retranchait dans un silence complet quand il défendait sa position.

Les anges et moi avons demandé à Allysa de parler avec son père comme si elle parlait à un ami bien-aimé ou un mentor. À travers moi, les anges ont dit : *Propose-lui ce compromis, que l'on te suggère fortement. Ajoute quelques cours d'arts visuels à ton horaire et reporte un ou deux cours d'administration des affaires jusqu'à une date ultérieure.*

Les anges lui proposaient de faire deux majeurs. Quand j'ai suggéré cela à Allysa, elle a été frappée par la simplicité de la solution. Elle et son père avaient envisagé sa scolarité comme une proposition du « tout ou rien ». Allysa est rentrée chez elle et a eu une discussion rationnelle avec son père. Ils ont reconnu combien ce serait précieux pour une artiste d'avoir des connaissances en affaires et vice versa. Son père a accepté d'ajouter deux cours d'arts visuels à son horaire et qu'elle laisse tomber un cours d'administration.

Quand j'ai eu de ses nouvelles la fois suivante, Allysa a raconté qu'elle se sentait plus heureuse et plus positive au sujet de son avenir qu'elle ne l'avait été depuis longtemps. Le poids supplémentaire était parti, tout comme les disputes familiales.

Prescription

. . . .

Ayez à l'esprit que les autres sont sans doute plus évolués que vous ne le pensez. Proposez un compromis et vous l'obtiendrez.

Prescription contre la rivalité entre frères et sœurs

Les conflits entre frères et sœurs sont inévitables. Les parents sont d'abord des humains qui ont à peine le temps, l'énergie et l'argent pour remplir leurs obligations. Chaque enfant doit faire face à des moments où il désire une attention de ses parents, qu'il se voit refuser au profit de ses frères et sœurs. La tension, la jalousie et l'hostilité qui en résultent entraînent des explosions, des rancœurs et des rivalités qui ne se terminent pas toujours avec l'enfance. À moins qu'elles ne soient résolues, ces rivalités peuvent se poursuivre jusqu'à l'âge adulte, avec des frères ou sœurs qui se querellent à tout moment ou ne manquent aucune occasion de déprécier ou rabaisser l'autre.

La sœur de Fahri, Nedi, la rabaissait constamment. Fahri, propriétaire d'un magasin, était l'aînée de trois sœurs. Leur père était mort quand elles étaient très jeunes. Suite à ce décès, la mère de Fahri avait commencé à travailler et elle avait peu de temps à consacrer à ses enfants. Nedi, l'enfant du milieu, en avait toujours voulu au statut d'aînée de Fahri, aussi bien qu'à l'attention que sa mère accordait à sa plus jeune sœur. Par conséquent, Nedi rabaissait constamment Fahri depuis qu'elles étaient enfants et elle continuait à faire cela à chaque rassemblement familial, maintenant que chacune était adulte et mariée.

— Nedi m'insulte toujours, m'a confié Fahri, furieuse. Juste cette semaine, elle a dit que j'étais probablement si mauvaise au lit que mon mari finirait par me laisser. Quand je me suis plainte, Nedi a dit que je suis trop sensible et qu'elle ne faisait que plaisanter. Mes ses plaisanteries me blessent et je ne sais pas comment la faire taire.

Les anges ont appris à Fahri la méthode de résolution des conflits la plus efficace que je connaisse. *Pour résoudre un conflit, parle avec les anges gardiens de tout ami ou membre de la famille avec qui tu as un problème. Puis, aie une conversation mentale avec les anges de cette personne, ou bien écris-leur une lettre. Laisse parler ton cœur et demande-leur de l'aide pour résoudre le conflit. Tu peux être certaine que les anges partagent ton besoin de paix. Après avoir demandé de l'aide à ces anges, porte une attention supplémentaire à tes sentiments, tes intuitions, tes rêves ou tes visions. Ce sont les canaux que nous utiliserons pour t'envoyer les conseils vers un dénouement heureux avec ta sœur.*

Fahri était prête à essayer cette méthode, mais elle se demandait si elle réussirait à contacter les anges gardiens de sa sœur et s'ils pouvaient transformer l'attitude de Nedi.

— Tu n'as pas besoin d'être clairvoyante pour parler aux anges gardiens d'une autre personne, lui ai-je expliqué. Tu pourrais même ne pas entendre ou sentir les anges qui répondent à ta demande. Mais tu verras les preuves qu'ils t'entendent, parce qu'ils interviendront pour pacifier la situation très rapidement. À cet effet, ferme les yeux immédiatement, inspire profondément et aie l'intention d'envoyer un message mental aux anges gardiens de ta sœur. Puis, dis mentalement aux anges comment tu te sens et que tu aimerais avoir un résultat pacifique.

J'ai observé Fahri suivre mes instructions. Elle a ouvert les yeux et elle a souri. — Je me sens mieux, a-t-elle annoncé, plus confiante que Nedi et moi puissions avoir une relation normale entre sœurs.

Deux semaines plus tard, Fahri m'a envoyé un courrier électronique. Elle avait dîné avec sa sœur. Nedi était arrivée au restaurant avec un air penaud.

— J'ai vu une thérapeute, a admis sa sœur avant que Fahri n'ait pu dire quoi que ce soit, et j'en suis venue à réaliser que je n'ai pas été une très bonne sœur pour toi. J'ai dirigé contre toi beaucoup de ma colère et de ma rancœur à cause de la mort de notre père, et j'étais jalouse parce que maman passait plus de temps à parler des choses de la maison avec toi. Je sais maintenant que j'avais tort, et je me suis demandé s'il est trop tard pour que nous recommencions et que nous soyons de vraies sœurs à nouveau.

Quand Nedi a demandé pardon à Fahri, les deux sœurs ont fondu en larmes et elles se sont réconciliées. Fahri a qualifié le changement chez sa sœur de rien de moins que miraculeux. Ses anges gardiens doivent lui avoir parlé d'en-haut. Je ne peux pas expliquer cela autrement.

Le fait de parler directement aux anges gardiens d'une autre personne fonctionne aussi très bien quand vous réalisez que vous avez blessé quelqu'un en disant ou faisant des choses que vous regrettez plus tard. Demandez à leurs anges d'intervenir et d'aider la personne que vous avez blessée à vous pardonner pour vos fautes. Les anges sont heureux de vous aider à corriger vos erreurs et à apprendre d'elles pour que vous ne les répétiez plus.

Prescription

. . . .

Parlez directement aux anges gardiens de vos frères et sœurs; demandez aux anges d'intervenir et d'aider à mettre fin au conflit entre vous.

Prescription pour les parents âgés

Les gens vivent de plus en plus longtemps en raison des progrès de la médecine et de la technologie. Par conséquent, comment s'occuper de ses parents âgés, est devenu un problème majeur que la plupart des enfants et des couples doivent finir par affronter. Les enfants, devenus adultes, se tourmentent à savoir s'ils doivent accueillir leurs parents chez eux ou les placer dans un foyer pour personnes âgées. Faire le premier choix, peut considérablement déranger le conjoint ou le partenaire de cette personne et perturber la routine normale et la vie personnelle du couple. Faire le deuxième choix, peut laisser cette personne avec un sentiment de culpabilité intolérable.

Mon client, Sidney, qui possède une petite entreprise d'importation de vin avec son conjoint Antonio, trouvait que la santé défaillante de sa mère âgée devenait une préoccupation sérieuse pour lui et une cause de conflit avec son partenaire.

— Elle perd la vue et je ne pense pas qu'elle prenne bien soin d'elle-même, m'a-t-il dit. Chez elle, elle fonce dans les meubles et les murs, c'est pourquoi elle a plusieurs éraflures et bleus. J'ai peur qu'elle ne tombe et se fracture la hanche un de ces jours. Je ne sais pas quoi faire et je tourne en rond sans arrêt dans mon esprit. Je veux dire : est-ce que je devrais emménager maman avec moi et mon partenaire ? Antonio ne se réjouit pas vraiment à cette idée. En fait, on s'est beaucoup disputé à ce sujet, alors qu'on ne se dispute presque jamais. Devrais-je la placer dans un foyer pour personnes âgées ? Je pense que cela tuerait maman. Je n'arrive pas à avoir l'aide de mon frère, alors tout ça retombe sur mes épaules. Que disent les anges ?

Les anges ont commencé à parler avant même que Sidney ait terminé sa question. *Tu essaies d'utiliser ton intellect pour résoudre un problème émotionnel. Nous te voyons lutter avec la culpabilité et l'inquiétude par rapport à cette situation et nous comprenons tes réactions émotives. Tout ce qui concerne ta mère bien-aimée constitue une situation émotionnelle. Mais pour résoudre la situation qui satisferait tout le monde, tu ne peux pas changer de registre et tenter de trouver une solution par des moyens intellectuels. Tu dois rester sur le registre des émotions, là où la situation a commencé.*

J'ai transmis cela à Sidney.

— Je suppose que je suis une personne plutôt rationnelle, a-t-il reconnu. Je suis celui qui dirige les finances dans notre société. Antonio a choisi les vins. Je ne sais pas comment aborder un problème sauf en y pensant. Que devrais-je faire ?

Ce que nous te disons, c'est ceci : Aucun des choix concernant ta mère ne te convient. Si tu l'invites à vivre avec vous, tu as peur de la réaction de ton partenaire. Tu as peur également que ta mère se sente mal à l'aise face à Antonio, ou qu'elle sente qu'elle s'impose à vous.

Inversement, tu es inquiet à la pensée que si tu places ta mère dans un foyer pour personnes âgées, elle pourrait sentir que tu ne l'aimes pas et souffrir de dépression ou se sentir négligée.

Nous te disons qu'il y a d'autres choix possibles et nous te guiderons avec ta permission. Permets-nous de t'aider à trouver un endroit approprié pour ta mère. À chaque endroit, utilise tes émotions comme baromètre pour prendre une décision. Remarque ce que ton instinct te dit quand tu « essaies » différents foyers pour personnes âgées. C'est ta connexion avec le divin. Écoute ton cœur et tu sauras quel endroit sera la meilleure solution pour tous.

À la suggestion des anges, j'ai demandé à Sidney d'imaginer sa mère vivant chez lui. Il a fermé les yeux, a grimacé et a placé la main sur son estomac.

— Qu'est-ce que ton intuition te dit? ai-je demandé.

— Ça ne marchera pas, a-t-il dit. Je sens que ma mère et mon partenaire seront froids et distants l'un envers l'autre. Cela sèmera la discorde entre eux et moi, et ce sera une situation inconfortable pour nous tous.

— Maintenant, ai-je conseillé, imagine ta mère vivant dans un centre de retraite pour aînés. Pas un hôpital pour convalescents, mais plus comme un complexe d'appartements où les repas et autres services sont fournis. Qu'est-ce que ton instinct te dit maintenant?

— Que tant et aussi longtemps que je visiterai maman fréquemment, elle sera vraiment heureuse. Nous serons tous les deux satisfaits, parce qu'elle aura la liberté, mais aussi une supervision suffisante.

Se laissant guider par leurs émotions, Sidney et Antonio ont visité un certain nombre de foyers pour personnes âgées dans la ville où ils vivent. Finalement, ils en ont trouvé un qu'ils ont reconnu tous les deux comme ayant de bonnes vibrations. Quand Sidney a amené sa mère là pour l'examiner, les deux ont été étonnés de découvrir qu'une de ses amies d'enfance était déjà une résidente. La mère de Sidney s'est immédiatement réjouie et a attendu son déménagement avec enthousiasme.

Prescription

. . . .

Si vous devez prendre une décision concernant vos parents âgés, essayez d'imaginer toutes les solutions possibles. Utilisez votre corps et vos émotions comme baromètre pour évaluer la meilleure solution pour tout le monde.

CHAPITRE 7

∾

Prescriptions pour la carrière,
les affaires et les finances

La plupart d'entre nous passons la plus grande partie de notre vie à travailler. Il y a plus de temps investi dans le travail que dans la famille, la vie amoureuse ou notre santé. Cependant, notre carrière a également un impact profond sur notre vie personnelle. Les craintes au sujet de l'argent nous gardent debout la nuit et déclenchent des disputes avec les êtres chers. Les ambitions pour monter en grade au travail transforment les collègues en concurrents ennemis et provoquent des maladies liées au stress. Les propriétaires d'entreprise, confrontés à la compétition féroce, craignent de perdre la source de leur gagne-pain et de leur estime personnelle.

Pour plusieurs d'entre nous, notre emploi correspond à notre identité personnelle. Après tout, la première question quand on rencontre une nouvelle personne est généralement : «Que faites-vous dans la vie?» Souvent, la réponse peut soit encourager ou décourager une amitié potentielle. Nous nous investissons dans notre emploi, que nous aimions cet emploi ou pas. Si nous créons notre propre entreprise, nous investissons nos espoirs, nos rêves, notre avenir, nos loisirs et notre compte d'épargne personnel.

Les anges ne veulent pas seulement fournir des prescriptions pour notre vie personnelle et amoureuse. Ils veulent aussi nous aider à trouver des solutions pour les affaires, la carrière et les problèmes financiers. Le Ciel a des conseils pour nous aider à découvrir comment nous pouvons mener une vie significative à nos yeux. Dieu peut également nous conseiller pour que nous sachions comment transformer une aventure qui a échoué en un succès retentissant. À cet effet, nos êtres chers décédés qui avaient des compétences dans le domaine des affaires ou des finances restent à côté de nous, prêts à donner des conseils ou des avis.

Prescription pour trouver la bonne carrière

Les sondages montrent que le fait de choisir le bon travail et de faire le bon choix de carrière joue un rôle majeur dans le fait de déterminer si votre vie est satisfaisante ou pas. Le mauvais choix peut vous emprisonner dans une situation pénible qui est mauvaise pour votre corps, votre esprit, votre famille et même vos finances personnelles. Un mauvais emploi peut détruire votre santé et votre mariage, alors qu'un bon travail peut être la clé de voûte d'une vie satisfaisante et agréable.

Malheureusement, bien trop de gens besognent dans des emplois qui sont peu gratifiants et sans perspectives, qui n'ont pas de liens avec leurs véritables intérêts et qui ne semblent offrir aucune chance d'épanouissement. Ils rentrent à la maison chaque soir après un dur labeur, sentant qu'ils ont passé une autre journée vide et futile juste pour gagner quelques dollars. Ils aspirent à quelque chose de mieux, mais ne savent pas si cela existe ou s'ils peuvent le trouver, ou s'ils en seraient dignes le cas échéant.

Certaines personnes rejettent cette approche parce qu'elles la considèrent irréaliste. Elles ne pensent pas qu'il est sage de prioriser l'épanouissement personnel quand elles cherchent un travail. Elles sentent que d'autres considérations doivent venir en premier lieu, comme les responsabilités familiales, les dettes et le besoin de gagner sa vie. «Oh oui, c'est formidable quand quelqu'un a la chance d'obtenir le travail qu'il aime», disent les sceptiques. «Mais on n'a pas tous cette chance. J'ai trois enfants à nourrir et à loger.»

Mais Dieu et nos anges gardiens disent que non seulement vous méritez un travail spirituellement satisfaisant et bien rémunéré, mais qu'ils vont également vous aider à l'obtenir. Tous les êtres humains sont doués de talents et de passions, des choses qu'ils font bien et apprécient tellement qu'ils les feraient tout le temps, qu'ils soient payés ou non pour les faire. Ce peut être un talent pour les chiffres, un don pour jouer du violon, la capacité de calmer et rassurer les autres, les doigts agiles d'un chirurgien, une dextérité physique inhabituelle, une propension pour le bénévolat, ou une personnalité exceptionnellement équilibrée.

Dieu vous a donné ces dons pour qu'ils soient utilisés, et Il fera le nécessaire pour s'assurer que vous le fassiez, un pas à la fois. Ce dont vous avez besoin, c'est une confiance en vous-même et en Dieu pour vous mettre sur la voie sans avoir besoin d'une carte; parce que Dieu le désire également, les anges s'assureront que vous arriviez à votre destination au bout du compte. Les conseils divins peuvent prendre la forme d'un appel téléphonique inattendu, d'un article que vous lisez dans un magazine, d'une remarque fortuite entendue lors d'un déjeuner, d'un cours fascinant qui vous révèle quelque chose, ou d'une rencontre imprévue avec un vieil ami au supermarché. Finalement, sans que vous ou votre famille ne fassiez faillite, vous serez guidé vers la carrière ou l'emploi qui vous était destiné.

Gillian, une diplômée de l'école de commerce, traversait une crise quant à la direction que devait prendre sa carrière. Elle en avait marre de son poste de cadre moyen dans une grande entreprise de traitement des données et elle envisageait un changement. Gillian avait ressenti le même écœurement auparavant et avait changé d'emplois plusieurs fois dans la communauté des affaires. Elle avait travaillé pour une société d'enregistrements, un manufacturier de raquettes de tennis, un centre de santé et le siège social d'une compagnie d'électroménagers. Chaque fois, elle croyait qu'un nouvel environnement de travail et de nouveaux collègues allaient lui donner la stimulation qu'elle cherchait. Mais, d'une manière ou d'une autre, Gillian semblait toujours finir par se sentir insatisfaite, frustrée et ennuyée.

— De toute évidence, il y a quelque chose qui ne va pas, s'est lamentée Gillian. Je suis toujours certaine que chaque nouvel emploi est celui qui me rendra heureuse, mais je suis invariablement malheureuse moins de deux ou trois mois après avoir commencé. Est-ce que les anges peuvent me trouver une carrière qui me convienne ? Je ne peux tout simplement pas continuer ainsi.

Tu as choisi tes emplois d'après le revenu que tu pourrais en tirer et non pas sur les conditions qui t'apporteraient bonheur et paix, ont commencé les anges.

— Oh bien sûr, je suis fatiguée d'occuper un poste de direction, et j'ai pensé prendre une pause et faire quelque chose de complètement différent. Mais j'ai investi beaucoup de temps dans ma Maîtrise en administration et j'ai besoin d'argent pour rembourser mon prêt étudiant. Je viens de signer un bail de trois ans pour un nouvel appartement et je contribue aux frais hospitaliers de ma mère. Je ne pourrais pas occuper un autre emploi qui paie aussi bien. Je ne peux tout simplement pas me permettre de démissionner.

Reste dans le présent, ont conseillé vivement les anges. *Ne t'inquiète pas de : « Comment vais-je pouvoir payer cela ? » ou « Comment puis-je être qualifiée pour ceci ? » Ton seul devoir est de combler ton cœur et ton âme en cherchant un travail plus épanouissant. Laisse le « comment » à Dieu. Il te guidera étape par étape, et toutes les portes s'ouvriront pour toi au bon moment. Aie confiance.*

Ne tergiverse pas jusqu'à ce que tu obtiennes l'assurance absolue du succès. Il faut faire le premier pas, si tu veux que Dieu te guide vers le second. Si tu cherches un avenir épanouissant, sois assurée que quels que soient les obstacles le long de ta route, tu seras guidée vers cet avenir avec l'aide de Dieu.

— Je suis prête à essayer n'importe quoi, a répondu Gillian, mais je n'ai vraiment pas d'idée quant au genre de travail que j'aimerais faire. J'ai essayé d'imaginer mon avenir auparavant, mais je ne peux tout simplement pas le voir clairement. Est-ce que les anges peuvent m'aider ici ?

Les anges de Gillian m'ont montré une image mentale de Gillian se sentant exubérante chaque fois qu'elle était parmi les arbres, les plantes et les fleurs. *Nous te conseillons vivement de poursuivre ta recherche d'emploi et de garder à l'esprit que tu es plus heureuse en plein air et avec les anges de la nature. La nature occupe une place particulière dans ton cœur. Inversement, tu es malheureuse quand tu es enfermée à l'intérieur pour des périodes de temps prolongées. Ne crois pas que tu doives souffrir pour gagner ton argent, ma très chère ; puisque tu es parfaitement capable de trouver un emploi agréable parmi les arbres, les plantes et les fleurs que tu aimes tant.*

Pour la première fois, le visage de Gillian s'est éclairé.

— C'est une merveilleuse idée. Je vais faire des recherches en ligne dès ce soir pour commencer à voir les possibilités dans ce domaine.

Plusieurs semaines plus tard, Gillian m'a téléphoné.

— C'est embarrassant. J'ai découvert plusieurs excellentes possibilités d'emploi, mais je n'arrive pas à décider lequel prendre. Pouvez-vous me conseiller ?

Voici ce que les anges ont répondu : *Demande-nous de t'aider à savoir quelle carrière conviendrait le mieux à tes intérêts et à tes besoins. Tu peux exprimer cette demande à voix haute, mentalement, ou en l'écrivant. Demande que nos réponses soient claires et explicites ou, avant d'aller au lit, demande-nous d'entrer dans tes rêves et de te donner une image nette du but de ta vie.*

— Comment vais-je connaître les réponses quand elles viendront? a demandé Gillian. Je ne suis pas clairvoyante.

Je lui ai dit ce que j'avais répété à des clientes tant de fois auparavant. Les conseils des anges pour trouver la bonne carrière viendraient sous forme de sensations fortes, inexpliquées, des rêves frappants, une image soudaine ou une phrase, ou un nom qu'elle pourrait entendre mentalement. Si elle n'était pas certaine de comprendre le message clairement, elle pouvait demander un signe aux anges pour valider son interprétation. Si vous le demandez, les anges trouveront toujours des façons de vous donner une assurance manifeste et indiscutable que ce sont bel et bien leurs suggestions que vous recevez.

Plus tard, j'ai expliqué à Gillian que si elle avait plusieurs bonnes possibilités de carrière et qu'elle n'arrivait pas à pas obtenir une réponse claire pour savoir laquelle choisir, elle ne devait pas se laisser prendre dans l'illusion qu'il n'y a qu'un emploi parfait pour elle. Elle deviendrait folle en tentant de le découvrir. Tout comme chaque personne n'a pas une mais plusieurs âmes sœurs potentielles, chaque personne a également plusieurs cheminements de carrière possibles, chacun pouvant leur apporter un grand épanouissement. J'ai ajouté que tant et aussi longtemps que le travail qu'une personne choisit lui donne l'occasion d'utiliser pleinement ses intérêts et talents que Dieu lui a donnés, elle éprouverait une profonde satisfaction et du succès dans tous les secteurs de sa vie. Gillian a promis de garder tout cela à l'esprit alors qu'elle continuait sa recherche d'emploi.

Quand j'ai revu Gillian, elle s'est précipitée vers moi et m'a serrée dans ses bras.

— Les anges avaient tellement raison. Je travaille pour le service des parcs nationaux. Je dirige le service de l'entretien et je passe toute la journée à me promener dans la nature. Je n'ai jamais été aussi heureuse de ma vie.

C'est un souhait constant des anges que vous trouviez un emploi dans un domaine qui correspond à vos passions et intérêts naturels. Pour quelqu'un comme Gillian qui aime être dehors, un travail de bureau serait semblable à une peine de prison. Pour quelqu'un de créatif, les corvées ménagères seraient une torture ; même chose si on demandait à un artiste de travailler avec les chiffres toute la journée. Pour quelqu'un qui aime aider les gens, être coincé dans un bureau devant un terminal informatique serait morne et insensé. Lorsque Gillian a trouvé un emploi lui permettant d'être dehors, elle a éprouvé un niveau de satisfaction et de joie à son travail qu'elle n'aurait jamais cru possible.

Prescription

. . . .

Recherchez un travail épanouissant en accord avec vos talents et intérêts. Croyez que le chemin vers votre emploi idéal vous sera ouvert un pas à la fois.

Prescription pour trouver le bon emploi au bon moment

Lorsque vous souhaitez trouver un meilleur emploi ou quitter votre poste actuel pour une nouvelle carrière, vous pouvez prier pour demander conseil et ne pas recevoir une réponse instantanée. Par exemple, les gens que vous contactez n'ont pas de poste à vous offrir, ou aucune coïncidence mystérieuse ne se produit pour vous diriger dans la bonne direction. En somme, vous ne recevez pas de conseils clairs quant à ce que vous devriez faire. Lorsque cela arrive, vous pouvez commencer à douter des anges. Si les anges existent, vous dites-vous, et qu'ils sont supposés répondre instantanément à mes besoins quand je sollicite leur aide, alors pourquoi n'ai-je pas encore obtenu le contact qui me mènerait à ce nouvel emploi?

Concernant les transitions de carrière et ce qui s'y rattache, les anges vous demandent de faire preuve de patience. Ils sont au courant de votre profond désir de travailler dans votre domaine de prédilection. Cependant, les anges savent aussi que vous pourriez souffrir de contretemps importants si vous vous engagez dans une autre profession ou faites un changement majeur prématurément. Par conséquent, quand cet emploi de rêve ne s'est pas encore matérialisé, les anges disent que ce n'est pas parce qu'il n'est pas en réserve, mais que vous ne leur avez pas accordé suffisamment de temps. Les anges disent également que parfois vous pouvez ne pas être tout à fait prêt pour un tel changement, que vous pouvez avoir besoin d'apprendre une leçon particulière en premier lieu, ou qu'il vous faut améliorer vos relations avec vos collègues de travail à travers le pardon, ou ce pourrait être aussi simple que de vous inscrire à un cours dont vous avez besoin.

Si vous priez pour recevoir de l'aide concernant votre choix de carrière, rappelez-vous que l'Univers garde parfois les portes closes jusqu'à ce que ce soit le temps pour vous de les franchir. Cela s'appelle le «timing divin» et c'est la façon dont Dieu et les anges arrangent les choses de façon synchronisée pour qu'une série d'événements et de personnes travaillent en harmonie afin que les choses viennent naturellement et sans effort.

C'est la leçon que les anges ont apprise à Carla. Alors que Carla, une femme dans la trentaine dont je savais peu de chose sinon qu'elle était expert-comptable, s'est assise dans mon bureau, ses anges ont commencé à me montrer des images mentales frappantes. J'ai vu Carla métamorphosée en girafe, avec son cou étiré haut dans les arbres pour manger le feuillage, cela symbolisant qu'elle s'étirait vers quelque chose de nouveau. Cette métaphore angélique montrait que Carla était présentement dans une période de croissance.

— Les anges me montrent que vous êtes dans une période de croissance importante en ce moment, ai-je dit.

Carla a admis que c'était vrai. J'ai vu les anges de Carla applaudir pour exprimer leur approbation face à ses efforts de croissance personnelle. J'ai partagé cette vision avec Carla et transmis ce que ses anges disaient : *Tu cherches à voir les choses autrement, avec une nouvelle perspective, et de plus, tu en as le courage. Certaines personnes ont peur de regarder les choses d'une manière différente. Tes anges bénissent ta volonté de voir les choses sous un nouveau jour.*

— Tout cela est très bien, a dit Carla, mais où sont les anges quand j'ai vraiment besoin d'eux ? Je suis très malheureuse dans mon travail actuel. Ma vie est en plein chaos. Mon mari et moi venons de nous séparer et nous sommes en train de divorcer. Je suis retournée vivre avec mes parents. J'ai réexaminé toute ma vie, surtout la question concernant le genre d'emploi que je veux faire pendant les 20 ou 30 prochaines années. Je cherche une nouvelle direction dans la vie et le genre de travail épanouissant dont vous parlez. J'ai fait exactement ce que vous m'avez dit et j'ai demandé aux anges de me conseiller afin de me diriger vers un nouvel emploi, vers quelque chose qui me permettrait d'utiliser tous mes talents et de faire de ce monde un meilleur endroit. Mais les anges ne semblent pas répondre. Cela fait deux ou trois mois maintenant et rien n'est arrivé. Je commence à me demander si les anges existent vraiment, ou est-ce seulement que je fais quelque chose de mal ?

Non, chère, tu ne fais rien de mal, ont répondu les anges. *Bien entendu, tu es impatiente de terminer cette transition et d'avancer dans ta vie future. Mais les événements répondent à un timing divin que Dieu seul peut commander. Et ce timing n'est pas encore arrivé pour ce qui est de quitter ton emploi actuel. Nous te demandons d'user de patience envers toi-même, envers nous, envers les circonstances extérieures et envers le Ciel. Quand tu demandes un changement dans ta carrière ou dans un autre domaine de ta vie, nous déterminons immédiatement quelles conditions sont nécessaires. Tout comme la reconstruction d'un immeuble avance étape par étape dans un ordre donné, à défaut de quoi la structure sera fragile, instable et sujette à s'effondrer, il en va de même pour la reconstruction d'une nouvelle vie et d'une nouvelle carrière.*

Pour toi, la construction de ta nouvelle vie n'a pas encore été complétée. De même tu n'as pas encore eu assez de temps pour comprendre pleinement tous les changements que tu subis à cause de la fin de ton ancienne vie. Le moment opportun n'est pas encore arrivé pour faire un changement significatif dans ta carrière et ta vie. Tu ne rendrais justice à aucune de ces dernières, et cela gênerait ton évolution plutôt que de la faire avancer.

Sache que nous connaissons le vrai désir de ton cœur, et nous travaillons pour préparer les nouvelles circonstances de ta vie de la meilleure façon qui soit. Dans quelques mois, tu auras une meilleure connaissance de toi-même et de ce que tu dois faire dans la vie. Jusque-là, cependant, tu dois garder un esprit ouvert et continuer de lire et d'apprendre sur les sujets qui t'intéressent le plus. Ce que tu étudies ne doit pas nécessairement être applicable à ta vie actuelle, tant et aussi longtemps que cela t'intéresse vivement. Pendant ce temps, ta joie d'apprendre ces choses est ta carte routière vers ta nouvelle carrière.

Rassurée par le fait que les anges l'écoutaient bel et bien et que tout ce qu'elle avait à faire, c'était d'avoir un peu de patience, Carla est rentrée chez elle avec un cœur plus léger. Elle m'a dit que ce que les anges lui avaient recommandé l'avait inspirée à attendre la fin de la période présente avec moins d'inquiétude et à continuer de réévaluer sa vie et les leçons qu'elle devait tirer de son divorce et de son choix de carrière malheureux.

Prescription

. . . .

Quand ce nouveau changement d'emploi ou de carrière que vous voulez tant ne se produit pas immédiatement, ne désespérez pas. La bonne combinaison de circonstances peut prendre du temps à culminer. Derrière toute chose, il y a un timing divin.

Prescription contre un travail qu'on n'aime pas

Certaines personnes ne pensent même jamais à quitter un travail qu'elles détestent. Elles croient qu'il est vain de se demander si leur travail est épanouissant, satisfaisant ou heureux. Peut-être que c'est notre héritage puritain qui nous a convaincus que gagner sa vie devait être difficile et pénible, ou que c'est simplement la volonté de Dieu. Pourquoi pensez-vous qu'ils appellent cela travailler? résume cette attitude.

Mais les anges disent que Dieu n'a pas du tout l'intention de vous faire souffrir. Le travail, tel un fardeau rempli de souffrances, n'est pas le plan de Dieu pour la race humaine. Les anges veulent que vous trouviez un travail satisfaisant, qui vous rende heureux, dans lequel vous pouvez mettre à contribution vos véritables talents et intérêts pour le bénéfice de tous. Dieu et les anges vous supporteront par tous les moyens, tant et aussi longtemps que vous viserez ce but.

Les anges et moi avons essayé d'expliquer cela à un travailleur social célibataire, nommé Clarence. Je n'avais jamais ressenti auparavant un flux d'énergie vitale aussi bas chez un de mes clients. Sa voix semblait épuisée, comme si son âme elle-même était épuisée. Il ne fallait pas un clairvoyant pour deviner que Clarence souffrait d'un surmenage extrême. Sa profession était un assez bon indice — après tout, les travailleurs sociaux sont souvent confrontés à des cas lourds impliquant des situations émotivement éprouvantes. Cependant, Clarence paraissait surmené au point de ressembler à un zombi ambulant. Tout ce que ses anges me montraient ne faisaient que renforcer cette impression.

J'ai passé un commentaire à Clarence en lui disant combien il semblait fatigué.

— Eh bien, à quoi vous attendez-vous? Je suis un travailleur social et je dessers un territoire difficile, a-t-il répondu sur la défensive.

Je lui ai demandé s'il avait déjà envisagé de changer d'emploi. Il m'a rapidement interrompue :

— Quitter mon travail, travailler dans un autre domaine? Bien sûr que j'y ai pensé. Qui ne l'a pas fait? C'est agréable de rêver et tout le reste. Mais soyons réaliste. Personne n'aime son travail. Travailler n'est pas fait pour ça. C'est pour recevoir un chèque de paie, mettre du pain sur la table, recevoir l'assurance médicale, puis se faire un fonds de retraite pour ses vieux jours. Évidemment que je ne peux pas supporter mon travail. La plupart des gens se sentent ainsi, n'est-ce pas? Je ne suis pas seul à me sentir comme ça. Je dois gagner assez d'argent pour payer les factures et aider ma mère malade.

L'attitude négative de Clarence m'a dérangée en premier lieu, et je me suis demandé s'il était déterminé à rester misérable et s'il rejetterait l'aide des anges. Puis, j'ai demandé conseil aux anges pour savoir comment me faire entendre de cet homme malheureux. J'ai immédiatement senti leur énergie me calmer.

— En fait, Clarence, ai-je dit, bien des gens aiment leur emploi. Ils se réveillent stimulés par la journée qui s'annonce et impatients d'aller travailler. Je ne parle pas nécessairement des bourreaux de travail, mais plutôt des personnes qui ont trouvé un emploi qu'ils aiment tellement qu'ils sont remplis d'énergie simplement à le faire.

Les anges ont interpellé Clarence avec amour : *Tu t'attends à ce que ton travail soit pénible, mais ce n'est pas ce que Dieu a prévu pour ses enfants. Tu as observé tes deux parents souffrir dans leurs emplois et depuis tu as gardé cette opinion négative au sujet du travail. Mais ils avaient fait ce choix comme une partie de leur cheminement spirituel afin que tu puisses avoir une meilleure vie. Pour eux, ces emplois étaient gratifiants et épanouissants. Ne ressentais-tu pas la richesse de leur amour pour toi ? Comment auraient-ils pu être tellement remplis d'amour si leurs emplois avaient été aussi vides ?*

Clarence était déconcerté par la question. Je savais qu'il résistait encore à ce que les anges lui disaient.

Réfléchis à certains de tes amis qui travaillent dans des emplois qui les rendent enthousiastes, heureux et dont ils sont fiers. C'est ce que nous voulons pour toi, nous aussi. Essaie de trouver le courage de croire que la joie, l'amour et l'épanouissement sont ce que le travail doit apporter. Puis laisse-nous t'aider à te guider vers cela.

Clarence semblait encore sceptique et je sentais avec chagrin qu'il n'allait pas tenir compte de la prescription des anges. Hélas, j'avais raison. J'ai entendu dire par un ami qu'il avait quitté notre séance en disant que toute cette histoire d'anges était un tas de bêtises. Il est resté à son travail et n'a pas du tout changé. Quelques années plus tard, il est mort d'un accident vasculaire cérébral.

Si Clarence avait pu voir le travail du point de vue des anges, et non comme un fardeau, et s'il avait accepté l'idée de la vocation comme une source d'épanouissement, il aurait été libre de chercher l'emploi qui aurait pu le sauver et le garder vivant pendant plusieurs années satisfaisantes et significatives.

Prescription

. . . .

Regardez autour de vous les personnes que vous connaissez qui aiment ce qu'elles font. Apprenez que le travail n'a pas à être dépourvu de joie ou pénible. Suivez l'exemple de vos amis et cherchez le genre de vocation épanouissante que vous méritez.

Prescription contre le stress au travail

Le stress, en particulier le stress relié au travail, est l'une des plus grandes causes de décès aujourd'hui. C'est la cause d'ACV, de crises cardiaques, de troubles digestifs et de complications pulmonaires qui tuent des millions de personnes chaque année. Le stress au travail est souvent un facteur de divorce, de mauvais traitement des enfants, d'alcoolisme et d'abus de drogues, de suicide et de maladie mentale. Socialement et personnellement, les coûts du stress relié au travail sont incalculables.

Le stress au travail est particulièrement envahissant aujourd'hui, alors que les entreprises réduisent leurs effectifs et qu'on attend des employés qu'ils assument le travail de deux ou trois personnes. Pas étonnant que tant de travailleurs se sentent coincés et essoufflés, courant d'une activité à l'autre du matin au soir. Des facteurs qui contribuent à ajouter à leur fardeau de stress incluent l'ennui, des employeurs qui abusent de leur pouvoir, un environnement de travail bruyant, des trajets interminables entre la maison et le travail, la tension entre les collègues, jongler avec toutes les tâches familiales, les horaires de travail et les pressions financières.

Les anges connaissent mieux que nous les conséquences négatives du stress et ils veulent nous aider à diminuer notre niveau de stress. Quand vos anges gardiens remarquent que vous ressentez de la pression, ils murmurent à votre oreille des suggestions de gestion du stress. Cela se manifeste quand vous ressentez soudain la forte envie de passer du temps dehors, dans la nature, d'aller au musée ou à une partie de baseball, de louer une vidéo comique pour se détendre durant la soirée, de faire une promenade à l'heure du déjeuner dans un parc, ou de passer du temps à une autre activité reposante qui libère la tension.

Si vous n'êtes pas conscient que ces messages viennent du Ciel, vous pouvez les écarter en considérant que ce sont des pensées oiseuses ou qu'il s'agit de prendre ses désirs pour la réalité. Cependant, quand vous avez le courage de suivre ces voix angéliques intérieures et d'écouter leurs conseils, non seulement vous vous libérez, du moins temporairement, de la pression que vous vivez normalement et sous laquelle vous travaillez, mais vous augmentez également de manière significative votre productivité et votre créativité au travail.

Sophia, 47 ans, une assistante de direction pour une chaîne de magasins locaux, m'avait appelée pour une séance en disant qu'elle n'avait pas le temps de me rencontrer en personne.

— J'ai besoin d'aide, a-t-elle déclaré. Je sens que je deviens folle. Mon emploi me tue.

Sophia a expliqué qu'à l'origine, elle aimait son emploi, organisant et faisant l'entrée des données pour le directeur régional. Puis la société a été achetée par une autre compagnie. C'est à ce moment-là qu'un tiers du personnel a été licencié et que le reste d'entre eux ont dû assumer le travail supplémentaire.

Elle s'est fait attribuer le travail de deux patrons supplémentaires et on exigeait également qu'elle soit à jour dans son travail. Avec trois patrons, sa charge de travail avait triplé.

— Non seulement cela, mais chacun d'eux veut que je laisse tout tomber pour répondre à ses besoins particuliers, même si je suis au beau milieu d'une urgence pour un autre de mes patrons. Presque chaque jour, j'apporte du travail à la maison.

Pour empirer les choses, le mari de Sophia était contrarié parce qu'elle n'avait plus de temps pour lui. Il voulait qu'elle quitte son travail. Sophia avait peur de ne jamais pouvoir trouver un autre travail qui la paierait aussi bien.

— Nous nous disputons constamment à ce sujet. Mais que puis-je faire d'autre? Le stress d'essayer de tout faire, et de tout faire bien, commence vraiment à me miner. Je suis beaucoup plus impatiente avec les gens, je me sens tout le temps fatiguée et grincheuse, et je dis souvent des choses que je regrette. Je suis déprimée et je commence à me sentir incompétente et que ça ne vaut plus la peine d'essayer. Parfois, je voudrais seulement me coucher et mourir. Je ne me suis pas sentie bien depuis qu'on a fait la fusion.

Les anges lui ont dit : *Le plaisir est une nécessité, pas un luxe. Nous saluons ton intention de vouloir satisfaire tout le monde; il vient de ta nature aimante. Cependant, en te poussant à la limite, tu n'es pas tendre envers toi et ta famille. Nous te demandons simplement de faire ceci : vois à tes responsabilités quand tu es au travail, demande et accepte l'aide de tes collègues chaque fois que c'est possible, et laisse ensuite le reste du travail au bureau à la fin de la journée.*

— Mais je ne pourrai pas répondre à ma charge de travail, à moins que je le finisse chez moi le soir, a répliqué Sophia.

En faisant cela, tu maintiens une politique du surmenage et de frustration à ton travail, ont poursuivi les anges. *Ces gens ne peuvent pas voir que tu as besoin d'aide quand tu continues de vouloir répondre à un horaire irréaliste. Nous disons que tu dois faire ton travail diligemment pendant le jour, puis rentrer chez toi et te reposer et t'amuser le soir. Lâche prise et fais confiance que ton premier patron te soutiendra en obtenant de l'aide pour tes nombreuses tâches. Nous savons qu'il pense à la possibilité de t'avoir comme son assistante personnelle.*

— Tes anges disent que tu as besoin de prendre une pause et de te reposer, que le problème, c'est le stress constant. Peux-tu prendre un ou deux jours de congé et te reposer, te reposer vraiment ? Les anges croient que c'est la solution, lui ai-je transmis.

Sophia a dit qu'elle et son mari avaient parlé de prendre des vacances au bord de la mer. Je l'ai encouragée à le faire dans un avenir très proche. C'est ce que les anges prescrivent pour les personnes surmenées. Parfois ils conseillent des vacances, d'autres fois ils suggèrent une simple escapade ou un rendez-vous hebdomadaire à un bon restaurant ou à un concert. Les anges recommandent le plus souvent aux gens de prendre ces répits en plein air, près de l'océan, d'un lac, dans les montagnes ou en forêt. Ils savent que le fait de se connecter à la nature remet l'être humain en contact avec Dieu et fournit un baume aux âmes fatiguées.

Dans le cas de Sophia, ses anges ont également prescrit de l'exercice. J'ai vu subitement une image mentale de Sophia faisant du jogging, et à travers moi, ses anges lui ont dit qu'il était temps qu'elle fasse de l'exercice régulièrement. Ils lui ont rappelé que son père était mort d'une crise cardiaque à 48 ans ; ce qu'elle a confirmé en hochant la tête.

Alors que tu es déjà dans la quarantaine, c'est encore plus impor-tant de prendre soin de ton cœur. Le fait que tu accumules du stress au travail et que tu t'inquiètes pour ta santé ne fait qu'empirer les choses. En faisant de l'exercice, tu vas en fait réduire les risques qui peuvent affecter ta santé.

Les anges ont déjà apporté d'autres remèdes efficaces contre le stress au travail, entre autres : retourner aux études pour faciliter un changement de carrière important ; le covoi-turage ou déménager plus près de son travail pour alléger le temps de transport; éviter ou réduire la consommation de caféine, d'alcool ou de nicotine; réorganiser les horaires avec les enfants, les baby-sitters et le conjoint pour éviter de courir au travail, et déléguer les responsabilités.

Prescription

. . . .

Le repos est une nécessité, pas un luxe. Libérez-vous du stress en prenant une période de répit. Sortez dans la nature ou détendez-vous en faisant une activité agréable.

Prescription pour améliorer un emploi pénible

Bien sûr, vous n'avez pas à quitter chaque emploi insatisfaisant pour chercher le travail idéal. En raison des obligations familiales et financières, parfois vous ne pouvez pas quitter votre emploi. Les anges disent qu'il est de votre intérêt de voir ce que vous pouvez faire pour transformer la situation et la rendre plus proche du désir de votre cœur. Cela ne fait pas de différence si le problème concerne un patron abusif, un collègue rancunier, un environnement bruyant ou stressant, un emploi sans perspective, les politiques de l'entreprise, un travail ennuyeux, ou même des pratiques qui vont à l'encontre de votre éthique. Les anges conseillent que si vous surmontez ces obstacles et que vous faites un effort positif pour améliorer les choses, vous pouvez transformer la situation et créer ces pâturages plus verts dans votre propre cour.

Avec tant de personnes qui cherchent des changements de carrière ces temps-ci, je reçois fréquemment des clientes dont la première pensée est de chercher un emploi ailleurs, sans jamais s'arrêter pour se demander s'il y a quelque chose qu'elles pourraient faire pour améliorer leur situation au travail. C'était le cas de Trina, directrice d'une manufacture de peinture dans la vingtaine. Sa compagnie préférait polluer l'environnement et payer les amendes en conséquence plutôt que de respecter la loi en matière environnementale. Trina se sentait coupable de ces pratiques industrielles et elle était embarrassée de dire aux gens le nom de la compagnie pour laquelle elle travaillait. Cette dernière avait recruté Trina alors qu'elle était à l'université et, à ce moment-là, elle ne savait pas dans quoi elle s'embarquait. Maintenant, après plusieurs années, elle détestait réellement son travail et elle ne rêvait de rien d'autre que de partir.

Trina voulait des conseils pour trouver un travail qui correspondait mieux à son éthique personnelle.

— Je ne veux pas gagner ma vie en faisant quelque chose qui détruit notre environnement, a-t-elle commencé. Je veux un travail qui répond mieux à mes propres principes et ainsi me sentir bien dans ce que je fais. Mais je dois m'occuper de mon mari, qui est maintenant en chaise roulante après avoir eu un accident de voiture. Je n'ai pas les moyens de quitter mon emploi actuel avant d'en avoir trouvé un autre.

Pendant presqu'un an, Trina avait cherché un emploi sans succès. Elle avait essayé les services de placement, les groupes de réseautage, les forums de discussion sur Internet, et avait envoyé plusieurs copies de son curriculum vitae.

— Rien n'a réussi, a-t-elle déploré. Je suis coincée dans un travail que je ne peux plus supporter et qui me rend de plus en plus mal. J'ai même essayé de prier, mais cela ne m'a rien apporté non plus. Avez-vous des suggestions?

Les anges de Trina ont immédiatement commencé à communiquer avec moi. Ils allaient si vite que même après un an de pratique, c'était difficile pour moi de les suivre. J'ai dit à Trina que les anges avaient une prescription pour elle, mais qu'elle devrait se préparer, parce que ce n'était probablement pas le remède qu'elle attendait.

Tu n'as rien trouvé pour remplacer ton emploi actuel parce que tu n'es pas censée le quitter. Tu as été placée là pour une raison, et tu as encore un travail important à accomplir et une contribution essentielle à apporter. Tu ne peux pas fermer les yeux sur une faute morale aussi grave que la pollution environnementale sans essayer de corriger la chose, et en même temps vouloir être guidée vers un travail éthique qui t'apporterait paix et satisfaction. Avant de quitter ton emploi actuel, tu dois d'abord t'impliquer afin de corriger la situation.

Les anges ont dit qu'ils voulaient que Trina utilise son poste de directrice pour montrer à ses patrons que des pratiques environnementales plus sûres seraient plus rentables à long terme. En premier lieu, Trina a hésité à la pensée de faire cela, protestant que son poste n'était pas si important, qu'elle était impuissante à changer les façons de faire de la société, que personne ne lui prêterait attention parce qu'elle n'était pas une spécialiste.

Les anges avaient naturellement une réponse. *Tu leur montreras les bénéfices qu'ils peuvent faire en améliorant leur système de contrôle des déchets, ceci leur fera économiser de l'argent comparativement à leur système actuel où ils doivent payer des amendes. Nous te guiderons vers les bonnes informations pour que ton rapport soit bien reçu au travail. Tout ce que tu dois faire, c'est de t'engager à réaliser ce projet. Nous ferons le reste.*

— En fait, a admis Trina, j'y avais pensé et ce ne serait pas correct de quitter l'usine de peinture sans essayer de faire quelque chose pour améliorer la situation. Si vous et les anges me montrez quoi faire, j'essaierai. Je suppose que je n'ai rien à perdre de toute façon, a-t-elle rajouté en riant.

Les anges ont réitéré qu'ils la guideraient à chaque étape du processus et que si elle faisait les premiers pas, ils s'assureraient qu'elle ait tout ce qu'il lui faut pour réussir son projet avec succès et faire plier les gros bonnets de la compagnie.

Je savais que Trina était encore dubitative, mais elle a décidé de commencer le soir même en se connectant à Internet et en cherchant toutes les amendes que la société avait payées depuis les dix dernières années. Elle m'a quittée en s'assurant qu'elle pourrait me contacter de temps à autre pour avoir des conseils.

Étonnamment, Trina ne m'a jamais redonné de nouvelles. Je me suis demandé ce qu'elle était devenue et si elle était restée fidèle à la mission que les anges lui avaient assignée. Plusieurs mois plus tard, je l'ai rencontrée un soir alors que j'étais coincée à l'aéroport en raison d'une tempête de neige et que tous les vols avaient été annulés. Je m'étais arrêtée pour acheter quelque chose à boire et alors que je me retournais pour trouver une table, Trina était juste derrière moi dans la file. Elle rayonnait et a commencé à bavarder avec enthousiasme.

— C'est extraordinaire ce qui est arrivé après ma consultation. J'allais vous téléphoner pour savoir où commencer et ce que je devais faire. Mais ce soir-là, sur Internet, j'ai posé une question dans une liste de diffusion et j'ai commencé à être inondée d'informations. Les gens m'envoyaient des adresses de sites Web ou des photocopies d'articles de revues. J'ai obtenu l'équivalent d'un cours universitaire sur les lois de la protection environnementale et les bonnes stratégies pour persuader les compagnies qu'il est dans leur meilleur intérêt d'adapter leurs pratiques conformément à leurs responsabilités environnementales. Chaque fois que j'étais en panne d'inspiration, que je me demandais ce que je devais faire par la suite, je recevais un courrier électronique avec des faits pertinents, les bons chiffres ou un mot d'encouragement. C'était comme si j'avais des chercheurs et des guides invisibles qui m'aidaient à aller jusqu'au bout. Et je suppose que j'y suis arrivée grâce à cela. C'était les anges, bien sûr.

— J'ai bientôt eu tout ce dont j'avais besoin pour présenter une série de faits, de chiffres et de conclusions indiscutables, prouvant étape par étape combien d'argent nous dépensions chaque année en amendes et combien nous économiserions si nous respections les normes environnementales en utilisant les nouvelles technologies d'élimination des déchets. J'avais les genoux qui tremblaient quand je suis arrivée à la réunion où je devais présenter mes propositions. Quand j'ai vu le président et le contrôleur de la compagnie assis là, affichant un air sérieux, j'ai eu envie de sortir en courant. À ce moment précis, quelque chose que les anges avaient dit à notre séance m'est revenu. Je l'avais oublié jusque là : ils m'avaient dit que si je ne faisais que présenter le projet, ils feraient le reste. Je me suis aussitôt sentie plus calme. Je suppose que j'ai réalisé que c'était vraiment entre leurs mains, ou entre les mains de quelqu'un d'autre. De toute façon, je n'avais plus rien à perdre.

— J'ai tendu des copies de mon rapport à tout le monde et j'ai commencé ma présentation. J'ai conclu en montrant que non seulement nous économiserions plusieurs millions de dollars chaque année, mais que ceci générerait des millions de dollars supplémentaires en redressant notre réputation auprès de la clientèle et en publicité gratuite. Par la suite, quand j'ai regardé autour de la table, je m'attendais à des expressions vides, de la désapprobation ou du mépris. En fait, le président et le contrôleur se sont regardés et ont hoché la tête. Les anges leur ont peut-être murmuré quelque chose à l'oreille, parce qu'ils vont effectivement mettre en application la plus grande partie des choses que j'ai suggérées.

Trina est devenue responsable du nouveau programme et a reçu une augmentation de salaire. Elle est maintenant heureuse à son travail et ne prévoit plus le quitter.

Prescription

. . . .

Dieu aide ceux qui tentent d'abord d'améliorer un emploi insatisfaisant. Avant de laisser tomber un emploi dans lequel vous n'êtes pas heureux, regardez-y de plus près et voyez si vous pouvez l'améliorer avec un peu d'effort.

Prescription pour régler les conflits au travail

Rien ne peut transformer plus rapidement un travail plaisant en vrai cauchemar qu'un collègue ou un patron avec lequel vous ne pouvez pas vous entendre ou qui ne peut pas vous supporter. Un milieu de travail est suffisamment exigeant sans avoir en plus la crainte constante de conflits et de désaccords. Vous pouvez vous retrouver dans une situation où les désaccords avec un collègue sont constants, peu importe vos efforts pour les éviter, ou bien quelqu'un vous prend immédiatement en aversion. Devoir supporter quelqu'un en face de vous toute la journée constitue un aller sûr vers le stress, la tension et un grave sentiment d'insatisfaction au travail. Si la situation est assez mauvaise, cela peut se répercuter dans votre vie familiale et s'ajouter également aux stresses et tensions dans votre vie conjugale.

Heureusement, il y a des remèdes angéliques pour venir en aide à ces conflits qui surviennent en milieu de travail, comme mon client Lars l'a découvert. Lars était venu à une séance de thérapie angélique parce qu'il était malheureux au travail. Professeur au primaire, Lars se plaignait que la nouvelle directrice de son école, Anita, lui rendait la vie malheureuse.

— Je ne sais pas pourquoi, mais Anita semble m'en vouloir. Elle fait constamment une histoire avec tout ce que je dis. Aux réunions des professeurs, cette femme ne manque jamais l'occasion de me rabaisser devant tout le monde. Quand j'essaie de l'éviter, je jure qu'elle me cherche. Elle m'a même téléphoné à la maison pour m'engueuler au sujet de quelque chose que j'aurais supposément mal fait au travail. Je ne peux plus endurer cela. Je sais que je vais bientôt craquer. J'ai peur de lui dire quoi que ce soit, puisque je n'ai pas encore ma permanence à l'école.

Lars a dit qu'il n'avait jamais été dans une situation comme ça auparavant. Il s'était entendu exceptionnellement bien avec l'ancien directeur, tout comme le reste des professeurs et la plupart des étudiants. Son conflit avec la directrice actuelle était inexplicable.

— Cette femme semble tout simplement m'avoir pris en aversion dès le moment où nous nous sommes rencontrés, a dit Lars, en réclamant l'aide des anges.

J'ai répété le nom Anita à maintes reprises pour contacter les anges de la directrice. J'ai vu l'image d'une femme froide qui se disputait avec Lars. Derrière Anita, se trouvait une silhouette que j'ai reconnue immédiatement comme étant son père décédé, qui agissait comme l'un de ses anges gardiens. J'ai également vu une femme plus âgée, la grand-mère maternelle d'Anita, qui m'a dit qu'elle avait servi d'aide supplémentaire pendant les premiers mois éprouvants de sa petite-fille en tant que directrice.

Les deux anges ont parlé à Lars : *Anita traverse un divorce difficile qui implique un conflit pour la garde de son enfant. Son cœur est brisé parce que son mari l'a quittée pour une autre femme. Ta présence même la fait souffrir, parce que tu lui rappelles tellement son mari par ton apparence et tes manières. Ce que nous avons ici est un cas de projection évidente, Anita déchaîne sur toi l'angoisse qu'elle ressent envers son mari.*

Lars a été clairement surpris et un peu dubitatif. Ce n'était pas ce à quoi il s'attendait. Il n'avait jamais entendu la moindre chose au sujet de la vie privée de la nouvelle directrice et ne savait rien de son divorce. Lars a confirmé plus tard tout ce que les anges avaient décrit ce jour-là.

Ce genre de projection est souvent la cause d'une antipathie soi-disant naturelle qui survient parfois entre deux étrangers quand ils se rencontrent pour la première fois. Nous voyons cela arriver assez fréquemment parmi les humains, ont poursuivi les anges. *Et la réponse, quand on se demande pourquoi cela se produit, est claire : tu attires vers toi les personnes qui t'aideront à pardonner. Anita a été attirée dans ton orbite, parce qu'à travers toi, elle peut apprendre à pardonner à son mari et à la situation. Tu dois regarder cela non pas comme une épreuve, mais avec patience, comme une occasion ines-pérée de guérison. Quand tu penses à Anita, quand tu la vois, il est vital que tu sois dans de bonnes dispositions pour l'aider. Au lieu de ressentir de la peur ou du ressentiment, ce qui ne fait qu'exacerber la situation, à la place, envoie-lui des pensées d'amour. Pense littérale-ment : « Je t'aime, Anita, et je te pardonne », et tu verras la situa-tion s'améliorer au-delà de ce que tu peux imaginer.*

— Alors, je devrais l'aimer ? a demandé Lars sur un ton sarcastique.

Il était encore sceptique, mais il était prêt à essayer tout ce qui pouvait lui procurer un peu d'espoir. Il a promis de me garder au courant de l'évolution des choses.

— Au début, j'ai dû littéralement me forcer pour avoir des pensées aimantes envers Anita, m'a-t-il dit deux mois après notre séance. Je pense que je suis entêté, parce que j'ai con-tinué même si initialement je ne voyais aucun résultat. Je dois admettre que je me sentais un peu mieux, même si Anita me traitait encore mal. Puis, quelque chose comme un miracle est arrivé. Anita et moi étions assis dans son bureau et nous avons eu une longue conversation. Elle n'a pas bien commencé, mais je me suis concentré pour écouter et avoir de bonnes pensées.

Et vous savez quoi? Tout à coup elle s'est vraiment ouverte à moi et a commencé à parler de son divorce, de son mari et de ses enfants. Elle m'a montré une photo de sa famille et j'ai été renversé de constater à quel point les expressions de son mari étaient semblables aux miennes. Après un moment, j'ai vraiment commencé à ressentir de l'amour pour cette femme — pas de l'amour romantique, bien sûr, mais un amour compatissant. Après l'école, nous sommes sortis prendre un café ensemble. Je commence presque à percevoir Anita comme une amie.

Lars a dit qu'il était reconnaissant de la façon dont la prescription des anges avait résolu le problème avec sa directrice. Il était heureux d'avoir appris à faire face à un tel conflit avec amour, parce qu'il était maintenant déterminé à appliquer le même principe à d'autres situations. Il essaie déjà cette méthode avec certains de ses élèves les plus difficiles et provocateurs.

Prescription

. . . .

Gardez à l'esprit que vous avez été amené dans la vie d'un autre pour vivre un apprentissage. Continuez de projeter des pensées d'amour sur l'autre personne. Peu importe quelle est la leçon et à qui elle s'adresse, tôt ou tard, cela se manifestera.

Prescription contre la pénurie d'argent

Plusieurs parmi vous se privent de tout et s'en tirent à peine pendant toute leur vie, en ayant peur de ne pas avoir assez d'argent pour prendre soin d'eux-mêmes et de leur famille ou d'en manquer lors d'une crise future. L'argent se classe près du sexe comme étant le premier instigateur de désaccord conjugal. Les disputes et les mots blessants quant à la façon de dépenser l'argent, qui gagne l'argent ou qui gagne le plus d'argent, et comment économiser ou investir l'argent sont fréquents.

S'inquiéter au sujet de l'argent peut vous miner physiquement et mentalement. Qui plus est, il peut vous faire perdre de vue ce qui est important dans la vie — les amis, la famille, les loisirs, les enfants ou votre propre épanouissement personnel. Tout le monde a vu des amis, normalement enjoués, devenir exténués et déprimés à cause de revers financiers soudains. Il est difficile d'apprécier la vie si vous vous faites du mauvais sang pour payer la nourriture, le loyer et les choses essentielles à votre bien-être et celui de vos proches.

Souriez. Les anges disent que tout le monde possède un guichet automatique au fond de soi. Mais c'est un guichet qui signifie «révélateur de pensée automatique», c'est-à-dire que vos pensées, combinées à celles de Dieu, sont des forces puissantes qui peuvent littéralement apporter l'argent dont vous avez besoin dans votre orbite. C'est uniquement votre croyance à l'effet que vous n'aurez pas assez d'argent ou que vous ne méritez pas d'en avoir plus, qui détermine si vous expérimentez l'abondance ou la pauvreté financière.

Une de mes étudiantes en counseling spirituel, Charmaine, se plaignait de sa situation financière. Elle et son mari, Floyd, possédaient un petit bar à jus. Même si l'entreprise était stable, les revenus étaient néanmoins faibles et leur marge de profit était à peine suffisante pour les maintenir à flot.

— Il semble qu'on n'a jamais assez d'argent, a dit Charmaine. Tous nos revenus servent à payer les frais de permis, nos employés, les taxes de propriété et les factures.

Le couple rêvait d'ouvrir un deuxième bar à jus de l'autre côté de la ville dans un nouveau centre commercial, où ils estimaient que leurs profits tripleraient sans que les dépenses ne s'élèvent à plus de 50 pour cent. Ce qu'ils n'avaient pas, c'était le capital pour louer un espace au centre commercial. Charmaine croyait qu'ils pourraient enfin se la couler douce s'ils avaient les fonds pour investir.

Charmaine a demandé à ses anges ce qu'elle devait faire. Ils ont été prompts à répondre. *Toi et Floyd ne ressentez pas complètement que vous méritez l'abondance. Par conséquent, vous n'avez pas tout fait pour attirer plus de clients à la franchise que vous avez maintenant, ce qui vous aiderait à vous procurer l'argent dont vous avez besoin pour réaliser votre rêve. Une autre raison est votre façon de traiter la facturation et l'administration de votre entreprise, qui est pour le moins hasardeuse. Vous passez à des côté des chances d'économiser et de faire plus d'argent.*

J'ai demandé à Charmaine s'il y avait quelque vérité dans tout cela. Elle m'a regardée, stupéfaite.

— Je pense que si. Vous savez, parfois je suis étendue dans mon lit, éveillée pendant la nuit, planifiant comment nous pourrions devenir riches. Je passe mon temps à penser : *Cela ne peut pas t'arriver, Charmaine, tu n'es qu'une petite fille du coin.* Il importe peu que j'aie un diplôme universitaire. Je pense que les personnes comme moi ne deviennent pas riches. Ce sont les autres qui deviennent riches. Je ne serais pas surprise que Floyd ressente la même chose.

Les anges ont offert leur prescription pour l'abondance financière : *Si toi et Floyd pouvez en venir à croire positivement que vous méritez l'abondance, vous découvrirez que votre marge de profit commence à augmenter. Mais tant et aussi longtemps que vous acceptez votre situation financière actuelle, il vous sera impossible de gagner davantage. Vous devez vous affirmer, foncer dans la vie et vous engager à avoir une approche différente et meilleure avec l'argent. Soyez conscients que vous méritez une juste rétribution pour votre dur labeur; que vous pouvez avoir une meilleure gestion de votre comptabilité; que vous méritez d'attirer plus de clients. Et cela arrivera presque instantanément.*

Tout cela me semble bien, a répliqué Charmaine, mais comment puis-je sentir que je mérite davantage, alors que j'ai de la difficulté à le faire en ce moment?

Je lui ai transmis deux suggestions des anges : *Rappelle-toi, tu ne demandes pas de l'argent simplement pour le plaisir d'avoir de l'argent. Tu désires de l'argent pour combler tes besoins essentiels. Tu désires de l'argent pour aider et soutenir ceux que tu aimes. Pourquoi Dieu ne voudrait-il pas cela pour toi ? N'aie pas peur de prier pour demander l'aide financière qui te permettrait de mieux aider les êtres qui te sont chers et les autres. Ceci pourrait inclure de l'argent pour l'éducation professionnelle et personnelle, les voyages, les expériences, la nourriture, le logis, les frais professionnels, le transport et les autres besoins de base. Deuxièmement, Charmaine, tu ne fais pas une fixation égoïste, terre-à-terre, sur l'argent. Tu le vois simplement comme un moyen d'aider ceux que tu aimes et les gens de ton entourage.*

— Est-ce que la raison pour laquelle nous n'allons pas mieux pourrait s'expliquer parce que c'est mal de vouloir rouler sur l'or ? La Bible ne dit-elle pas que l'argent corrompt et que c'est plus facile pour l'homme riche et ainsi de suite ? N'est-ce pas un péché de trop vouloir avoir de l'argent? a demandé Charmaine embarrassée.

Riant doucement, j'ai dit qu'elle pensait probablement à la parole de Jésus qui dit qu'il est plus facile pour un chameau de passer à travers le trou d'une aiguille que pour un homme riche d'entrer dans le royaume de Dieu. Les anges me disent que les paroles de Jésus et les passages bibliques semblables étaient destinés à mettre en garde contre le danger que l'argent devienne une obsession. Ses paroles visaient à aider les gens à voir Dieu, pas Mammon, comme la véritable source d'abondance et de richesse.

Les anges ont dit à Charmaine : *Il n'y a rien de mal ni de bien en soi avec l'argent. C'est simplement un instrument qui peut être utilisé au service de l'amour et de la lumière ou de l'obscurité et de la peur. Si vous choisissez l'amour et la lumière, vous vous sentirez gagnant comme si vous étiez millionnaire pour le restant de vos jours. Si vous choisissez l'obscurité et la peur, vous sentirez que vous n'en avez jamais assez.*

Se sentant rassurée, Charmaine a dit qu'elle essaierait les conseils des anges. Par la suite, je ne l'ai pas revue avant un an et demi. Nous nous sommes rencontrées au centre commercial. Elle était derrière le comptoir du nouveau bar à jus qu'elle et Floyd venaient d'ouvrir. Ils allaient en ouvrir un troisième près d'un parc à bureaux très fréquenté, juste à côté d'une université, m'a informée Charmaine. Elle a dit qu'elle et son mari avaient fait comme les anges l'avaient prescrit. Ils avaient pris un engagement ferme de ne plus vivre au jour le jour. Ils avaient compris qu'ils n'auraient pas l'abondance financière à moins qu'ils dirigent une entreprise organisée et financièrement solide. Quand elle a engagé un comptable professionnel, Charmaine a trouvé plusieurs endroits où ils gaspillaient de l'argent et a pu, par une gestion plus efficace, augmenter leurs profits. Elle et Floyd ont également commencé à faire de la publicité pour leur établissement, mettant en valeur les bénéfices pour la santé des jus de fruits et légumes frais, et ils ont commencé à donner des coupons de réduction à l'université du coin. Moins de six mois plus tard, ils ont vu que leur solde bancaire augmentait à chaque mois. À la fin d'une année, entre les prêts de la banque et leurs économies, ils ont pu ouvrir un kiosque au centre commercial.

Prescription

. . . .

Croyez que vous méritez et expérimenterez l'abondance. Soyez aussi organisé maintenant que vous le seriez si vous aviez déjà l'argent.

CHAPITRE 8

◦❧◦

Comment recevoir
des prescriptions divines

Si vous êtes fasciné par l'idée des prescriptions divines et voulez savoir comment vous pouvez recevoir des conseils directement de Dieu et des anges, courage. J'ai quelques nouvelles merveilleuses pour vous.

Dieu veut vous transmettre chaque parcelle de ses conseils autant que vous voulez en recevoir, alors Il a rendu cela facile. Vous n'avez pas besoin de vous déplacer pour recevoir une consultation angélique. Vous pouvez l'obtenir directement pour vous-même via le sixième sens inné que Dieu a donné à tout le monde afin de recevoir ses conseils célestes. Dieu a rendu cela si facile, qu'il faut souvent seulement une séance de pratique pour apprendre comment utiliser votre sixième sens et commencer à recevoir des prescriptions angéliques concernant vos préoccupations personnelles.

Si vous êtes quelqu'un qui pense que tout dans la vie doit être plus ou moins ardu, vous pouvez trouver cela difficile à croire. Comme je l'ai déclaré dans ce livre-ci et les autres, Dieu et les anges vous entourent à tout moment et vous inondent constamment de messages, de remèdes et de conseils.

Vous pouvez rejeter ces messages angéliques sans le réaliser pour plusieurs raisons. Un, tout simplement, vous ne les entendez pas et ne savez pas comment les réceptionner. Deux, votre propre souffrance ou turbulence personnelle peut embrouiller les messages célestes. Trois, vous pouvez ne pas aimer qu'on vous dise quoi faire et vous sentir contrôlé par Dieu, alors vous ne tenez pas compte de Ses conseils même si c'est une réponse à vos prières.

Cependant, par la pratique assidue, en posant des questions et en étant vigilant à la réception des réponses du Ciel, *tout le monde* peut développer un rapport plus clair et plus puissant avec ses anges. Dieu et Ses aides vous aideront en cours de route, et ils veulent que vous sachiez que vous avez vraiment la capacité, immédiatement, de recevoir précisément leurs messages.

Dans ce chapitre, vous apprendrez comment reconnaître certaines des façons dont vos messagers angéliques livrent leurs remèdes. Vous apprendrez aussi comment dissiper les perturbations émotionnelles qui peuvent altérer ou bloquer les conseils célestes. Vous serez ensuite conduit à travers un processus avéré en deux étapes qui permet à *quiconque* de demander et recevoir des conseils concernant les dilemmes de la vie, chaque fois et partout où c'est nécessaire.

Purification émotionnelle : libérer la voie

L'étape initiale pour recevoir les conseils angéliques est de vous débarrasser de toutes émotions turbulentes ou négatives. Ces sortes d'émotions bloquent l'accès aux quatre modes de communication divine que nous avons vus au chapitre 1 : la clairaudience (les mots et les sons), la clairvoyance (les idées et les images), la clairsentience (les émotions et les sensations) et la clairconnaissance (un savoir soudain). Les prescriptions célestes téléportées vers vous se heurtent aux énergies obscures et chaotiques ; elles ont de la difficulté à pénétrer la barrière que le négativisme érige devant vous.

Les anges vous conseillent vivement de prendre le temps de libérer toute tristesse ou mécontentement que vous pourriez ressentir avant de solliciter les prescriptions divines. Vous devriez faire cela même si vous ne sentez pas que vous éprouvez des émotions négatives. (Bien entendu, lors d'une urgence vous devriez immédiatement demander les conseils dont vous avez besoin.) Les gens ont souvent ces sentiments au travail, ancrés profondément en eux-mêmes, mais ils ne sont pas conscients de ces derniers à moins qu'ils ne s'arrêtent pour faire une introspection, ou bien les sentiments vont déferler soudainement d'où ils sont enfouis.

Contrairement à la psychothérapie, qui implique une analyse prolongée des causes des sentiments négatifs, la purification émotionnelle est une méditation angélique qui, je l'ai découvert, donne le pouvoir aux individus de libérer toute colère, absence de pardon, ressentiment, jalousie, souffrance et bagage émotionnel néfaste dans leur vie rapidement et complètement par eux-mêmes. Cette méditation libérera votre cœur pour que l'énergie positive, qui est transmise du Ciel et émane de l'amour divin, puisse entrer avec les prescriptions angéliques que vous avez demandées.

Prévoyez consacrer au moins une demi-heure ininterrompue, seul, pour la purification émotionnelle. Fermez tous les appareils de communication pour éviter les distractions. Mettez une pancarte où est écrit « Ne pas déranger » sur votre porte si vous n'êtes pas seul.

Assis ou étendu dans une position confortable, prenez trois respirations très lentes et profondes. Inspirez et expirez aussi profondément et lentement que possible.

Si vous avez une préférence pour une image de dévotion — Jésus, Quan Yin, Mahomet, Moïse, saint Christophe, la Vierge Marie, le Saint-Esprit — appelez mentalement cette image pour vous entourer. Pour ma propre purification émotionnelle, j'appelle généralement Jésus, les archanges Raphaël et Michael et les autres anges de la guérison et de la purification.

Dites-leur mentalement ou à voix haute : «Je vous donne maintenant la permission d'entrer dans mon cœur. Je vous demande s'il vous plait d'entrer dans mon cœur immédiatement et de me purifier émotionnellement. Je vous demande de purifier mon cœur de toute colère à laquelle je peux m'accrocher.» Passez quelques instants en silence, sentant les anges travailler à l'intérieur de votre cœur. Vous ressentirez comme des vagues d'énergie, et votre corps peut avoir des spasmes alors que vous libérez la vieille colère. Quand votre esprit, votre corps et votre cœur seront calmés, vous saurez qu'il est temps de passer à la prochaine étape.

«Je vous demande de purifier mon cœur de toute souffrance que je peux entretenir de cette vie ou d'une vie antérieure.» Une fois de plus, passez quelques instants en silence pendant que les anges vous purifient. Assurez-vous de respirer pendant ce processus, puisque le fait de retenir votre souffle peut ralentir la purification.

«Je vous demande de purifier mon cœur de tout ressentiment que je conserve envers moi-même, ma vie, les autres personnes, les systèmes ou le monde.» Reposez-vous un instant pendant que les anges vous libèrent de toute forme de ressentiment.

«Je vous demande de purifier mon cœur de tout sentiment que je pourrais ressentir pour m'être trahi ou avoir trahi les autres.» Respirez profondément pour permettre aux anges d'avoir pleinement accès à votre cœur et à vos émotions.

«Je demande que vous purifiez mon cœur de toutes les peurs que je peux avoir concernant la perte de contrôle ou avoir le contrôle.» Assoyez-vous un instant pendant que les anges dissipent ces peurs.

«Je demande que vous purifiez mon cœur de toute incapacité à pardonner que je peux conserver envers moi.» Prenez quelques instants pour permettre aux anges de vous purifier.

« Je demande que vous purifiez mon cœur de toute incapacité à pardonner que je peux conserver envers les membres de
la famille, les amis, les amoureux, les employeurs et les collègues, les étrangers, les systèmes et le monde. » Répétez cette
phrase jusqu'à ce que votre corps se sente calme. C'est un
signe que les anges vous ont purifié de la charge émotionnelle
de l'incapacité à pardonner. Rappelez-vous que vous ne devez
pas nécessairement pardonner les actions de quelqu'un, simplement la personne impliquée. Le pardon est un remède de
guérison pour vous, aussi bien qu'une façon de purifier la voie
pour la communication céleste.

Recevoir des prescriptions divines :
une technique en deux étapes

Quand vous avez terminé la méditation de purification
émotionnelle, vous êtes prêt à avoir consciemment accès
aux conseils divins. Bien que vous puissiez vous sentir un
peu intimidé en premier lieu, suivez simplement ces deux
étapes :

1. Énoncez le problème (ou la situation) pour lequel
   vous avez besoin de conseils.

2. Recevez une prescription divine.

Cela ne semble-t-il pas assez simple ? Voici un conseil angélique pour rendre le processus encore plus facile. Mes propres
interprétations sont plus détaillées, claires et exactes quand je
commence la séance avec une prière. Vous pouvez vouloir
commencer vos requêtes pour un remède divin avec une
prière, vous aussi. Ma prière, sur laquelle j'en suis venue à me
fier en raison de ses résultats miraculeux, est : « Dieu, Saint-
Esprit, Jésus et les anges, je demande Votre aide pour cette

consultation. S'il vous plait, donnez-moi des informations détaillées qui aideront cette personne et lui donneront plusieurs bénédictions. Je vous remercie infiniment pour votre amour et votre aide, Dieu, Saint-Esprit, Jésus et les anges. Amen.»

Il peut également être utile de méditer pendant quelques instants avant une consultation angélique. Les études montrent que les gens sont plus ouverts à l'inspiration et aux signaux intérieurs quand ils sont dans un état méditatif. Cela rend plus facile d'être à l'écoute de vos propres anges et de ceux de l'autre personne si vous faites une consultation pour quelqu'un. (Si vous n'êtes pas familier avec la méditation, consultez les nombreux livres excellents consacrés à ce sujet, ainsi que toute église, temple ou groupes de méditation privés dans votre quartier. Mon livre favori sur la méditation est la section du livre d'exercices pour les étudiants d'*Un cours en miracles*, qui donne des méditations quotidiennes pour vous aider à concentrer vos pensées. Deux autres excellents livres sont *The Best Guide to Meditation* de Victor N. Davich ou *The Joy of Meditating* de Salle Merrill Redfield.

EXPOSER LE PROBLÈME

Quand je m'adresse à ma clientèle, j'insiste sur l'importance de demander consciemment à Dieu et aux anges une prescription divine pour les problèmes et difficultés. Chaque fois que vous posez une question, vous déclenchez automatiquement une réaction divine. Ce peut être une question spécifique au sujet d'un problème particulier, comme «Que puis-je faire par rapport à ma mère autoritaire?» ou «Devrais-je chercher un nouvel emploi?» Ou ce pourrait être une question générale, comme «Comment puis-je être plus heureux?» ou «Que devrais-je faire avec ma vie?»

Votre requête pour une prescription divine peut être faite a façon qui vous convient le mieux :

1. *Verbalisez* votre question en la posant à voix haute.

2. Posez *mentalement* votre question dans votre tête. (Les anges entendent vos pensées aussi clairement que si elles étaient prononcées à haute voix. Ne vous inquiétez pas ; ils ne jugeront pas vos pensées.)

3. *Écrivez* votre question dans un agenda ou un journal intime, ou dans une lettre que vous cachetez et détruisez plus tard, par exemple.

4. *Visualisez* la question en imaginant mentalement la situation pour laquelle vous cherchez des conseils. (Vous pouvez vous voir réagir calmement face à votre enfant hyperactif plutôt qu'être en colère, ou vous pouvez visualiser un chèque en blanc fait à un collège ou une université avec un point d'interrogation dessus si vous envisagez retourner aux études.)

Recevoir une prescription

Étant donné que les anges peuvent entendre la question qui est posée dans votre esprit, vous pouvez recevoir une réponse avant que vous n'ayez fini de la demander. Les réponses peuvent venir à vous sous forme de vision, pensée, sensation physique ou émotive ou mots audibles. Pour améliorer vos chances de recevoir le message la première fois, vous devez placer votre esprit dans un état de *concentration détendue*. *Détendue* parce que toute tension bloque la réception de la réponse. *Concentration* parce que si votre attention se relâche, vous penserez à quelque chose d'autre quand la réponse arrivera. Vous pouvez rapidement atteindre les deux états en respirant profondément deux ou trois fois, ou en vous arrêtant pendant un moment de prière silencieuse immédiatement après avoir demandé des conseils angéliques.

Soyez conscient de toutes les impressions qui viennent à vous immédiatement après avoir posé la question. Elles seront dans un des modes de communication divine suivant :

1. *La clairaudience.* Des mots, des chansons, un thème musical que vous entendez à l'intérieur ou à l'extérieur de votre tête. Demandez à vos anges : « Comment ces mots ou cette chanson se rapportent aux circonstances reliées à ma question ? »

2. *La clairvoyance.* Un film mental onirique, une image mentale fugace, même une image symbolique. Demandez aux anges : « Comment ces visions se rapportent à mon problème ? »

3. *La clairsentience.* La joie, la chaleur, l'effroi, l'excitation et d'autres émotions. Votre estomac se serre ou ressent de l'émoi ; la pression atmosphérique change ; vous sentez certaines odeurs ou d'autres sensations physiques. Demandez à vos anges : « Comment est-ce que ces sensations se rapportent à ma question ? Sont-elles une carte routière, à savoir comment je me sentirais si à l'avenir je faisais certains changements ? »

4. *La clairconnaissance.* Vous pouvez savoir subitement ce qu'il faut faire sans même que la solution vous traverse l'esprit sous forme de pensées. Ce sera une conviction qui semble se dévoiler des profondeurs de votre âme.

Interpréter et valider les prescriptions divines

Quand vous demandez une prescription divine, d'habitude la réponse est claire et franche. Par exemple, en réponse à une question : comment ranimer la chaleur dans votre couple, vous voyez une image de vous deux marchant sur une plage, suivie d'un dîner à la chandelle au restaurant. Vous pouvez être assuré que l'intention est que vous passiez plus de temps à vous divertir avec votre partenaire. Ou bien, après avoir demandé des façons d'améliorer votre santé, vous avez l'intuition de prendre un chemin différent pour rentrer chez vous. En route, vous découvrez un nouveau gymnase qui vient d'ouvrir. Vous avez probablement raison en tirant la conclusion que l'on vous dit de suivre un cours d'exercices immédiatement.

À l'occasion, une réponse sera moins simple et peut vous laisser un peu confus et ne sachant pas comment l'interpréter. Disons que vous demandez aux anges ce que vous devriez faire concernant votre niveau de stress et que vous recevez une image mentale de glissade d'enfants dans un parc. Vous vous demandez : « Est-ce que cela veut dire que je suis sur le déclin ou que je suis censé éprouver un plaisir enfantin ? Ou c'est peut-être seulement une coïncidence et cela ne veut rien dire du tout. »

Une fois de plus, il n'y a rien à craindre. Puisque les anges veulent vraiment que vous compreniez la prescription que vous recevez, ils feront tout ce qu'ils peuvent pour s'assurer que vous avez bien compris, quitte à remuer ciel et terre. Si jamais vous vous sentez coincé, nerveux ou confus pour savoir comment interpréter une prescription divine, les anges garantissent que les quatre stratégies suivantes vous aideront à rendre la signification claire comme le cristal :

1. *Demandez un éclaircissement.* Demandez que vos anges fournissent un éclaircissement additionnel quand vous obtenez un message que vous ne comprenez pas ou qui ne semble pas avoir de sens. Si vous ne pouvez pas entendre une réponse audible, dites : « Un peu plus fort, s'il vous plait. » Si vous ne pouvez pas comprendre leur message visuel, dites à vos anges : « Pourriez-vous s'il vous plait me montrer quelque chose d'autre pour m'aider à saisir ce que vous voulez dire ? » Si vous ne pouvez pas comprendre une idée ou une révélation qui vous vient subitement à l'esprit, demandez à vos anges : « Comment est-ce pertinent par rapport à la question que j'ai posée ? » Si vous ne savez pas comment interpréter vos émotions, demandez : « Pourriez-vous m'aider à savoir ce que je ressens et comment ces émotions et sensations se rapportent à la réponse que je cherche ? »

   Ne soyez pas timide et n'ayez pas peur que les anges pensent que vous êtes stupide. Les anges sont de votre côté. Ils ne vous jugeront jamais négativement. Parlez plus fort et demandez l'éclaircissement dont vous avez besoin. Ils seront heureux de répondre à leur objectif en vous le fournissant. Quand j'ai demandé à mes anges, il y a plusieurs années, comment je pouvais augmenter ma clairvoyance, j'ai reçu des images visuelles de nourriture. En premier lieu, je ne comprenais rien ; je ne pouvais imaginer comment les deux étaient reliés. J'ai demandé à mes anges de me l'expliquer. En réponse, j'ai entendu une voix me dire que l'énergie vibratoire de la nourriture affectait ma capacité à recevoir des réponses et à penser clairement. J'ai suivi les prescriptions des anges pour arrêter de

consommer certains aliments, la viande en particulier, les matières grasses et le sucre — ou les produits à base de chocolat et les breuvages comme le
café, les boissons gazeuses et l'alcool. Ma clairvoyance a augmenté de façon significative par la
suite.

Continuez de poser des questions jusqu'à ce
que vous soyez satisfait et que vous compreniez la
réponse. Faites semblant d'interviewer vos anges
et que vous devez obtenir des réponses claires
comme du cristal pour les membres du public.
Avec de la pratique, vous et vos anges développ-
perez une affinité qui aura pour résultat des
messages célestes plus rapides et plus clairs

2. *Demandez des signes pour prouver le bien-fondé de
votre réponse.* Si vous pensez qu'une communication angélique est le fruit de votre imagination, ou
si vous êtes dans le doute pour savoir si vous avez
fait une interprétation correcte, demandez à vos
anges de la valider pour vous. Dites mentalement :
«S'il vous plait, donnez-moi un signe évident pour
me confirmer que je vous ai entendus [ou inter-
prétés] correctement.»

Dans les heures à venir, observez les mots que
vous entendez, pensez ou voyez. Remarquez les
schémas récurrents — par exemple, entendre à
plusieurs reprises une chanson, remarquer un
autocollant sur un pare-chocs, ou un ami qui
répète sans le savoir le même message mot pour
mot que vous avez déjà reçu.

3. *Restez vigilant face à la répétition.* Une des caractéristiques clé de la véritable aide angélique est que

leurs conseils sont donnés à plusieurs reprises. J'ai appris que vous pouvez poser une question aux anges plusieurs fois et que vous obtiendrez toujours la même réponse. C'est une preuve que ce sont vraiment les anges qui parlent, puisque l'imagination a tendance à donner des réponses différentes à chaque fois.

4. *Prêtez attention à ce que vous ressentez concernant la réponse.* Est-ce que la réponse semble vraie? Souvent, les conseils seront semblables à ce que les anges vous ont déjà donnés et dont vous n'avez pas tenu compte. Est-ce que cela vous fait dire : «Je le savais»? Est-ce que la réponse coïncide avec des émotions ou pensées que vous avez déjà eues auparavant? Est-ce que cela vous rend enthousiaste et rassuré? Si votre réponse est oui, vous pouvez être assez certain que votre prescription provient vraiment du royaume divin.

Se conformer aux prescriptions que vous recevez

Plusieurs interprètes des anges inexpérimentés manquent de confiance en leur capacité de recevoir des messages célestes. Ils sont terrifiés de recevoir un faux message, de se tromper sérieusement ou d'induire en erreur quelqu'un pour qui ils font une interprétation. Par conséquent, ils ne poursuivent pas et ne se conforment pas aux conseils qu'on leur donne. Comme avec les prescriptions médicales que le médecin vous donne, si vous ne suivez pas les indications, vous n'obtiendrez pas la guérison que vous recherchez. À quoi servent les conseils que Dieu vous offre si vous n'en faites usage? D'ailleurs, qu'avez-vous à perdre en vous y conformant? L'alternative est de rester coincé avec les mêmes problèmes pour lesquels vous avez réclamé l'aide céleste en premier lieu.

C'est pourquoi faire confiance au message que vous recevez est essentiel. C'est également important parce que l'incrédulité peut empêcher un message d'être complètement acheminé, ou de vous faire ignorer des parties qui semblent pénibles ou insensées.

Rappelez-vous, Dieu ne fait jamais d'erreurs et Il est Celui qui livre les messages. Dieu sait comment envoyer des prescriptions divines claires et compréhensibles. Après tout, Il le fait depuis des millions d'années! Cependant, comme avec tout dans la vie, si vous ne comprenez pas, continuez de poser des questions jusqu'à ce que vous le puissiez. Les anges continueront à vous répondre jusqu'à ce que vous compreniez. Vous ne devez pas craindre d'épuiser la patience de Dieu — elle est infinie et vous ne pourriez jamais l'épuiser, même si vous viviez jusqu'à l'an 3000. Rappelez-vous, il n'y a pas de questions stupides.

Si vous trouvez, cependant, qu'un message que vous avez reçu est tellement extravagant qu'il fait même vaciller votre confiance dans les capacités de Dieu, demandez aux anges de fortifier votre foi. Avant d'aller au lit, demandez à l'archange Raphaël (l'ange de la guérison) d'entrer dans vos rêves. Dites-lui : «Je suis prêt à libérer toutes les croyances, pensées ou émotions qui m'empêchent d'avoir une foi totale. S'il te plaît, purifie-moi maintenant de tout ce qui obscurcit ma foi.»

Une fois que vous lui avez donné la permission, Raphaël fera le reste du travail pour vous. Quand vous vous éveillerez, vous vous sentirez moins craintif, moins seul et moins insécurisé que la veille.

Comme avec tout ce qu'on apprend, le temps, la pratique et l'expérience créeront la confiance en votre capacité de recevoir et de comprendre les messages célestes. Une fois que vous vous sentez confiant, vous recevez clairement les prescriptions divines, et vous ne vous limitez plus à utiliser votre sixième sens pour solliciter des conseils uniquement pour vous-même. Vous pouvez également poser une question au nom d'une autre personne et recevoir une réponse pour elle. (Dans le chapitre suivant, vous trouverez des conseils afin de donner des consultations angéliques aux autres.)

CHAPITRE 9

∞

Comment transmettre
des prescriptions divines

Si vous êtes comme certains des participants à mes ateliers, vous pouvez être intéressé, voire même enthousiaste, à l'idée de transmettre des prescriptions angéliques. Vous pouvez vouloir devenir un canal pour transmettre aux autres des prescriptions divines. Quand vous acceptez ce rôle, vous devenez un ange terrestre — en effet, un membre du service des messagers célestes de Dieu. Les messages et les prescriptions que les anges transmettent à travers vous peuvent aider à transformer, sauver et même illuminer des vies.

J'ai appris à des milliers d'hommes et de femmes comment utiliser leur sixième sens pour recevoir et donner des prescriptions divines. Ces succès m'ont convaincue que *tout le monde* peut apprendre à ouvrir les canaux de la communication divine et développer cette capacité. Vous n'avez pas besoin d'être particulièrement doué ou d'avoir un entraînement reconnu pour recevoir les prescriptions de Dieu et des anges. Je ne possède pas de talent unique qui me permet de parler avec les hôtes célestes. Les anges nous entourent, tentant de communiquer avec nous en tout temps, et vous recevez déjà leurs messages inconsciemment. Vous apportez simplement la conscience de ce processus à la surface.

Dans ce chapitre, vous trouverez tout ce dont vous avez besoin pour utiliser votre sixième sens inné et recevoir avec succès les messages des anges pour les autres. Transmettre une prescription divine à une autre personne est une excellente façon de renforcer votre propre capacité à les recevoir pour vous-même. Avec les remarques de l'autre personne, vous pouvez apprendre à peaufiner vos méthodes pour poser des questions aux anges du Ciel, comprendre les symboles qu'ils utilisent parfois quand ils répondent à vos questions, et gagner de la confiance en vos capacités de recevoir des messages précis.

Pour devenir un messager conscient des prescriptions divines, tout ce dont vous avez besoin, c'est d'ouvrir vos oreilles et vos yeux, de demander d'entendre ce que les anges ont à dire, et de voir ce qu'ils ont à vous montrer. La seule condition est la *volonté* d'être utilisé comme un instrument de communication divine.

Quand vous faites une consultation pour quelqu'un d'autre, vous pouvez vous demander à quels anges vous parlez. Est-ce les vôtres ou ceux de l'autre personne ? La réponse est les deux. Vos propres anges vous guideront pendant que vous donnez une interprétation, mais vous recevrez aussi beaucoup de conseils et d'informations des anges de l'autre personne. Si la personne a posé une question spécifique concernant un domaine important de sa vie — l'argent, l'amour, la santé — les anges qui se spécialisent dans ces domaines répondront.

Un dernier mot d'encouragement : ne soyez pas découragé si votre première interprétation des anges n'est pas un énorme succès. Il faudra un peu de pratique. De plus, le problème pourrait ne pas du tout être vous. Ce pourrait être une question de chimie incompatible avec l'autre personne ou ses anges. Il est plus facile de transmettre des conseils angéliques à certaines personnes qu'à d'autres. Par exemple, leurs anges gardiens peuvent être bruyants et extravertis et vouloir tout vous transmettre de façon forte, explicite et dans le moindre détail. D'autres personnes ont des anges silencieux et réservés, qui répondront à vos questions, mais ne fourniront pas spontanément d'information. Vous risquez d'avoir à leur demander plusieurs fois des clarifications et des détails supplémentaires avant que vous et la personne qui consulte ne puissiez pleinement comprendre la prescription. Il arrive aussi que quelques êtres chers décédés envoient de faibles signaux qui sont difficiles à entendre.

Je recommande de faire au moins 10 consultations angéliques avant de prendre une décision quant à l'évaluation de votre capacité, et si vous souhaitez poursuivre. À ce moment-là, vous aurez probablement affiné tous les détails et devriez avoir plus de facilité en tant qu'interprète des anges.

Demander des prescriptions divines pour les autres

La liste suivante est un modèle infaillible, étape par étape, pour mener avec succès des consultations angéliques pour les autres. Des milliers de personnes à mes ateliers ont signalé qu'en utilisant ce modèle, elles pouvaient recevoir des prescriptions célestes pour les autres en seulement un ou deux essais.

1. *Assoyez-vous face à face.* Assoyez-vous en face de l'autre personne, en lui tenant les mains. Fermez les yeux tous les deux et commencez à inspirer lentement et profondément.

2. *Synchronisez vos énergies.* Ensemble, affirmez mentalement : « Amour, Amour, Amour », lentement et à plusieurs reprises. Cette phrase ouvre le cœur et l'esprit pour la communication divine et synchronise vos rythmes respectifs. L'autre personne peut continuer mentalement à affirmer cette phrase

pendant toute la consultation pour créer une connexion profonde avec les anges.

3. *Scrutez mentalement les anges de l'autre personne.* Avec les yeux fermés, scrutez la région de l'épaule gauche de l'autre personne. Imaginez mentalement à quoi ressembleraient ses anges gardiens si vous pouviez les voir. Puis, scrutez mentalement autour de sa tête et de son épaule droite. Donnez-vous la permission de voir les anges. Si vous pouviez voir ses anges au-dessus de son épaule droite, à quoi ressembleraient les anges ?

4. *Choisissez un ange.* Continuez de respirer lentement et doucement. Choisissez un des anges que vous avez vus, ou dont vous avez ressenti l'essence, et concentrez-vous sur cet ange particulier.

5. *Demandez à cet ange.* Avec les yeux encore fermés, demandez à l'autre personne de poser sa question à cet ange à voix haute. Ou, si elle est venue pour une consultation générale, demandez mentalement à l'ange quelque chose comme : «Quel message aimerais-tu que je transmette à cette personne?»

6. *Répétez la question mentalement.* Répétez la question à vos anges et à son ange silencieusement dans votre esprit plusieurs fois. Alors que vous répétez la question, vous commencerez à recevoir des impressions sous forme mentale, visuelle, auditive ou émotionnelle.

7. *Transmettez ce que vous recevez.* Dès que vous commencez à recevoir des impressions, commencez à les répéter à voix haute pour l'autre personne. En les exprimant en mots, vous entamez un flux d'impressions angéliques additionnelles.

8. *Demandez à l'autre personne et aux anges des éclaircissements.* Si vous ne comprenez pas ce que signifie un message particulier, demandez à la personne qui consulte. Vous pouvez dire : « Les anges me montrent un petit garçon avec des cheveux bruns près de vous. Est-ce votre fils ? » ou « Pourquoi est-ce que les anges me montrent sans arrêt un camion rouge ? Est-ce un véhicule que vous avez possédé ? »

Si l'autre personne ne peut pas comprendre la signification de l'impression que vous avez reçue, cela pourrait se rapporter à un événement futur ou à un événement qu'elle a oublié. Demandez aux anges mentalement ou à voix haute d'autres explications. C'est généralement plus profitable que d'essayer d'interpréter vous-même un message déroutant, ce qui fait perdre du temps et de l'énergie qui seraient mieux utiliser pour l'interprétation.

Vous découvrirez bientôt que votre rôle, en tant qu'interprète angélique, est d'aider à valider la propre guidance interne de l'autre personne. Elle sait déjà, au fond d'elle-même, ce que sera la prescription des anges. Les anges veulent seulement confirmer que leurs conseils célestes ont été reçus avec exactitude.

Transmettre des prescriptions divines

La directive la plus importante à garder à l'esprit lorsqu'on transmet des prescriptions divines à une autre personne, est de donner les conseils mot pour mot comme ils viennent à vous. Tout comme un médecin le fait avec ses prescriptions, les anges donnent des détails et des instructions spécifiques avec les leurs. En tant que membre des messagers célestes de Dieu, une partie importante de vos fonctions est de transmettre les *détails* des prescriptions que vous recevez avec exactitude et au complet. Ces détails aident la personne qui consulte à établir l'authenticité des informations que vous livrez, aussi bien que les étapes spécifiques qu'elle doit suivre pour en tirer profit.

Il y a une autre raison pour laquelle vous devez transmettre toutes les impressions que vous recevez lors d'une consultation. Même si une image, une expression ou une chanson peuvent sembler insignifiantes pour vous, elles seront susceptibles d'avoir un sens pour le destinataire. Les anges transmettent leurs prescriptions spécifiquement à l'intention du destinataire.

Résistez à la tentation de couper ou de censurer des messages avant de les transmettre, ou un élément important pourrait être perdu pour toujours. Disons qu'une cliente vient de vous dire que son mari est celui qui commence toujours les disputes. Cependant, l'image que les anges vous montrent est tout à fait à l'opposé. Si vous transmettez cette information, vous savez que la femme risque de se fâcher contre vous. Si vous ne divulguez pas cela, vous pourriez la priver de l'information dont elle a besoin pour cesser de blâmer son mari et ainsi transformer sa vie conjugale. Ou disons qu'une image montre un individu qui a un flirt de bureau, alors que vous savez que l'autre personne est mariée. Censurer l'image pourrait empêcher celui-ci de réaliser que son comportement a un effet défavorable sur sa relation. La seule façon de s'assurer que vos sentiments personnels n'interfèrent pas avec votre interprétation est de transmettre le message exactement comme vous l'avez reçu.

D'après *Un cours en miracles*, la foi est essentielle quand vous recevez un message qui n'a pas de sens pour vous. Dans le manuel des enseignants, le *Cours* affirme :

> L'enseignant de Dieu [ce qui veut dire quelqu'un qui désire aider les autres sur le plan spirituel] accepte les mots qui lui sont offerts et les transmet comme il les reçoit. Il ne contrôle pas la direction de ses propos. Il écoute, entend et parle. Un obstacle majeur dans cet aspect de son apprentissage est la peur de l'enseignant de Dieu concernant la validité de ce qu'il entend. Et ce qu'il entend peut effectivement être tout à fait surprenant. Cela peut aussi sembler être tout à fait hors de propos quant au problème présenté tel qu'il le perçoit, et peut, en fait, confronter l'enseignant à une situation qui semble très embarrassante pour lui. Tous ces jugements n'ont pas de valeur ; ce sont les siens venant d'une piètre perception de lui-même. Ne jugez pas les mots qui viennent à vous, mais offrez-les avec confiance. Ils sont bien plus sages que les vôtres. Les enseignants de Dieu ont les mots de Dieu derrière leurs symboles. Et Il donne Lui-même aux mots qu'ils utilisent le pouvoir de Son Esprit, les élevant, de symboles dépourvus de sens, vers l'appel du Ciel lui-même.

À un de mes ateliers, LeAnn, une participante, donnait une consultation angélique à un homme nommé Kim, qui avait demandé s'il devait retourner à l'université. Pendant la consultation, LeAnn a vu un être cher féminin décédé apparaître au-dessus de l'épaule gauche de Kim. La femme passait son temps à répéter un seul mot à LeAnn, mais ce n'était pas en anglais. LeAnn ne se sentait pas qualifiée pour transmettre ce mot à Kim parce qu'elle avait peur de faire une erreur en le prononçant. Ce n'est qu'après mon insistance que LeAnn a finalement dit le mot à Kim en hésitant.

Il s'est avéré que LeAnn parlait avec la grand-mère maternelle décédée de Kim (la description que LeAnn a faite de ses cheveux, ses vêtements et sa taille a été confirmée par Kim). La grand-mère ne parlait que le cambodgien et avait prononcé un mot dans sa langue natale qui voulait dire « université ». Kim savait que c'était la confirmation qu'il lui fallait pour retourner aux études, un signe qu'il a failli manquer en raison de la réticence de LeAnn à transmettre un mot qui n'avait pas de sens pour elle.

Une autre participante à un de mes ateliers, Sally, avait donné sa toute première consultation angélique à une femme nommée Bethany. Sally avait entendu les anges de Bethany dire : « *Dis-lui que tout est OK pour sa tempe gauche, sa poitrine et le bas de son coccyx.* » Sally était réticente à dire à une étrangère un message aussi personnel, de peur de se tromper et de se sentir ridicule. Je lui ai conseillé vivement de partager ouvertement tous les messages qu'elle recevait.

Sally a inspiré profondément et a foncé. Elle a révélé à Bethany : « Les anges disent que tout est OK là, là et là, indiquant les régions qu'ils lui avaient mentionnées. Bethany a commencé à pleurer et Sally a eu peur d'avoir offensé la dame.

— J'étais au bureau du médecin hier, passant des tests pour de la douleur que j'ai eue dans les trois régions que vous venez d'indiquer. Je n'aurai pas les résultats avant lundi et je suis tellement inquiète. Merci de m'aider à avoir la foi et de croire que tout ira bien, a expliqué Bethany.

· Parfois, quand je donne une interprétation, je sens que cela peut clarifier ce que les anges m'ont dit si j'ajoute ma propre opinion. J'introduis toujours ces remarques en déclarant clairement : « C'est moi qui parle en tant que psychothérapeute ; ce ne sont pas les anges. Ce que je pense qu'ils veulent dire, c'est... » ou « Une façon de suivre leurs conseils concernant la prescription d'une diète pourrait être... » De cette façon, mes clientes savent que je ne donne pas un remède divin, mais ma propre opinion, humaine et faillible, qu'elles sont libres d'accepter ou de rejeter.

Chaque fois que vous faites une consultation angélique, il est important de prier afin de recevoir la guidance des anges. En même temps, vous devez clarifier vos propres sentiments. Si vous avez des peurs ou des doutes, faites-les remonter à la surface et demandez mentalement à Dieu et aux anges d'éloigner ces sentiments. L'honnêteté envers soi-même est la condition pour être un « guérisseur guéri », c'est-à-dire quelqu'un qui ne laisse pas ses propres problèmes interférer avec le message qui doit être livré.

L'EFFET MIROIR

Plusieurs parmi vous peuvent sentir que personne ne vous « entend » vraiment ; c'est-à-dire qu'on ne vous écoute pas. Par conséquent, vous vous sentez mis à l'écart, ignoré, incompris et seul. Après tout, combien de fois quelqu'un écoute vraiment ? Les conversations ne sont-elles pas souvent remplies d'interruptions, de surenchère, si bien que l'autre pense davantage à répondre qu'à écouter ce que vous dites ?

Lors de consultations angéliques, vous avez une occasion idéale d'aider une autre personne à sentir qu'elle est réellement comprise et écoutée. Une des meilleures façons de faire cela, c'est en utilisant la technique du miroir qui encourage l'autre personne à se confier. Popularisée par le grand psychologue Carl Rogers, le miroir est un moyen de communication qui permet à l'autre personne de savoir que vous l'écoutez et comprenez ce qu'elle veut dire.

L'effet miroir implique de reformuler ce que la personne a dit et de le lui répéter. Par exemple, une personne qui est venue pour une consultation déclare : «Je suis vraiment inquiète pour mon travail parce que mon patron a été telle-ment hostile envers moi ces derniers temps.» Vous allez donc reformuler et répéter sa déclaration dans le but délibéré de lui faire savoir que vous l'avez bien entendue. Vous pourriez dire : «Vous vous demandez si votre patron est en colère contre vous et que, par conséquent, vous pourriez perdre votre travail.»

Même si cette reformulation peut paraître artificielle quand vous l'utilisez pour la première fois, vous serez étonné par les résultats. L'autre personne dira oui avec enthousiasme ou hochera énergiquement la tête. Elle se sentira vraiment rassurée en sachant qu'un autre être humain est connecté à ses sentiments. En utilisant la technique du miroir, vous offrez un oasis rafraîchissant d'attention à la personne en crise. Cette méthode encourage aussi la personne à se confier davantage, ce qui peut aider souvent à révéler de nouvelles solutions à ses dilemmes.

Transmettre des prescriptions aux sceptiques

Inévitablement, vous aurez à donner une consultation à un sceptique pur et dur, quelqu'un qui ne croit pas en Dieu, aux anges ou aux messages angéliques et dont l'intérêt principal est de prouver que vous êtes un charlatan. Quand cela arrive, il est probable que vous ayez quelques inquiétudes. Voyons-les séparément.

La première inquiétude est que le scepticisme de la per-sonne repoussera les anges. La vérité, c'est que *rien* ne peut repousser les anges, ni le scepticisme ni les émotions ni les actions négatives. Rien! Les anges sont toujours avec vous et ils sont avec les sceptiques, les moqueurs, ainsi que les athées. N'ayez pas peur qu'ils vous abandonnent pour une raison ou pour une autre dans votre heure de plus grand besoin.

La deuxième inquiétude, c'est que le scepticisme interférera avec l'interprétation, comme des parasites psychiques. Il est effectivement difficile de donner une consultation à un vrai Thomas qui est sur ses gardes, mais seulement parce qu'il est normal de se sentir tendu près d'une personne qui semble vous tester. Votre tension — non pas la présence d'un moqueur — est la seule chose qui peut interférer avec un message des anges. Maintenez simplement une foi inébranlable dans la validité des prescriptions que vous recevez. Si vous faiblissez et laissez la peur influencer votre présentation du message, vous pouvez omettre un détail crucial qui aurait fait la différence pour convaincre l'autre personne de la validité de votre message.

Un bon exemple de cette solution m'est arrivé quand j'étais en tournée promotionnelle pour un de mes livres. Puisque je passe fréquemment à la radio, je suis souvent appelée pour donner des messages angéliques au public d'animateurs de talk-show sceptiques. Un exemple typique est l'homme qui m'a interviewée un soir pour son émission, à Phoenix, en Arizona. Au début de son émission, il m'a avoué en ondes qu'il ne croyait absolument pas que je parlais aux anges. La seule raison pour laquelle il m'avait invitée, a-t-il annoncé, était parce qu'il pensait que les anges avaient du succès auprès de ses auditeurs et que ma participation serait bonne pour les cotes d'écoute.

Je prends l'habitude de ne jamais parler à quelqu'un des impressions psychiques que je reçois au sujet de sa vie, à moins que la personne me le demande spécifiquement. Je ne suis pas un voyeur et je crois également dans la règle d'or. De plus, je suis aussi diplomate que possible quand on me demande de faire une consultation publiquement ou en ondes, pour respecter la dignité et la réputation de la personne qui consulte. Alors quand cet animateur de radio m'a demandé de lui faire une consultation en direct sur les ondes, les anges ont commencé à me montrer certaines raisons pour lesquelles il était devenu un sceptique enragé. J'étais face à un dilemme pour savoir comment procéder. Normalement, mon premier réflexe en de telles circonstances est de décommander la personne et de lui parler plus tard en privé. Mais l'animateur insistait :

— Dites-moi quelque chose au sujet de ma vie que personne d'autre ne peut savoir, a-t-il dit en me mettant de la pression.

Avec des milliers de personnes qui écoutaient, je me sentais dans une situation embêtante.

— Les anges me montrent que vous et votre femme venez d'avoir un bébé, ai-je dit. Votre femme traverse une période de dépression post-partum en ce moment. Elle est déprimée et cela est très bouleversant pour vous.

L'animateur a immédiatement commencé à crier aux employés :

— Bien, qui lui a dit cela ? Lequel parmi vous lui a révélé cela ?

Il était vraiment contrarié que je sois au courant d'une information aussi personnelle. Étant donné qu'il ne croyait pas que je pouvais parler aux anges, il était certain que l'information avait été divulguée par un des employés. Quand les employés ont juré à maintes reprises qu'ils ne m'avaient rien dit, l'homme a finalement admis qu'il n'y avait pas d'autre explication possible, que je devais vraiment parler à ses anges. Après cela, son attitude a radicalement changé.

La troisième inquiétude est de savoir si vous devriez essayer de chasser les doutes d'un sceptique d'une façon ou d'une autre. La réponse est un NON catégorique ! Rappelez-vous, vous êtes là pour une consultation, pas un débat. Les débats philosophiques peuvent être une façon intéressante de passer le temps, mais ce n'est pas le but d'une consultation angélique. Je suis une personne qui est plus facilement convaincue par les faits que par les arguments, ce qui va de même pour la plupart des sceptiques. J'ai plus de chance de changer leur attitude en leur transmettant un message avéré qu'en débattant avec eux.

En fait, la plupart des moqueurs ont peur que vous essayiez de les convertir pour qu'ils renoncent à leur scepticisme. Tenter de les convertir ne fait que les hérisser et les mettre sur la défensive. Ils se referment comme des huîtres et se cramponnent à leur scepticisme encore plus fermement.

Au fond, nous voulons tous croire que les anges nous entourent et nous protègent. Les sceptiques ont simplement peur d'avoir tort, d'être dupés ou manipulés. Plusieurs sentent que Dieu les a trahis à un moment ou à un autre dans le passé en ne répondant pas à leur requête d'aide ou de guérison. Par conséquent, ils se prémunissent d'une autre déception éventuelle en étant cynique au sujet de Dieu, des anges et la plupart des questions spirituelles. Mais sous cette armure de scepticisme, ils se cramponnent à l'espoir que Dieu existe vraiment, que Dieu les aime, qu'il y a une vie après la mort, et que Dieu envoie les anges pour veiller sur nous. Ils ont peur que vous puissiez éveiller leur foi et les prépariez à avoir de nouveau le cœur brisé.

Lorsque vous devez faire une consultation à une personne sceptique, gardez ceci à l'esprit : même si vous n'êtes pas là pour la convertir, elle a plus peur que vous. Mettez-la à l'aise dès le premier moment en anticipant cette peur et en rassurant cette dernière. « Je ne suis pas là pour convertir qui que ce soit et je ne force personne à adopter ma façon de penser. »

Quoiqu'il soit satisfaisant de conquérir un nouvel adepte ou ami, je n'oublie jamais que je ne donne pas de consultations divines dans le but de persuader quiconque à ma façon de croire. Le point essentiel, quand on donne et reçoit des prescriptions angéliques, est d'aider à transmettre la grande sagesse de Dieu. Si lors d'une consultation, vous touchez une corde sensible chez une personne sceptique, elle sera attirée instantanément à croire. Votre seul rôle est d'être vigilant face aux conseils que vous recevez et d'avoir suffisamment la foi pour les transmettre mot pour mot au sceptique.

J'ai appris cette leçon quand j'ai été interviewée à une émission de nouvelles affiliées au réseau du Middle West. Le présentateur, encore un autre sceptique autoproclamé, m'avait demandé de lui faire une consultation pendant que les caméras tournaient. En croisant les bras, il a dit :

— D'accord, docteur Virtue, prouvez-moi que vous pouvez réellement parler aux anges.

J'avais la gorge serrée, et face au défi du présentateur, j'espérais que ma nervosité ne se verrait pas. J'ai demandé à ses anges ce qu'ils voulaient que je sache concernant cette personne. Un homme âgé est apparu immédiatement derrière la tête du présentateur et j'ai reçu le message que c'était son grand-père. Alors que je regardais le grand-père, j'ai également réalisé que ma vue était assaillie par le désordre dans le bureau du présentateur, où nous filmions. Un grand globe terrestre ancien, qui se trouvait directement derrière la tête du présentateur, a attiré mon attention. Je regardais ses anges sur un fond très chargé de couleurs, de formes et de mots. Au sommet de tout cela, le grand-père, en réponse à ma question, tenait lui-même un vieux globe terrestre. Il a encerclé lentement le globe avec son index pour m'indiquer que son petit-fils venait de revenir d'un voyage autour du monde.

J'ai eu peur pendant une fraction de seconde. Est-ce que je voyais vraiment un vieux globe terrestre ou était-ce un mirage inspiré par la vision du globe derrière la tête du présentateur ? Est-ce que mon esprit extrapolait sur ma vision physique pour se transformer en illusion d'une vision spirituelle? Je savais que le grand-père était vrai, puisqu'il était tout à fait détaillé et animé. Mais le globe?

Avec la pression qui montait, les caméras qui tournaient et le présentateur qui attendait la réponse, j'ai choisi de croire en la validité de ma clairvoyance. Je lui ai dit que son grand-père se trouvait juste derrière lui. Le présentateur est demeuré bouché bée et a demandé une description physique de l'homme.

Alors que je donnais la taille de son grand-père, l'âge approximatif à sa mort et que je décrivais ses cheveux et son habillement, le présentateur a hoché vigoureusement la tête en confirmant qu'il s'agissait bien de lui.

J'ai inspiré profondément et j'ai dit :

— Votre grand-père me montre que vous venez de revenir d'un voyage autour du monde.

— Oui. C'est vrai. Je suis revenu la semaine dernière, a dit le présentateur avec agitation. Le reste de l'interprétation s'est fait de façon fluide, le grand-père me fournissant d'autres détails qui augmentaient ma crédibilité aux yeux du présentateur. Le présentateur était un moqueur, mais son grand-père ne l'était pas.

Quand vous recevez et transmettez des messages à une personne qui a des doutes, concentrez-vous sur la validité des impressions que vous recevez. Tant et aussi longtemps que je me suis concentrée pour rester en lien avec le grand-père, au lieu de m'inquiéter de convaincre le présentateur, tout s'est bien passé.

Transmettre des prescriptions désagréables

Les médicaments que les médecins prescrivent pour nos maladies ont souvent un goût désagréable, mais le résultat peut être miraculeux. En tant qu'adultes, nous savons ce que nous ignorions en tant qu'enfants : qu'il vaut la peine de supporter un goût désagréable pour obtenir la guérison.

De la même façon, quand vous faites une consultation angélique, on peut vous demander de transmettre une prescription que vous savez que l'autre personne n'aimera pas, du moins pas au départ. Par exemple, une personne peut vous demander de lui donner des informations au sujet de la biopsie qu'elle aura le lundi suivant, et vous entendez les anges dire que son état est grave. Ou un homme veut savoir comment restaurer une relation brisée et les anges vous communiquent qu'une telle réconciliation est fort peu probable. Notre système de croyance appelle ce genre de messages les mauvaises nouvelles, même si à long terme, de grandes bénédictions peuvent résulter si on tient compte du remède.

Que devriez-vous faire quand quelqu'un vous consulte au sujet d'un problème et que les anges transmettent une réponse défavorable? Si une personne vous demande : « Est-ce que mon entreprise va survivre? » ou « Est-ce que mon mariage va durer? » elle espère un réconfort positif lui promettant que ses pires peurs ne vont pas se réaliser. Au lieu de cela, la réponse que vous recevez des anges confirme que non, son entreprise ne survivra pas et que non, son mariage ne va pas s'améliorer. Devriez-vous rester silencieux ou donner les mauvaises nouvelles?

Avant que vous fassiez quoi que ce soit d'autre, demandez aux anges de vous donner des conseils supplémentaires pour savoir si vous devez livrer le message et la meilleure façon de le transmettre afin de causer à l'autre personne le moins de peine possible. De plus, demandez des anges supplémentaires pour entourer la personne, pour l'aider à la placer dans le meilleur état d'esprit possible afin de recevoir la prescription.

Si vous êtes encore dans le doute, ma réponse personnelle est simple. Quand les anges me donnent un quelconque message pour quelqu'un d'autre, je fais confiance que la personne a vraiment besoin de l'entendre. J'essaie de me percevoir simplement comme la connexion Internet par laquelle le courrier électronique passe vers une boîte de réception désignée. Ce principe m'a aidée à transmettre des prescriptions angéliques cruciales à des personnes qui cherchaient assistance, et qui plus tard ont pu sauver des vies, des carrières et des relations amoureuses. J'ai dit à des gens, qui avaient passé toute leur vie devant la télé, qu'ils devaient immédiatement commencer un régime nutritionnel convenable ou ils risquaient d'hypothéquer gravement leur santé. J'ai dû dire à des femmes qu'elles risquaient d'avoir le SIDA, parce que leur mari avait des liaisons extraconjugales. J'ai eu à dire à des hommes qu'ils pourraient ne jamais rencontrer la femme de leurs rêves s'ils ne géraient pas d'abord leur colère et leur besoin d'être en contrôle (et j'ai dit la même chose à d'autres hommes pour qu'ils puissent trouver l'*homme* de leurs rêves.)

Une des débutantes à mes ateliers, Lilly, une femme d'affaires dans la trentaine aux cheveux foncés, s'est fait demander une consultation angélique par Dwayne, un homme d'affaires plus âgé qu'elle de plusieurs années. Lilly a entendu les anges de Dwayne dire qu'il était sur le point de développer une maladie cardiovasculaire grave s'il ne changeait pas son mode de vie actuel et ne réduisait pas les matières grasses de son alimentation. Lilly était réticente à transmettre un tel message à Dwayne, mais elle s'est rappelé mes conseils aux participants de l'atelier à l'effet qu'ils devaient croire que la personne avait besoin d'entendre le message, sinon les anges ne leur auraient pas transmis. Lilly a répété la prescription à Dwayne exactement comme elle l'avait reçue.

Comme elle le craignait, Dwayne n'a pas très bien pris la nouvelle. Il est devenu contrarié, argumentant qu'il se sentait bien, qu'il avait eu un examen médical un an auparavant et était en parfaite condition, et qu'aucun médecin n'avait jamais parlé de risque de congestion cérébrale ou de crise cardiaque.

— Tu as dû avoir de l'interférence avec les signaux de tes anges, a-t-il répondu.

J'avais observé Lilly pendant sa consultation et j'ai bien vu les anges se rassembler autour d'elle. Je savais qu'elle avait bel et bien reçu leur message. Puisque c'était une de ses premières consultations, Lilly avait laissé Dwayne démolir sa confiance en sa capacité d'entendre les anges. Piteuse, elle a admis qu'elle ne devait pas être douée pour recevoir des messages angéliques. Par la suite, je l'ai prise à part et je l'ai rassurée pour qu'elle sache que ce n'était pas vrai.

Un an plus tard, Lilly a prouvé que c'était vrai. Elle avait effectivement correctement entendu les anges concernant le mauvais état de santé de Dwayne. Cela s'est passé à une réunion annuelle pour les participants de mes ateliers, à laquelle Lilly et Dwayne étaient présents. La discussion portait sur les prescriptions angéliques que les participants avaient reçues un an plus tôt, et pour vérifier si elles s'étaient avérées.

Dwayne a parlé le premier et a dit qu'il voulait s'excuser auprès de Lilly. Sa prescription angélique s'était avérée tout à fait exacte.

— J'ai souffert d'une congestion cérébrale il y a cinq mois, a commencé Dwayne, en ayant encore du mal à articuler. Le médecin m'a prescrit une alimentation presque végétarienne, avec peu de matière grasse. De plus, je fais régulièrement de l'exercice maintenant. Lilly, il aurait été sage que j'écoute la prescription que les anges t'avaient transmise. Mais peut-être qu'à long terme, la congestion cérébrale a été l'avertissement dont j'avais besoin pour faire de profonds changements dans ma vie. En ce moment, je me sens mieux que je ne l'ai été depuis longtemps, et j'ai également perdu onze kilos.

Lorsqu'on reçoit une prescription pour faire des changements majeurs dans son mode de vie, ou pour se préparer à des moments difficiles, au départ, cela peut être difficile à accepter. Mais tout comme le médicament amer que le médecin prescrit, avaler la pilule maintenant peut empêcher ou minimiser des complications fatales dans le futur.

Transmettre des prescriptions à des amis, la famille et autres êtres chers

Lorsqu'on sait que vous êtes en mesure de faire des consultations angéliques, les amis intimes et la famille risquent de vous en demander une. Comme avec un médecin opérant son propre enfant ou un thérapeute essayant de psychanalyser son épouse, ces situations posent des embûches pour les deux parties. Un ami ou un être cher peut rejeter une prescription divine importante parce qu'elle vient d'une personne familière au lieu d'un étranger qui, étant un inconnu, semble plus mystérieux et sage. L'ami en question peut également réagir négativement et être en colère contre vous, mettant de la tension dans votre relation. Cependant, les anges ont leur propre prescription quant à la façon de procéder lorsque vous transmettez des messages angéliques pour les personnes avec qui vous travaillez ou vivez étroitement.

Disons que votre sœur vous demande une consultation au sujet de son mariage. Comment écarter votre aversion de son mari pour que cela n'influence pas votre interprétation ? Et si votre neveu, qui vous doit de l'argent, vous demandait une consultation au sujet de son avenir financier ? Votre intérêt personnel pour récupérer votre argent ne déteindrait-il pas sur votre réponse ? Que dites-vous à votre meilleure amie quand les anges vous montrent que son mari la trompe ? Comment dire à votre beau-frère, avec délicatesse, que les anges lui recommandent de cesser de fumer, de changer son alimentation et de commencer à faire de l'exercice ?

C'est la raison pour laquelle on recommande aux psychologues inexpérimentés de ne pas accepter des êtres chers ou des amis intimes comme clients. «Personne n'est assez objectif pour aider quelqu'un avec qui il est personnellement impliqué», a averti un de mes professeurs. «Si un membre de votre famille ou un ami avait besoin d'une aide psychosociale, il serait sage de les référer à quelqu'un à l'extérieur de votre famille ou de votre cercle social.»

Dans une consultation professionnelle, l'intimité émotionnelle obscurcit votre capacité à recevoir et à interpréter clairement les prescriptions angéliques. C'est différent des messages divins *spontanés* que tout le monde reçoit au sujet des êtres chers. Plusieurs personnes rapportent des exemples de situations où ils *savaient* subitement que leur enfant, leur frère ou leur sœur avait besoin de leur aide. Cependant, dans le cas d'une consultation angélique professionnelle pour quelqu'un d'autre, je pense que vous feriez mieux avec des étrangers qu'avec des êtres chers.

Une amie intime m'a déjà demandé une consultation concernant ses finances. Pendant notre séance, les anges m'ont montré exactement combien d'argent elle avait dans son compte courant. Ils m'ont aussi montré que mon amie devait réduire les dépenses qu'elle portait à ses cartes de crédit pour éliminer le risque de contracter des dettes supplémentaires. J'ai transmis cette prescription, mais par la suite, notre relation est devenue tendue et nous nous sommes progressivement éloignées l'une de l'autre. L'idée de connaître le solde bancaire de mon amie m'a rendue mal à l'aise, et elle était embarrassée que j'en sache autant au sujet de ses finances personnelles. Depuis, j'ai adopté une politique voulant que je ne fasse pas de consultation pour la famille ni aux amis. Quand un être cher me demande une consultation, je prie immédiatement pour que nous recevions tous les deux des conseils. Puis, je le réfère à une personne inconnue objective en qui j'ai confiance et que je connais bien, habituellement une autre interprète des anges, ou si le problème est assez sérieux, un psychothérapeute ou un conseiller. Je n'ai jamais eu d'objection de qui que ce soit. Après tout, comme je l'explique, c'est l'amour qui est à la base de mon raisonnement.

Si ces derniers recherchent des conseils concernant une difficulté personnelle, je prie pour que Dieu leur envoie des anges supplémentaires afin qu'ils interviennent et remédient à la situation. Vous pouvez faire la même chose. De telles prières sont la meilleure contribution que vous puissiez faire et elles aideront vos êtres chers de manière incalculable.

Transmettre des messages sur des sujets sensibles

Les anges répondent à toutes les questions exprimées et avec des détails explicites, quand cela est nécessaire. Quand vous faites une consultation pour une autre personne, vous pouvez devenir le destinataire d'informations extrêmement personnelles à propos des finances, de la vie sexuelle ou d'autres sujets sensibles. Vous pouvez vous sentir embarrassé de dire à voix haute ce que les anges ont prescrit ou vous demander comment vous pouvez livrer cela avec tact, de façon telle que ça ne blesse pas, ni consterne ou n'embarrasse la personne qui consulte.

Si une consultation fait de vous le destinataire d'informations qui semblent trop délicates pour être transmises et que vous n'êtes pas certain de savoir comment procéder, les anges proposent deux règles afin de transmettre leurs prescriptions sans vous compromettre.

1. *Préservez la confidentialité.* Faire une consultation angélique est un privilège qui vous est conféré de l'Au-delà, et vous devriez maintenir la même confidentialité au sujet de ce que vous apprenez pendant ces séances que vous le feriez si vous étiez un prêtre ou un thérapeute. Un impair pourrait détruire la vie de quelqu'un qui a remis sa confiance

en vous et la prescription pour laquelle les anges vous ont fait confiance. Je me fais une règle de ne jamais parler des détails des consultations que je donne avec qui que ce soit, sauf avec la permission de la personne, et je vous recommande vivement d'en faire autant. (Même quand j'en discute, comme dans ce livre, je change plusieurs détails pour protéger la confidentialité de ma clientèle.)

2. *Agissez avec tact.* Les anges peuvent ne pas être diplomates, mais en tant qu'interprète et canal de communication, vous devez l'être. Même si vous devez transmettre les messages que vous recevez mot à mot, cela ne veut pas dire que vous deviez partager tout ce qui est potentiellement embarrassant ou blessant pour vous ou pour l'autre personne. Si l'on vous transmet une information que vous trouvez embarrassante, priez pour qu'on vous conseille à savoir si vous devriez la transmettre et de quelle façon. Les anges vous aideront dans chaque aspect sur la façon de communiquer un sujet délicat, si seulement vous demandez leur aide.

J'ai déjà fait une consultation angélique à un couple qui avait perdu leur fille dans un accident de voiture. Cette jeune fille m'a montré que ses parents, dans leur chagrin, se disputaient constamment. Elle m'a aussi montré que sa mère envisageait sérieusement de laisser son père, mais qu'elle n'en avait pas parlé ouvertement. Je n'ai pas ramené ce fait à la surface parce que la fille m'a dit que de la façon dont allaient les choses, cette information créerait de la souffrance inutile aux deux parents et que cela précipiterait probablement le divorce.

Elle a dit qu'avec le temps, ils trouveraient une solution à leurs différends et resteraient finalement ensemble.

J'ai demandé des conseils à mes propres anges pour savoir comment procéder. Ils m'ont aidée à faire prudemment allusion au fait que la femme envisageait le divorce, mais je l'ai fait d'une manière qu'elle seule pouvait comprendre. Les anges ont suggéré que je me concentre sur le message que leur fille avait pour eux :

« Je suis heureuse et je m'adapte très bien. De grâce, ne vous blâmez pas vous-même ou mutuellement pour ce qui est arrivé. Grand-maman est ici avec moi et je vous visite tout le temps. En fait, Robby (leur chien) aboie quand il me voit. Je sais que c'est très difficile pour vous tous et je suis tellement désolée de la souffrance que cet accident a causée. Mais je peux voir dans l'avenir et je sais que la situation va se rétablir pour notre famille. »

Transmettre des prescriptions à quelqu'un en crise

Une personne troublée a souvent de la difficulté à entendre les voix de ses propres anges. L'intensité de sa détresse émotionnelle bloque les canaux de sa communication divine. C'est une des raisons pour lesquelles les personnes en crise entendent la voix de leurs anges comme un cri à l'extérieur de leur tête. Les anges doivent monter le volume pour être entendus à travers le vacarme mental et émotionnel qu'elles ont au fond d'elles-mêmes.

Pendant une crise, plusieurs personnes se tournent vers Dieu et les anges pour recevoir de l'aide. Comme les soldats le disent, il n'y a pas d'athées dans les tranchées. Si les autres savent que vous pouvez transmettre des prescriptions divines, vous serez confronté à devoir faire des consultations pour des personnes en crise, qui souffrent, vivent une dépression et une agitation émotionnelle extrême. À l'occasion, ils peuvent même être désespérés, suicidaires ou hors de contrôle. Quand on vous demande de transmettre une prescription à quelqu'un qui semble éprouver une crise personnelle profonde, vous pouvez être certain que votre réponse sera thérapeutique pour vous deux si vous gardez à l'esprit les quatre recommandations suivantes. Elles vous empêcheront de faire une erreur grave.

1. *Ne vous inquiétez pas de votre concentration.* Lors d'une consultation avec une personne en crise émotionnelle sérieuse, vous pouvez trouver que votre perception consciente est divisée. Vous pouvez sentir que vous êtes à deux endroits à la fois, ou que la pièce dans laquelle vous vous trouvez semble se transformer. C'est parce qu'une partie de votre esprit est attentive à la personne en détresse, tandis que simultanément, l'autre partie a une conversation mentale avec les anges. Ne laissez pas cela vous inquiéter ; ce n'est pas différent d'avoir une conversation avec un ami pendant que vous regardez en même temps votre émission de télévision préférée. Si vous éprouvez de la difficulté, demandez au Ciel d'envoyer des conseillers pour vous aider.

2. *Ne vous concentrez pas sur les problèmes de la personne ; concentrez-vous sur les forces de la personne.* Faites de votre mieux pour voir l'autre comme elle est vraiment : quelqu'un qui est un enfant de Dieu parfait et saint. Ne succombez pas aux illusions humaines qui vous disent que cette personne est nécessi-

teuse, défaite ou affaiblie. Si vous voyez de la faiblesse, vous augmenterez la faiblesse. Si vous voyez de la force dans l'autre personne, vous engendrerez plus de force.

3. *Ne jouez pas le médecin.* Vous pouvez faire beaucoup de bien dans le monde en étant un canal pour les prescriptions divines. Cependant, vous pouvez parfois avoir besoin de vous reporter à d'autres anges terrestres, comme des thérapeutes, qui sont spécialement formés en intervention lors d'une période de crise. À moins que vous ayez une formation en santé mentale, n'essayez pas d'être le psychologue de l'autre personne. N'essayez pas d'analyser sa situation à moins que Dieu et les anges vous donnent leurs propres messages clairs sur le sujet.

Si une personne manifeste des signes ou symptômes de traumatisme émotionnel ou physique grave, référez-la à un professionnel de la santé. Si la personne parle de s'enlever la vie ou de faire du mal à une autre personne, demandez immédiatement de l'aide d'urgence. De cette façon, vous ne ferez que ce qui est en votre pouvoir lors d'une consultation en temps de crise.

4. *Ne parlez pas de vous.* Lors d'une consultation angélique, certains débutants, dans une tentative bien intentionnée de dire « vous n'êtes pas seul avec vos problèmes », commencent à décrire leurs vieux problèmes et la façon dont ils les ont surmontés. Ce genre d'assistance simpliste est rarement utile. La plupart des personnes en crise trouvent que cela les empêche de se concentrer. Comment vous

sentiriez-vous si vous alliez chez le médecin pour une souffrance physique grave et qu'il disait : «Vous pensez que vous souffrez? Permettez-moi de vous parler du problème que j'ai eu la semaine dernière.»

La consultation angélique ne porte pas sur vous, vos difficultés passées, ou la façon dont vous avez surmonté l'adversité. Il s'agit d'aider l'autre personne. Pour vous, la meilleure façon de faire est de prier afin de recevoir des prescriptions divines et des conseils clairs en les transmettant à l'autre personne.

Les personnes dépendantes des prescriptions angéliques

Un des plus grands pièges auxquels font face ceux qui transmettent les prescriptions angéliques est de finir par être accaparé par des personnes qui ont peu d'estime personnelle et qui deviennent rapidement dépendantes de vous. Au lieu d'une consultation occasionnelle, elles vous réclament des conseils presque quotidiennement. À moins que vous ne fassiez attention, une ou deux personnes qui éprouvent des problèmes chroniques peuvent finir par monopoliser tout votre temps libre.

Vous pouvez dire : «C'est pour ça que je suis là, n'est-ce pas? Pour aider les gens? Je dois aider Linda à surmonter ses problèmes avant que je puisse commencer à aider le reste du monde.» Le problème, c'est que Linda n'a pas vraiment l'intention de surmonter sa vie chroniquement dramatique. Elle est trop dépendante des bouffées d'adrénaline associées à son mode de vie en montagnes russes. Tout ce qui l'intéresse, c'est de trouver des personnes qui vont s'asseoir patiemment, l'écouter et être le centre d'attention pendant des heures, puis qui lui diront quoi faire pour qu'elle n'ait pas à prendre la responsabilité de sa propre vie. Vous êtes la toute dernière personne sur une longue liste de recrues.

De plus, la litanie constante de cette personne : « vous êtes la seule qui puissiez m'aider » vous rend vulnérable au piège de l'ego. Vous pouvez croire que vous êtes doué ou spécial simplement parce que vous pouvez transmettre des messages angéliques aux autres personnes. Au moment où vous commencez à vous percevoir comme étant différent, vous perdez conscience de votre unité avec Dieu et tout ce qui est vie. Les pensées de séparation bloquent votre capacité d'entendre les messages divins, tandis que le vrai soi est complètement connecté au divin.

Quand une personne vous confronte avec l'assertion que « vous seul pouvez m'aider », rappelez-lui, et rappelez-vous, qu'elle possède l'accès à la même source d'information que vous et offrez-lui de lui apprendre comment recevoir les messages angéliques par elle-même.

Les personnes qui monopolisent votre temps en demandant des consultations peuvent vous entraîner dans un autre piège. Vous commencez inconsciemment à utiliser le temps que vous mettez à les conseiller comme une excuse pour ne pas progresser dans votre propre vie et vos objectifs. Si vous soupçonnez que c'est le cas, demandez aux anges de vous libérer de toutes les peurs que vous pourriez avoir quant à votre propre cheminement, comme la peur du succès, de l'échec, du rejet ou du ridicule. Puis, commencez à diminuer le temps que vous investissez à aider les autres. À la place, envoyez des anges supplémentaires dans leur direction, ou offrez de leur montrer comment faire une consultation pour eux-mêmes.

Conseil : Si vous consacrez plus d'une session d'une heure par semaine pour faire une consultation à une « reine du drame » ou un « roi du drame » — des personnes constamment entraînées dans des crises qu'elles s'infligent elles-mêmes — considérez que *vous* utilisez peut-être cette relation comme une façon d'éviter de travailler sur vos propres objectifs de vie. Cela est particulièrement vrai si l'autre personne se conforme rarement aux conseils que vous lui donnez.

Les signes suivants sont ceux d'une personne qui est peut-être devenue dépendante de vous pour une consultation angélique :

- Cette personne vous demande l'opinion des anges deux fois par semaine ou plus.

- La personne vous consulte avant de prendre une décision pour des événements banals de la vie.

- La personne vous demande fréquemment des prescriptions angéliques au lieu de consulter ses propres sentiments et ses anges.

- La personne ne tient pas compte des remèdes angéliques que vous donnez lors d'une consultation et veut des conseils qui se rapprochent davantage de la cartomancie et de la clairvoyance concernant l'avenir.

- Vous évitez les visites ou les appels téléphoniques d'une personne parce qu'elle vous sollicite constamment pour une consultation angélique.

Si vous rencontrez une de ces situations, vous avez probablement perdu la capacité de fournir des interprétations efficaces pour cette personne en particulier. Il vaut mieux pour vous deux d'arrêter les séances et d'informer la personne : « Mes anges disent qu'il vaut mieux que je ne fasse pas de consultation, le temps que je m'ajuste à certaines circonstances que je traverse en ce moment. » Une fois de plus, offrez-lui de lui apprendre comment consulter les anges pour elle-même.

ÉPILOGUE

Dieu et les anges sont heureux d'être impliqués dans notre vie et de livrer toutes les prescriptions divines dont nous avons besoin. Cependant, ils ne sont pas là pour prendre les responsabilités à notre place, nous affaiblir ou s'emparer de notre libre arbitre. Finalement, nous apprenons et grandissons en faisant nos propres choix. Le royaume céleste occupe simplement le rôle de conseiller, prêt à nous donner les conseils si nous le sollicitons. Cependant, il est plus sage de suivre leurs conseils de guérison plutôt que notre ego, nos compulsions et nos bas instincts.

À maintes reprises, les anges soulignent que nous avons toujours plusieurs avenirs possibles devant nous, suivant les choix que nous faisons dans la vie. Ils comparent cela à aller vers un complexe de cinéma multisalles, où nous pouvons choisir parmi plusieurs films, chacun avec un scénario différent. Les anges disent que nos attentes et intentions déterminent quels « scénarios » de vie nous suivrons. Si nous avons des appréhensions de colère et de peur, nous expérimentons un scénario violent, créant ainsi un drame tragique ou une comédie d'erreurs. Quand nous concentrons notre esprit sur des pensées positives, aimantes (par des processus tels que la méditation régulière, les affirmations et en évitant les substances qui modifient l'état de la conscience), nous expérimentons un scénario d'harmonie, de paix et d'accomplissement.

Un participant à un de mes ateliers m'a déjà dit : « Docteur Virtue, j'ai assisté à deux de vos conférences jusqu'à présent.

J'aime ce que vous nous révélez, mais je dois vous dire que quand vous parlez de vivre libéré de la peur, c'est une pensée qui m'effraie. »

Cet homme a expliqué qu'il croyait que sa peur le gardait en sécurité, parce que c'était le fruit d'expériences durement gagnées. Il ne voulait pas être naïf ou crédule et tomber dans des pièges qui l'avaient blessé dans le passé. Au lieu de cela, il voulait rester prudent contre les écueils futurs.

Je lui ai répondu que s'accrocher au passé ne garantissait pas la sécurité à venir. En fait, quand nous avons peur, nous attirons les situations que nous craignons le plus. Les anges m'ont appris que quand nous sommes attachés à la souffrance du passé, nous sommes comme un cheval de labour traînant une énorme charrue derrière nous. Ce poids énorme diminue notre énergie et nous vole notre paix d'esprit. La paix est la raison pour laquelle nous sommes ici ; c'est notre but dans la vie. Quand nous sommes en paix, tout se passe bien : nos relations prospèrent, notre santé reste à son meilleur, nous éprouvons de la joie et de l'abondance et nous donnons l'exemple aux amis, à la famille et aux étrangers.

Cependant, je trouve qu'il y a plusieurs mythes et termes inappropriés au sujet de la paix. Parlons de ce que la paix de l'esprit *n'est pas*. La paix n'est pas l'équivalent d'être passif ou d'avoir une énergie basse. Ce n'est pas ennuyeux de se sentir en paix et cela ne veut pas dire d'être sans but, sans direction ou sans succès financier.

Permettez-moi de partager avec vous un exemple qui, je pense, illustre parfaitement ce qu'*est* la paix et ce qu'elle *fait* pour les autres. Je marchais sur la plage, peu de temps après que les tempêtes d'*El Nino* aient ravagé le Sud de la Californie. Ma marche n'était d'aucune façon une promenade de plaisir. Les tempêtes avaient emporté la plupart du sable sur la plage et les vagues violentes avaient déposé des couches de petites pierres où il y avait jadis du sable fin.

Je marchais délicatement pieds nus sur les minuscules roches, me faisant mal à chaque pas. « Aïe! Aïe! » Je gémissais mentalement chaque fois que la plante de mon pied se posait sur une roche tranchante. Quelle est l'idée de faire cette marche? ai-je pensé. Tout ce que je fais, c'est prendre garde à ma sécurité physique et à mon confort. Je suis censée oublier mon corps et profiter de l'exubérance de la nature.

J'étais sur le point d'abandonner ma tentative d'une promenade tranquille dans la nature quand j'ai entendu un son de martèlement au-dessus de ma tête. Je me suis tournée et j'ai vu un homme et son chien courir tout près sur une piste dont j'ignorais l'existence, en haut, contre la falaise près de la plage. Cet homme ne m'a jamais vue et n'a aucune idée de l'impact qu'il a eu sur moi. Mais à ce moment même, cet homme est devenu mon sauveur parce qu'*il m'a fait savoir, par son exemple, qu'un chemin plus élevé et plus doux existait.*

Quand j'ai réalisé qu'il y avait un meilleur chemin, j'ai rapidement localisé le sentier. J'ai bientôt apprécié moi aussi la piste lisse qui m'a permis de terminer ma balade dans la nature dans une paix complète.

Les anges nous demandent tous d'être comme l'homme faisant du jogging sur la piste. Notre but et notre responsabilité sont de localiser un sentier paisible et de vivre en paix par la suite. D'autres personnes le remarqueront. Elles verront notre expression rayonnante, notre vigueur juvénile et la lumière intérieure qui est visible même pour la personne la moins disposée spirituellement. Quand nous nous concentrons pour vivre en paix, nous faisons plus de bien pour le monde que mille marches pour la paix, un million de conférences ou des milliards de livres sur la croissance personnelle. Nous devenons des panneaux d'affichage pour la lumière en exhibant ces qualités en nous-mêmes.

Dans ce monde, la paix peut être vue comme un objectif utopique. Mais tous les jours, dans chaque ville que je visite, je rencontre des personnes extrêmement heureuses qui ont appris à voir le monde avec les yeux d'un ange. Elles regardent au-delà de la surface des personnalités, du genre, de la race et de la religion. Elles se concentrent seulement sur l'amour et la lumière divine qui est visible et manifeste pour ceux et celles qui ont l'intention de voir et de sentir la vérité.

La prière des anges, de même que la mienne, est que nous puissions tous découvrir le monde magnifique qui est parallèle au nôtre. Tout le long des conflits, du chaos et des problèmes, nous nageons dans un aquarium d'anges qui veulent nous aider. Le monde guéri est déjà manifeste et attend d'être révélé, si seulement nous attendons son dévoilement.

Les anges disent que le mot *ange* commence avec un *A* qui est là pour « Appelle ». Il se termine avec un *E* pour « Écoute ». « Si vous vous souvenez d'Appeler et d'Écouter », disent les anges, « tout entre les deux commencera à prendre forme. » Demandons tous ensemble :

Cher Dieu et les anges,

De grâce, aidez-nous à garder nos pensées centrées sur la paix et l'amour. S'il vous plaît, rappelez-nous à l'ordre quand nos esprits s'éloignent du chemin. Aidez-nous à savoir que nous créons vraiment notre réalité à chaque instant et guidez-nous pour faire les meilleurs choix dans nos actions et nos pensées. Nous demandons et acceptons des anges additionnels dans nos vies. De grâce, aidez-nous à connaître et à sentir Votre amour pour que nous puissions expérimenter et enseigner la paix qui est Votre volonté pour nous tous.

Amen

APPENDICE A

∞

La confrérie du monde angélique

L es gens reçoivent les prescriptions divines de Dieu par trois types d'êtres spirituels. Je les mentionne tous les trois fréquemment tout au long de ce livre. Si vous cherchez des conseils spirituels, vous êtes susceptibles de les rencontrer, vous aussi. Ce sont :

- Les anges (y compris les anges spécialistes, les anges gardiens et les archanges)

- Les êtres chers décédés

- Les maîtres ascensionnés

Au sujet des anges

Les êtres que j'appelle les anges sont complètement angéliques, étant directement formés au Ciel par Dieu et ils n'ont jamais été sur Terre comme humain. Cependant, ils peuvent apparaître comme des anges incarnés qui ressemblent à des humains. La vision des anges surpasse en beauté tout ce j'ai vu sur Terre. Ils sont opalescents et transparents, sans chair ni race, possédant des ailes et sont d'un éclat brillant. Ils ressemblent très souvent à quelque chose qui rappelle les peintures de la Renaissance. Les anges exsudent un sentiment de grand amour et de paix profonde. Chaque ange possède un nom, une personnalité distincte et un but, comme c'est le cas chez les êtres humains. Les anges parlent continuellement à chaque personne, et tout le monde a le même potentiel pour recevoir et comprendre leurs paroles.

Il y a plusieurs types d'anges, on trouve parmi eux :

- Les anges gardiens

- Les archanges

- Les anges spécialistes

LES ANGES GARDIENS

Chacun possède deux anges gardiens ou davantage qui lui sont assignés à la naissance. Le devoir de ces anges est de veiller sur vous personnellement et de toujours savoir ce qui est le meilleur pour vous. Ils vous connaissent mieux que vous vous connaissez, puisqu'ils vous ont observé grandir et évoluer pendant toute votre vie. La mission de vos anges gardiens est d'utiliser la connaissance particulière qu'ils ont de vous pour fournir le soutien et les conseils de base dont vous avez besoin pour mener une vie saine et prospère.

Quand je parle des anges gardiens à mon auditoire, quelqu'un demande toujours : « Et les personnes malfaisantes ? Ont-elles des anges gardiens, elles aussi ? » La question implique que vous devez, en quelque sorte, gagner le droit d'avoir des anges gardiens. Ce n'est pas vrai. Dieu nous attribue à tous des anges gardiens à la naissance et ils restent toujours à nos côtés, peu importe combien d'erreurs nous avons commises. Les personnes qui sont considérées comme étant malfaisantes bloquent simplement les conseils de leurs anges gardiens, mais leurs anges sont toujours là.

Quand vous êtes confronté à des crises sérieuses et que vous sentez que vous avez besoin de plus d'aide céleste que la normale, vous pouvez aussi appeler les anges spécialistes à vos côtés pour de l'aide supplémentaire (que je présente en détails plus loin dans cette section.)

LES ARCHANGES

Les archanges sont les « responsables » assignés pour superviser le travail des autres anges. Vous pouvez facilement les reconnaître, puisqu'ils sont plus grands et plus gros que les autres anges, et semblent plus opaques avec juste un peu de couleurs. Alors que l'ange typique exsude une lueur blanche, les archanges ont des auréoles qui brillent des couleurs des pierres précieuses.

Il y a plusieurs archanges, mais les plus célèbres sont décrits ci-dessous.

Michael. Michael est l'ange protecteur qui aide à éliminer la peur et insuffle du courage aux gens. Son auréole est d'un bleu cobalt mélangé avec un violet royal. Si jamais vous avez peur, dites mentalement : « Archange Michael, protège et réconforte-moi maintenant. » En fait, vous pouvez demander à Michael d'être stationné en permanence à vos côtés pour que vous vous sentiez toujours en sécurité sous sa puissante protection. Parce que Michael, comme tous les anges et maîtres ascensionnés, n'a pas de limite de temps ou d'espace, il peut manifester sa présence simultanément à tous ceux qui l'appellent. Réclamez l'archange Michael chaque fois que la peur, de brusques revers de la vie ou le négativisme menacent votre paix d'esprit. Michael aidera à apporter une fin paisible aux querelles avec les êtres chers, les voisins, les organismes ou les étrangers.

Michael est également en charge des appareils mécaniques et électriques en tout genre, y compris les ordinateurs, les voitures, les radios et la plomberie. Réclamez-le pour de l'aide et des conseils chaque fois que ces appareils fonctionnent mal. Cependant, il est important de se rappeler que les anges orchestrent parfois des pépins pour vous enseigner une leçon importante ou pour vous protéger des blessures. Par exemple, les anges peuvent s'arranger pour que votre télécopieur tombe en panne, vous donnant ainsi le temps de remarquer une grave erreur dans la lettre que vous étiez en train de faxer et qui aurait pu être un énorme malentendu. Priez pour recevoir de l'aide, des conseils et de la compréhension chaque fois que vous avez un problème mécanique ou électrique. Ou bien Michel réglera le problème, ou bien il vous guidera pour comprendre pourquoi votre appareil est défectueux.

Gabriel. Le seul archange féminin que je connaisse et l'auréole de Gabriel est couleur cuivre, comme les trompettes qu'elle transporte. Gabriel, de même que la légion d'anges qu'elle dirige, aident les gens dont l'objectif de vie implique la communication. Ces personnes incluent les écrivains, les professeurs, les orateurs, les acteurs, les photographes et autres.

Faites appel à Gabriel pour tout ce qui touche le domaine de la carrière ou pour faire valoir vos idées et impressions aux autres. Convoquez-la mentalement en disant : «Bien-aimée Gabriel, s'il te plait, permet à ma vérité intérieure de trouver l'expression créatrice parfaite. Merci.» Gabriel répondra en vous apportant de l'inspiration, de la motivation, de l'information et des occasions imprévues.

Je suis consciente que plusieurs livres soutiennent que Gabriel est un ange masculin, et que plusieurs autres prétendent que les anges n'ont pas de sexe. Cependant, j'ai *vu* et parlé avec Gabriel plusieurs fois et c'est définitivement une femme. Plusieurs tableaux anciens de l'Annonciation dépeignent

Gabriel en femme. Je crois que le sexe de Gabriel a été changé quand les textes de la Bible ont été repris par les patriarches. Même Dieu, dont on fait allusion à la fois comme «mère» et «père» dans les premières versions de la Bible, a été converti en mâle.

Raphaël. L'archange des guérisseurs et de la guérison, Raphaël entoure et soigne les gens avec la lumière vert émeraude de son auréole. Il guide et motive les futurs guérisseurs, et murmure des instructions à l'oreille des chirurgiens, des psychologues et d'autres travailleurs sociaux. Convoquez Raphaël pour vous aider à surmonter tout genre de souffrance — physique, émotionnelle, amoureuse, intellectuelle ou spirituelle. Raphaël peut intervenir pour aider à améliorer les mariages qui connaissent des périodes difficiles, à guérir les dépendances, le chagrin, la perte, les relations familiales et les modes de vie stressants. Toutes ces situations réagissent positivement à la touche curative de Raphaël. Dites simplement son nom ou faites une demande spécifique : «Archange Raphaël, s'il te plait, viens à mes côtés et aide-moi à soulager ma peine causée par ma rupture avec untel. Enveloppe-moi de ton énergie curative et guide mes actions et mes pensées pour que je guérisse.»

Raphaël est un archange fort occupé, à qui l'on a également donné la responsabilité d'ange protecteur des touristes et des voyageurs. Raphaël vous aide à avoir des voyages sécuritaires, confortables et sans anicroche. Au moment de vous présenter à l'enregistrement de l'aéroport, demandez à Raphaël de veiller sur vos bagages et votre voyage. Travaillant avec les anges du voyage, il peut atténuer la turbulence en avion, vous donner des indications lorsque vous êtes perdu en voiture, préserver vos pneus d'une crevaison et veiller à ce que vous ne manquiez pas d'essence.

Uriel. L'archange Uriel, dont l'auréole est jaune pâle, est passé maître dans l'art d'apporter l'harmonie aux situations chaotiques. Il aide à retrouver la sérénité intérieure qui existe en chacun de nous. Uriel est aussi connu pour empêcher ou minimiser les dommages dus aux catastrophes naturelles comme les tremblements de terre, les tornades et les inondations.

Demandez à Uriel de vous aider chaque fois que votre vie semble si chaotique que cela vous accable. Dites : « Uriel, s'il te plait, aide-moi à éprouver l'harmonie et la paix dans cette situation. Je demande que tu aides à détruire les effets néfastes de toutes les erreurs qui ont été commises. »

Uriel apaisera votre esprit et vos émotions et apportera une plus grande harmonie aux situations chaotiques. Par exemple, si vos finances ou vos relations semblent s'effriter, Uriel peut vous aider à vous remettre les idées en place. Cela vous permettra de trouver une solution à vos problèmes avec un esprit calme, clair et posé. Demandez-lui de vous aider à aplanir le chemin chaque fois que vous éprouvez un changement turbulent dans votre vie.

LES ANGES SPÉCIALISTES

Comme les êtres humains, la plupart des anges se spécialisent pour accomplir des travaux spécifiques afin de mieux aider les gens à atteindre leurs buts dans la vie. Ces spécialistes angéliques incluent les anges de l'amour, les anges du travail, les anges des rêves, les anges de l'argent, les anges de la musique, les anges de la santé, les anges de l'immobilier, les anges de la mécanique, les anges du voyage, les anges de la sécurité, les anges de l'amitié, les anges dont la tâche est de vous aider à atteindre vos objectifs les plus chers, et des centaines d'autres : toute une équipe pour vous aider dans chaque aspect de votre vie.

Je sais souvent ce qui se passe avec une personne, seulement en regardant les spécialités des anges qui l'entourent.

Une personne accompagnée de plusieurs anges de l'amour est généralement activement impliquée dans la recherche d'une relation avec une âme sœur. Quelqu'un entouré par les anges de l'argent peut traverser une crise financière, ou bien faire un million de dollars sur le marché boursier !

Parmi ces spécialistes angéliques, on retrouve :

Les anges de l'amour. Ceux et celles qui aspirent à l'amour et à l'intimité sont accompagnés par les anges de l'amour. Cherchez-vous une âme sœur ? Demandez aux anges de l'amour de venir à vos côtés. Ils vous conduiront vers la personne la mieux assortie à vos besoins. Vous voulez raviver la passion en déclin d'une longue relation ? Demandez mentalement aux anges de l'amour de travailler avec vous et votre partenaire pour vous aider à enflammer à nouveau votre relation.

Les anges de l'argent. Les anges de l'argent vous aideront à trouver des solutions aux défis et aux besoins financiers. Éprouvez-vous une crise financière ? Aspirez-vous à une augmentation de votre revenu et à moins de responsabilités ? Est-ce que votre entreprise fait face à une compétition comme en temps de crise ou à un ralentissement soudain ? Les anges de l'argent vous aideront à économiser davantage, à dépenser moins, à apprendre les lois du marché, ou à rembourser vos dettes. Cependant, ils peuvent aussi vous aider à manifester et à attirer une aubaine dans des situations d'urgence. Quand une petite voix derrière votre esprit murmure : « Économise ton argent », « Ne dépense pas sottement », ou « Démarre une nouvelle entreprise », c'est leur façon de vous aider de manière céleste.

Les anges de l'immobilier. Ces anges vous guideront vers la demeure qu'il vous faut au prix qui vous convient, que ce soit un appartement ou un château. Vous cherchez un nouvel endroit pour vivre? Faites une liste des caractéristiques que vous recherchez et demandez aux anges de vous trouver une maison qui y correspond. Soyez ouvert à leurs conseils. Pour tomber sur la maison de vos rêves, les anges peuvent vous encourager à aller à un endroit inattendu, prendre un raccourci ou appeler un vieil ami.

Les anges pour le stationnement. Quand vous êtes au volant de votre voiture, appelez ces anges pour vous guider vers un espace de stationnement accessible, à proximité de votre destination. Vous n'avez que quelques minutes à l'heure du lunch pour acheter un cadeau à une personne chère? Appelez ces anges dès que vous faites un déplacement afin de leur laisser suffisamment de temps pour orchestrer votre demande. Faites attention à la façon dont vous demandez leur aide : ces anges prennent vos demandes au pied de la lettre. J'ai déjà demandé un espace de stationnement en face du magasin où j'allais. Quand je suis arrivée, un espace au premier rang m'attendait. Malheureusement, c'était clairement indiqué «stationnement de 10 minutes seulement».

Les anges du voyage. Vous guider sans encombre et rapidement à travers n'importe quel périple est le travail des anges du voyage. Vous voyagez pendant la haute saison des vacances? Devez-vous absolument arriver à temps? Votre vol d'avion, votre voiture, les courses en taxi et autres moyens de transport se feront mieux si vous demandez aux anges du voyage de vous accompagner et de veiller sur vous. Appelez-les quand votre avion subit de la turbulence; ils supporteront l'avion pour que l'air agité ne le secoue pas trop. Appelez-les si vous perdez vos bagages, ou si vous êtes bloqué dans un bouchon de la circulation et que vous avez une urgence.

Les anges de la guérison. Dirigés par l'archange Raphaël, les anges de la guérison apparaissent chaque fois que quelqu'un est en souffrance, émotionnellement ou physiquement. Est-ce que vous ou un être cher devez affronter défi physique? Vous sentez-vous émotionnellement blessé, effrayé ou troublé? Souffrez-vous de dépendance? Appelez les anges de la guérison. Ils vous entoureront immédiatement, vous et vos êtres chers, avec l'amour thérapeutique de Dieu. Ils peuvent également vous guider afin de franchir les étapes nécessaires pour vous aider à guérir à l'avenir.

Les anges de la nature. Ces minuscules anges, semblables à des fées, qui ressemblent à la Fée Clochette de Disney, sont affectés pour aider les plantes à croître et à fleurir. Est-ce que vos plantes ont tendance à se faner dès que vous les ramenez de la pépinière? Rêvez-vous d'être au grand air plus souvent? Voulez-vous que les abeilles vous laissent tranquille? Aimeriez-vous voir un oiseau rare dans son habitat naturel? Voulez-vous passer une journée paisible dans un parc? Appelez les anges de la nature pour recevoir de l'aide.

Les anges des animaux. Ces anges veillent sur les animaux de la manière dont les anges de la nature veillent sur les plantes. Votre animal de compagnie possède ses propres anges et ils interagissent avec vous chaque fois que vous jouez avec votre animal bien-aimé. Est-ce que votre chien se conduit mal? Pleurez-vous la perte d'un animal bien-aimé? Faites appel aux anges des animaux et demandez-leur de vous aider avec la santé ou le comportement de votre animal de compagnie.

Les anges des objets perdus. Ces anges travaillent avec l'esprit omnipotent de Dieu et ont l'habileté du détective pour savoir où se trouve tout ce que vous cherchez. Vous ne pouvez pas trouver votre carnet de chèques ou les clés de votre voiture?

Vous êtes bouleversée parce que vous avez perdu un bijou précieux? Chaque fois que vous ne pouvez pas trouver un objet disparu ou que vous cherchez où vous procurer telle chose, faites appel à ces anges. Ils vous guideront vers l'objet perdu par des mots audibles que vous entendrez clairement, une idée qui surgira dans votre esprit, une vision ou une intuition. Également, les anges des objets perdus vous guideront là où il faut, lorsque vous voulez acheter un article en particulier.

Les anges de la créativité. Quand vous avez besoin d'une idée créative ou que vous ne savez pas comment résoudre un problème urgent, les anges de la créativité sont là pour vous inspirer. Rêvez-vous d'être un pianiste de concert ou un écrivain professionnel? Aspirez-vous à un éclair de génie? Cherchez-vous le bon logiciel pour donner forme à votre idée de scénarisation? Faites appel aux anges de la créativité. Robert Louis Stevenson, auteur des classiques *L'île au trésor* et *L'étrange cas du docteur Jekyll et de M. Hyde*, prétendait obtenir toutes ses idées des «brownies» qui lui apparaissaient pendant son sommeil (créatures féeriques écossaises qui ressemblent à un elfe croisé avec un lutin). Le célèbre compositeur Wolfgang Amadeus Mozart entendait souvent ses mélodies flotter dans l'air.

Les anges de l'athlétisme. Ces anges veillent sur vous lorsque vous pratiquez un sport ou un passe-temps athlétique ou récréatif. Voulez-vous gagner cette partie de golf? Aspirez-vous à jouer une partie de base-ball parfaite? Est-ce que le décathlon olympique est votre but? Rêvez-vous d'une carrière de quart-arrière professionnel? Ou voulez-vous simplement être à la hauteur lors d'une compétition sportive avec vos collègues de travail? Faites appel aux anges de l'athlétisme.

Au sujet des êtres chers décédés

Pendant mes séances, comme je décris les êtres célestes que je vois autour des personnes qui me consultent, ces dernières sont fréquemment surprises d'apprendre que leurs êtres chers décédés sont avec elles. Il est facile de comprendre pourquoi ils reviennent pour nous aider. Tout comme votre intérêt pour vos enfants, petits-enfants, cousins et tantes se poursuivrait si vous quittiez cette vie demain, il en va de même pour l'intérêt de vos parents et grands-parents qui se poursuit après leur départ.

Généralement, les êtres chers décédés sont les arrière-grands-parents ou les grands-parents qui sont morts avant que vous naissiez et qui ont accepté de servir d'anges gardiens pour la famille. Cela peut être aussi un parent, un cousin, une tante, une autre personne significative, un enfant ou même un ami proche qui vous a précédé dans le royaume céleste. Généralement, les êtres chers qui sont décédés plus récemment ne restent pas près de vous continuellement. Il faut un certain temps pour s'ajuster au monde des esprits ; ils doivent subir une « scolarisation » et ont d'autres devoirs à accomplir. Cependant, les êtres chers récemment décédés sont à portée de voix. Si vous dites leur nom mentalement ou à voix haute, ils vous entendront et viendront immédiatement à vos côtés.

Les êtres chers décédés consacrent leur temps à soutenir et à guider avec douceur les membres de leur famille tout le long de leur vie. Alors que vous apprenez et grandissez grâce à leur assistance, ils apprennent et grandissent, tout en aidant, et vous observent prendre des décisions et vivre avec les conséquences. Parfois, si un être cher décédé qui, disons, voulait devenir violoniste n'a pas accompli sa mission avant de mourir, il peut être assigné à un descendant avec un objectif de vie semblable, à savoir devenir musicien. En aidant ce descendant à surmonter les peurs et obstacles qui le séparent de son but, le propre objectif de la personne décédée est également réalisé. J'ai souvent constaté que tandis que les personnes décédées veillent sur tous leurs enfants, ils consacrent plus de temps à tout enfant qui traverse une crise majeure.

Quand je dis à certaines personnes que leurs êtres chers décédés sont avec elles, elles craignent la façon dont ils jugeront leur mode de vie actuel. Elles gémissent : « Est-ce que mamie me surveille *tout le temps* ? » Elles se sentent mal à l'aise à la pensée que leurs êtres chers disparus sont avec elles, même lors de moments intimes, comme quand elles font l'amour, prennent un bain, et ainsi de suite.

Je les rassure toujours en leur faisant savoir que les êtres chers disparus ne sont pas des voyeurs ! Ils se retirent discrètement s'ils pensent qu'il s'agit d'une intrusion. Je fais également remarquer que les êtres chers décédés sont sur un plan céleste et voient les choses d'une perspective céleste et que, par conséquent, ils comprennent et sympathisent avec vos besoins et désirs physiques. Ils se sentent concernés seulement lorsque vous vous faites du mal ou blessez d'autres personnes d'une quelconque manière.

Puisque les êtres chers disparus ont déjà été des êtres humains, ils conservent leurs traits personnels et les limites de leur incarnation physique ; par conséquent, leurs conseils sont parfois pervertis ou ne sont pas dans votre meilleur intérêt. Votre mère décédée peut être trop tolérante envers votre consommation d'alcool, ou votre grand-père décédé peut vous pousser trop fort vers une carrière dans les affaires. Je recommande de prendre les conseils des êtres chers décédés avec un grain de sel, de la même façon que vous le feriez si la personne était encore vivante. Si vous avez des doutes sur quelque chose qui a été dit, demandez aux anges de vous envoyer un signe confirmant ou infirmant ce que votre être cher décédé vous a révélé.

La plupart des conseils que vous recevez d'une personne décédée vous conduiront vers une vie heureuse et saine. Toutefois, vos êtres chers décédés peuvent avoir leurs propres problèmes. Dans ce cas, soyez vigilant et ne suivez ces conseils qu'avec la confirmation des anges. Cherchez les signes d'avertissement suivants.

Vos êtres chers décédés :

- Vous donnent des conseils qui ne semblent pas vrais ou vous rendent mal à l'aise.

- Vous demandent de faire un changement immédiat dans votre mode de vie pour lequel vous ne vous sentez pas prêt.

- Vous offrent une prescription pour devenir riche rapidement.

- Encouragent une mentalité de « vous contre le reste du monde ».

- Vous conseillent de faire quelque chose qui pourrait vous faire du mal, blesser votre famille ou vos amis.

- Utilisent un langage injurieux, ordurier ou critique. (Les anges et les personnes aimantes ne font jamais cela ; ils traitent plutôt tout le monde avec respect.)

Si vous êtes impliqué avec un être cher décédé qui démontre un des comportements mentionnés ci-dessus, demandez-lui fermement d'arrêter. Puis, appelez Dieu et l'archange Michael afin de résoudre la situation, ou escorter cet être décédé hors de votre vie.

Au sujet des maîtres ascensionnés

Les maîtres ascensionnés sont ceux qui ont vécu sur Terre sous forme humaine, mais qui ont atteint un niveau de croissance spirituelle si extraordinaire, qu'après leur mort, ils reviennent sur Terre sous forme d'âme pour continuer à aider, grâce à leur sagesse et leur pouvoir de guérison, les humains qui luttent encore sur le plan terrestre. Les maîtres ascensionnés incluent des guides et guérisseurs tels que Jésus, Bouddha, Moïse, la Vierge Marie, Krishna, Mahomet, Sainte Germaine, Quan Yin, Jean le Baptiste, Lao-Tseu, Paramahansa Yogananda, Sainte Hélène et la plupart de ceux et celles qui sont considérés comme des saints et des prophètes par les différentes religions du monde.

Comme les êtres chers décédés, les maîtres ascensionnés ne sont plus associés à une religion spécifique une fois qu'ils sont investis des pouvoirs du royaume céleste. Ils travaillent avec les gens de toutes les croyances religieuses. Néanmoins, ils s'occuperont tout particulièrement des personnes qui ont été leurs adeptes ou qui sont nées dans la même confession religieuse. Ils parlent rarement de l'église, de la mosquée ou du temple, et ne le font que pour encourager une personne à aller là où elle trouvera l'énergie d'amour et de camaraderie, non pas parce qu'ils privilégient une religion en particulier.

Un mot au sujet des anges déchus

Les gens craignent souvent, qu'au lieu d'un ange véritable, ils pourraient entrer involontairement en contact avec un ange déchu. Ils craignent d'être dupés en suivant des conseils dangereux, destructeurs, plutôt que les prescriptions thérapeutiques inspirées de Dieu. Ils me demandent : « Comment pouvez-vous être certaine que vous parlez vraiment aux anges de Dieu et non pas à un ange déchu ? »

Je considère le terme *ange déchu* comme un oxymore. Les êtres qui vivent dans les ténèbres, que les gens appellent par erreur les anges déchus, n'ont jamais été des anges. Ils sont en fait des formes de pensée négatives qui ont l'apparence des gargouilles médiévales. Ces créatures, de moins d'un mètre avec des ailes semblables à celles des chauves-souris et aux faces aplaties, ont été créées par les pensées de l'humain motivées par la peur, et non par la main de Dieu. Ils ont une forme grotesque, déformée, avec de longues griffes qui s'agrippent douloureusement aux épaules des gens, causant ainsi beaucoup de souffrance. Ils prennent parfois la forme de sombres dragons qui planent au-dessus de la tête des gens et exercent un effet de nuage noir sur leur humeur et leur vie.

Aucun des soi-disant anges déchus ne peut se faire passer avec succès, ne serait-ce qu'une minute, comme étant un ange véritable. Il n'est pas difficile de faire la différence entre une chenille et un splendide papillon, de même qu'il est facile de distinguer une gargouille d'un ange rayonnant. Les gargouilles sont dépourvues de lumière au fond d'elles qui pourrait imiter ce rayonnement.

Certains croient que les gargouilles sont protectrices. Les statues de gargouilles sont de nouveau devenues très populaires au cours des dernières années. Par précaution, je ne permettrais jamais qu'on mette une statue ou une image de gargouille dans ma maison ou mon bureau. Ces images peuvent attirer de vraies gargouilles dans votre environnement et vous ne voulez pas avoir leur compagnie, croyez-moi.

En général, cependant, les gargouilles et les dragons sont attirés essentiellement par les personnes qui sont centrées sur elles-mêmes, malhonnêtes ou qui abusent de substances — *pas* par les personnes qui font des consultations angéliques. En fait, ils évitent les anges. Vous n'aurez jamais à vous inquiéter de permettre à l'un de ces anges déchus d'être à vos côtés, si vous gardez l'amour dans votre cœur. Demandez à Dieu de vous envoyer personnellement tous vos anges, et gardez des intentions honnêtes envers les autres. Vous pouvez également demander à l'archange Michael de s'assurer que seuls les êtres de la plus grande intégrité travaillent avec vous. Tel un gardien de boîte de nuit, il vous protégera, s'assurant que seules les personnes invitées soient admises.

Vous saurez que c'est vraiment un ange de lumière qui vous parle si sa conversation est infusée d'amour, de chaleur et de prescriptions pour résoudre vos problèmes de façon bénéfique. Les messages inspirés de la peur des gargouilles nous rendent froids et irritables, et leurs conseils impliquent toujours que les autres sont meilleurs ou pires que nous. Les vrais anges savent que chacun de nous est également spécial et digne d'amour.

Nous sommes tous entourés par différentes sortes d'aides célestes. Les anges sont heureux de nous offrir des prescriptions pour faire de nous des êtres plus forts, plus heureux et plus centrés. Le libre arbitre nous donne le pouvoir d'accepter ou de rejeter les conseils célestes. Mais mon désir est qu'un jour nous apprenions tous à reconnaître et à bénéficier des prescriptions divines pour une vie plus saine et plus prospère.

Comment la nourriture et les breuvages peuvent augmenter votre perception des prescriptions divines

De même que notre croissance spirituelle affecte nos relations avec les gens, elle affecte aussi notre alimentation.
La voie spirituelle crée une conception plus positive de nous-
mêmes et de la vie. Cette attitude exaltante nous rend plus
légers et plus libres émotionnellement et physiquement.
Cependant, peu importe combien nous travaillons spirituellement sur nous-mêmes, notre alimentation joue un rôle important dans la façon dont nous nous sentons. Une alimentation
lourde, chargée de produits chimiques peut alourdir l'esprit le
plus léger, tandis que d'autres aliments peuvent rapidement
stimuler la pensée, l'esprit et l'âme d'une personne. C'est ainsi
que plusieurs personnes, spirituellement bien disposées,
reçoivent des messages intuitifs à l'effet d'éliminer certains
aliments ou boissons de leur alimentation. Également, d'autres
personnes, qui sont en cheminement spirituel, ne peuvent
plus tolérer les substances à basse fréquence, comme le café
ou le sucre. Elles développent subitement des réactions défa-
vorables lorsqu'elles ingèrent ces substances.

Les anges expliquent que chaque aliment et breuvage
possède une « fréquence » selon la quantité de « force vitale »
qui se trouve à l'intérieur. La force vitale provient des rayons
du soleil et de l'air à partir desquels la plante s'est développée.
La force vitale d'un aliment varie aussi selon la façon dont il

est traité avant d'être mangé. Les aliments qui ont une grande force vitale complètent et élèvent la croissance spirituelle d'une personne. Ces aliments nous aident à nous sentir plus légers, plus énergiques et plus conscients de la guidance divine.

Les aliments qui ont une grande force vitale sont ceux qui se développent au-dessus du sol dans des régions très ensoleillées, comme les tropiques. La goyave, la mangue, la papaye et l'ananas frais contiennent beaucoup de force vitale. Si vous mangez fréquemment ces aliments, vous découvrirez que votre sensibilité aux capacités intuitives spirituelles augmentera.

Les aliments qui poussent là où il y a moins de soleil possèdent une quantité de force vitale légèrement inférieure, tout comme les légumes qui poussent sous le sol. Les aliments biologiques possèdent des fréquences de force vitale supérieures aux aliments non biologiques, parce que les pesticides transportent une énergie mortelle qui diminue la vibration des aliments. La cuisson, la mise en conserve, la congélation et d'autres méthodes de traitement diminuent ou éliminent également la force vitale dans les aliments. La vie ne peut pas survivre dans un congélateur, ni la force vitale dans les aliments. Les anges nous guident pour manger des aliments qui sont le plus près possible de leur état naturel, comme les légumes biologiques frais ou cuits légèrement à l'étuvée.

Les pains faits de grains germés (disponibles dans la plupart des épiceries et magasins d'aliments naturels) ont une force vitale supérieure à ceux qui sont faits de farine moulue. Écraser les grains tue la force vitale des grains, comme le fait le blanchiment de la farine.

Le sucre, la caféine et le chocolat n'ont pas de force vitale et bloquent vraiment nos capacités à recevoir clairement les conseils divins. La viande, la volaille et autres produits animaux (y compris les produits laitiers) n'ont également pas de force vitale, puisqu'ils sont morts ou inertes. Si l'animal a été cruellement traité pendant sa vie ou quand il a été abattu, l'énergie de la souffrance de l'animal est transportée dans sa chair et ses sous-produits (comme les produits laitiers). L'énergie de la souffrance diminue la fréquence de notre corps. Pour cette raison, si vous choisissez de manger de la viande, de la volaille ou des produits laitiers, dites une prière pour transmuter l'énergie de la souffrance. Ou bien choisissez seulement de la volaille fermière et des œufs et des produits de viande casher pour vous assurer que les animaux ont été humainement traités ou abattus avec le moins de douleur possible.

Les anges disent que le poisson est une source de protéine d'une fréquence plus élevée que la volaille ou la viande. L'eau dans laquelle le poisson nage crée des réactions électrochimiques qui transmutent toute énergie de souffrance que le poisson ressent pendant sa mort. Ceux et celles qui sont en cheminement spirituel et qui sont préoccupés par les répercussions énergétiques de leur alimentation, peuvent devenir demi-végétariens. Leurs repas peuvent consister en légumes frais ou cuits légèrement, en fruits, en grains entiers et en poissons.

La force vitale dans les breuvages

Les anges disent que nous devrions boire de l'eau dans un état aussi naturel que possible. Ils aimeraient que nous puissions tous boire de l'eau fraîchement puisée d'une rivière ou d'un puits. En l'absence de cette alternative, l'eau embouteillée étiquetée « eau de source » ou « eau artésienne » possède une force vitale beaucoup plus élevée que « l'eau potable » traitée ou « eau par osmose inverse ». Les anges nous demandent également d'éviter les boissons gazéifiées artificiellement.

Le jus possède une force vitale élevée *à condition* qu'il soit consommé moins de vingt minutes après avoir pressé les fruits ou les légumes frais. Après vingt minutes, l'esprit du fruit ou du légume s'en va. Les fruits et les légumes biologiques créent un jus avec une force vitale plus élevée que ceux qui ne sont pas biologiques, et les jus surgelés ou concentrés n'ont pas de force vitale.

L'alcool, le café et les breuvages sucrés, à base de chocolat ou gazéifiés, n'ont aucune force vitale. Ils dévitalisent aussi le corps de la force vitale ingérée par les autres aliments.

Contrôler vos envies avec l'aide du Ciel

Si vous avez envie d'aliments et de breuvages riches en matières grasses, traités ou dont la force vitale est faible, demandez mentalement à l'archange Raphaël et aux anges de la guérison de vous aider. Avant d'aller vous coucher le soir, demandez à Raphaël d'entrer dans vos rêves et de vous libérer de vos appétits malsains. Chaque fois que vous vous sentez dominé par l'envie d'un aliment ou d'un breuvage, demandez mentalement au Ciel de vous aider.

Grâce à l'utilisation de cette méthode, Dieu et les anges ont guéri toutes mes envies de malbouffe. Je ne me sens pas du tout privée dans mon alimentation, grâce à l'aide du Ciel. Je choisis plutôt allègrement de manger de la nourriture saine et légère. Par conséquent, mon corps est bien préparé pour recevoir les prescriptions divines et plusieurs de mes clientes signalent le même effet bénéfique.

APPENDICE C

∞

Deux oracles angéliques pour syntoniser les prescriptions divines

Si vous avez de la difficulté à recevoir des prescriptions ou à les recevoir clairement, vous pourriez trouver plus facile de les syntoniser par les cartes des anges ou par les rêves. Les deux sont des oracles séculaires bien connus pour recevoir les prescriptions divines des anges qui circulent à travers vous. Les cartes sont particulièrement utiles pour clarifier une consultation que vous faites pour quelqu'un d'autre.

J'ai enseigné ces deux méthodes détaillées avec succès à des publics à travers l'Amérique du Nord. Je vous recommande d'essayer chacune d'elles ; vous pouvez trouver que l'une fonctionne mieux pour vous que l'autre.

Les cartes des anges

Les cartes sont un ancien canal pour se connecter aux prescriptions divines. Ce peut être des cartes des anges, du Yi King, du tarot ou un autre oracle. Même si je n'utilise pas les cartes pour toutes mes consultations (principalement parce que ma clairvoyance me donne assez de détails pour que cela me convienne et réponde aux attentes de ma clientèle), je trouve que les cartes sont incroyablement utiles quand je les utilise.

Les cartes des anges m'aident à prouver le bien fondé de plusieurs sensations, messages, intuitions et interprétations que j'expérimente lors de mes consultations. Au fil des années, j'ai découvert que lorsque je suis trop épuisée pour comprendre ce que les anges me disent ou quand le message est déroutant ou peu clair, je peux me fier à mes cartes des anges pour fournir l'information au sujet de mes clientes. Pour moi, ils sont un instrument diagnostique que j'utilise pour obtenir une preuve de confirmation, de façon très semblable à un médecin qui utilise l'échographie, une lecture de tension artérielle ou un moniteur cardiaque.

Si vous croyez aux anges, mais trouvez que l'idée d'interpréter les cartes relève de l'occultisme ou de la magie noire, vous trouverez peut-être rassurante l'histoire suivante concernant les cartes des anges. Quand j'ai découvert les cartes de des oracles, j'ai fait l'expérience de plusieurs types de tirages, y compris avec les cartes des anges, les cartes du tarot et les cartes des oracles. Je les ai toutes trouvées formidablement exactes pour me donner de l'information utile, à moi, mes amis et mes clientes. Toutefois, j'ai également remarqué que les jeux avec les anges m'exaltaient davantage, tandis que d'autres jeux (mais pas tous) me laissaient avec des sentiments mitigés et même négatifs. J'ai vite réalisé que je préférais travailler seulement avec les cartes des anges. J'ai renoncé à tous mes autres jeux.

Si vous n'avez pas déjà votre propre jeu et que vous voulez vous assurer doublement que les anges guident votre lecture, je recommande les cartes avec les anges. Aujourd'hui, il y a plusieurs magnifiques jeux avec les anges que vous pouvez choisir. Ils sont vendus dans l'Internet, dans la plupart des librairies et dans les boutiques spécialisées en spiritualité et métaphysique. J'aime tout particulièrement les jeux *Bénédictions des anges* et *Oracle des anges*. (De plus, j'ai publié mon propre jeu *Guérir avec les anges*.)

Comment est-ce qu'un jeu de cartes peut aider les anges à vous contacter plus facilement ? Chaque carte de l'oracle a une image, un chiffre ou un mot imprimé sur un côté (dans le cas des cartes des anges, une image d'un ange et un mot ou deux décrivent généralement la signification de la carte.) Quand vous tirez une carte, les anges agissent à travers vous, pour que vous puissiez tirer la carte qui contient le message dont vous avez besoin.

J'ai découvert que les messages des cartes sont exacts à condition que vous suiviez les étapes suivantes :

1. *Posez une question.* Plus vous formulez la question de façon précise, plus votre réponse sera précise. Si vous n'avez pas de question spécifique ou de problème, demandez simplement au Ciel une lecture générale et donnez-leur carte blanche pour vous transmettre tous les messages qu'ils considèrent de la plus grande importance. Répétez mentalement la question pour vous-même deux ou trois fois avant de brasser les cartes.

2. *Connectez-vous à vos anges pendant que vous brassez les cartes.* Conservez l'intention mentale de demander au Ciel de guider votre lecture. Je recommande particulièrement de demander au Saint Esprit (ou le plus proche équivalent de votre religion) de vous guider. En plus des anges, je trouve que l'aide du Saint Esprit est extraordinairement puissante. Vous pouvez faire cette demande sous forme d'une prière ou pendant une méditation, ou simplement le dire à voix haute (ou en silence au fond de votre esprit) alors que vous brassez les cartes. Cela n'a pas à être fait de manière solennelle. Continuez de

brasser les cartes jusqu'à ce que vous sentiez que c'est le moment d'arrêter.

3. *Suivez votre guidance concernant le nombre de cartes que vous devez étaler.* Les anges m'ont appris à suivre leur guidance quant au nombre de cartes que je dois utiliser lors de mes consultations. Les méthodes traditionnelles d'interprétation des cartes demandent d'utiliser un nombre de cartes fixe. Pour rendre leur message aussi clair que possible, vos anges peuvent vous demander d'étaler plus ou moins de cartes que ne le recommande le jeu. (La plupart des lectures exigent d'utiliser entre une et douze cartes.) Demandez à vos anges de vous donner des directives précises à cet égard. Vous sentirez, entendrez, verrez, ou saurez cette information.

4. *Disposez les cartes.* Placez les cartes que vous avez choisies et disposez-les soit en ligne droite, côte à côte, ou en face de vous.

5. *Interprétez la signification de chaque carte.* Examinez l'image des cartes qui sont devant vous et con-sultez le livret d'instructions pour interpréter la signification de chaque carte individuellement. Cependant, n'écartez pas votre propre intuition et interprétation. Elles sont souvent plus exactes et plus pertinentes que la définition trouvée dans un livret.

6. *Interprétez la position de la carte.* La carte à l'extré-mité gauche se rapporte au passé immédiat de la personne pour qui vous faites une lecture (que ce

soit vous ou une autre personne.) La deuxième carte (à la droite de la première carte) représente le présent. La troisième carte décrit le futur immédiat. La quatrième carte montre la vie de la personne dans trois mois à partir de ce jour-ci. La cinquième carte parle de la vie dans six mois à partir de ce jour-ci et ainsi de suite, dans des intervalles de trois mois. Faites une corrélation de chaque carte à partir de son emplacement : une carte représentant un chagrin, en deuxième position à partir de la gauche, signifierait un chagrin dans le présent. Une carte représentant un succès en quatrième position, signifierait que la prospérité est pour bientôt si vous faites une lecture qui implique les affaires ou les finances.

7. *Interprétez les schémas.* Au fil de votre lecture, vous commencerez à remarquer des fils conducteurs ou des schémas récurrents. Faites appel à vos anges pour repérer ces dénominateurs communs et pour comprendre comment ils se rapportent à votre question initiale.

Voici un autre conseil des anges. Remarquez quelles cartes sont à l'endroit (en relation avec la personne qui fait la lecture) et quelles cartes sont à l'envers. Les cartes qui sont à l'endroit indiquent des domaines où il y a peu d'obstacles dans la vie de la personne qui consulte, tandis que celles qui sont à l'envers indiquent des domaines où la personne et ses énergies sont bloquées. Une carte du pardon, à l'envers, suggère que la personne conserve de la rancœur ou de la colère envers quelqu'un. Une partie de la signification de cette carte serait d'inviter la personne à se libérer de ses sentiments négatifs et apprendre à pardonner.

Les rêves

Vos anges trouvent particulièrement facile de travailler avec vous pendant que vous êtes endormi. C'est parce que votre cœur et votre esprit sont complètement ouverts à recevoir les messages célestes. Quand vous êtes éveillé, votre esprit conscient peut être tellement plein de pensées et de doutes qu'il empêche les voix angéliques de se faire entendre. Voici une prescription simple pour recevoir une instruction divine à travers vos rêves :

1. *Invitez les anges à parler à travers vos rêves.* Demandez à vos anges d'entrer dans vos rêves avec l'information dont vous avez besoin pour répondre à votre question. Demandez-leur de vous aider à vous rappeler du rêve et de la réponse le matin venu.

2. *Posez votre question.* Écrivez votre question sur un morceau de papier. Placez le papier sous votre oreiller. Une fois au lit, répétez mentalement plusieurs fois la question avant de vous endormir. Cela programmera la question dans votre inconscient et vous l'apporterez avec vous dans votre sommeil.

3. *Notez votre rêve quand vous vous réveillez.* Au moment même où vous vous réveillez, écrivez tout ce dont vous vous rappelez de vos rêves. Même si vous ne vous en souvenez pas beaucoup au début, commencez par ce qui vous revient — une image, quelque chose que vous faisiez, la façon dont vous vous sentiez, une couleur, un son, une personne. Une fois que vous notez un petit souvenir, cela provoquera un autre souvenir, et ainsi de suite

jusqu'à ce vous vous rappeliez une partie du rêve plus importante que vous l'imaginiez au départ.

4. *Demandez de l'aide pour l'interprétation de votre rêve.* Demandez aux anges de vous aider à comprendre comment votre rêve est relié à la question que vous avez posée. Les rêves sont symboliques par nature et leurs significations sont uniques pour chaque personne. À part quelques symboles universels, les images qui apparaissent dans vos rêves sont faites sur mesure par vos anges, seulement pour vous. Vous ne devriez pas avoir trop de difficulté à les interpréter. Les anges seront heureux de vous éclairer si vous ne comprenez pas.

Au sujet de l'auteure

Doreen Virtue possède un baccalauréat, une maîtrise et un doctorat en psychologie clinique. Fille d'un guérisseur spirituel chrétien, Doreen est une métaphysicienne de la quatrième génération qui a grandi parmi les miracles et les anges. Elle allie la psychologie, la communication spirituelle et les principes d'*Un cours en miracles* dans sa pratique privée, où elle dirige la thérapie angélique et la guérison spirituelle. Doreen donne des ateliers et des conférences de guidance divine à travers les États-Unis. Elle est l'auteure de *Visions angéliques*, *Guérir avec l'aide des anges* et *La voie des artisans de lumière*.

Pour plus d'information au sujet de ses sessions de week-end sur la « guidance divine », pour correspondre avec Doreen ou pour recevoir l'horaire complet de ses conférences, consultez son site web au : **www.angeltherapy.com**.

De la même auteure aux Éditions AdA Inc.

Livres :

Anges 101 - Initiation au monde des anges
Archanges et maîtres ascensionnés
Déesses et anges
Être à l'écoute de vos anges
Fées 101 - Introduction à la communication...
Guérir avec l'aide des anges
Guérir avec l'aide des fées
La médecine des cristaux
La purification des chakras
La thérapie par les anges
La voie des artisans de lumière
Les anges de Salomon
Les anges terrestres
Les enfants cristal
Les nombres des anges
Libérez vos kilos de souffrance
Magie divine
Médecine des anges
Merci, les anges !
Mon ange gardien
Paroles de réconfort de vos anges
Oracle des anges, guidance au quotidien
Oracle des anges - édition spéciale
Visions angéliques
Visions angéliques, tome 2
Les royaumes des anges terrestres
L'alimentation éclairée

Cartes :

Cartes divinatoires des archanges
Cartes divinatoires des maîtres ascensionnés
Cartes divinatoires des saints et des anges
Cartes oracles des anges, guidance au quotidien
Cartes oracles des déesses
Cartes oracles des fées
Cartes oracles des licornes magiques
Cartes oracles des sirènes et dauphins magiques
Coffret cercle messager des anges

Livre audio :

Anges 101
Archanges et maîtres ascensionnés
Fées 101
Guérissez votre appétit, guérissez votre vie
La purification des chakras
Les anges de la romance
Libérez-vous de votre karma
Les anges et l'art de la manifestation
Les enfants indigo, cristal et arc-en-ciel
Méditations de thérapie par les anges
Messages de vos anges
Passage dans nos vies antérieures avec les anges

www.AdA-inc.com

info@AdA-inc.com

L'impression de cet ouvrage a permis
de sauvegarder l'équivalent de 48 arbres.